KB247874

이것만 알면 통한다!

중학영단어

저자 및 편집자

저자 **연준흠**

한국교원대학교 대학원에서 석 · 박사학위를 취득하였고, EDUNET 위성방송 상담교사, EBS 방송교재 집필위원으로 활동한 바 있으며, 저서로는 『제7차 고등학교영어교과서』(장원교육, 2001), 『사고뭉치 시리즈 영어독해』(장원교육, 2002), 『영작문에 강해지는 노하우 50』(씨앤톡, 2006), 『수능 영단어 뉴뉴』(씨앤톡, 2007) 등 20여 권이 있으며, 영어 교재 집필 활동을 계속하고 있다.

저자 **Walter A. Foreman**

University of Sydney에서 석사학위를 취득하였고, 한국교원대학교에서 영어교사심화연수과정 담당 강사로 근무하고 있다. 현재 한국교원대학교 영어교육과 박사과정 수학 중인 그는 『영작문에 강해지는 노하우 50』(씨앤톡, 2006) 편집, 『수능 영단어 뉴뉴』(씨앤톡, 2007) 공동 저술 등 영어 교재 집필 활동에도 참여하고 있다.

편집자 **정선영**

University of Sydney에서 석사학위를 취득하였고, 한국교원대학교에서 영어교사심화연수 프로그램 코디네이터로 근무하고 있다. 저술 관련 활동으로는 『TBC Peter Drucker Special – 신년 특별 대담』(2003) 번역이 있으며, 『영작문에 강해지는 노하우 50』(씨앤톡, 2006), 『수능 영단어 뉴뉴』(씨앤톡, 2007) 편집자로도 참여한 바 있다.

중학영단어

초판 발행	2009년 11월 20일
초판 10쇄	2021년 11월 25일
저자	연준흠·Walter A. Foreman
발행인	이진곤
발행처	씨앤톡
등록일자	2003년 5월 22일
등록번호	제 313-2003-00192호
ISBN	978-89-6098-095-2 (13740)
주소	경기도 파주시 문발로 405 제2출판단지 활자마을
홈페이지	www.seentalk.co.kr
전화	02-338-0092
팩스	02-338-0097

연준흠, Walter A. Foreman 공저

씨앤톡
See&Talk

머리말

"영어를 유창하게 잘하고 싶은데… 자신은 없고… 무엇부터 시작해야 할까?"

영어를 학습하는 사람이라면 누구나 이러한 고민 한 번쯤은 해봤겠죠? 사실 이러한 고민을 하는 것만으로도 영어를 잘할 수 있는 계기는 이미 마련된 셈입니다. 문제는 어떻게 하면 효과적이고 재미있게 할 수 있을까 하는 것인데요, 여러분과 함께 흥미롭고 유익한 어휘 학습의 기회를 나누고자 이 책을 집필하게 되었습니다. 단순 암기식이 아닌 테마별 어휘 목록의 체계적인 학습을 통해 다양하고 창의적인 의사 표현 및 의사소통 능력 향상에 도움을 드리고자 다음과 같은 어휘 학습 전략을 「중학 영단어」에서 소개합니다.

첫째, 중학교 수준의 영단어를 총 60개의 주제별로 범주화하여 학습 어휘를 제시하였습니다. 새로운 단어를 유사한 범주에 속하는 단어끼리 모아 학습한다면 기억하기 더 쉽겠죠?

둘째, 주제와 관련하여 실생활에 활용할 수 있는 단어를 품사별로 분류하여 제시하였습니다. 주제와 관련된 어휘들의 의미를 확대하여 표현하고 전달하는데 큰 도움이 되겠죠?

셋째, 중학교 및 고등학교 기본 수준의 의사소통 기능을 60개 영역으로 분류하여 제시하였습니다. 초급뿐만 아니라 중급 수준의 회화 실력을 기르는 좋은 기회가 되겠죠?

넷째, 단원별로 학습한 단어를 연상 학습이 가능하도록 다양한 관계 속에서 문제를 구성하였습니다. 알고 있는 단어와 짝지어 연상 학습을 함으로써 어휘 학습의 재미를 더할 수 있겠죠?

다섯째, 실생활에 활용도가 높은 단어를 품사별 · 빈도순으로 제시하였습니다. 중학교 수준의 어휘 정리는 물론 고등학교 수준의 영어 학습도 어려움이 없겠죠?

「중학영단어」에 제시된 어휘 및 의사소통 기능 학습을 매일매일 꾸준히 한다면 여러분의 영어 실력 향상에 좋은 밑거름이 될 거예요. 여러분의 노력에 자그마한 도움이 되고 항상 가까이서 사랑받는 책이 되길 바랍니다.

저자 연준흠 · Walter A. Foreman

책의 구성과 학습 방법

Part

총 60개의 단원을 3개의 part인 베이직 영단어, 레벨업 영단어, 도전! 중학 영단어 마스터로 구성하였다.

Part 1 기본 중에 기본 베이직 영단어(1~30과)

가족, 외모, 의식주, 동식물, 자연, 가정생활 등과 같이 우리 생활과 밀접한 관계를 가진 주제를 중심으로 테마별, 품사별, 의사소통 기능별로 어휘를 분류하여 제시하였다. 출제 가능성이 가장 높은 어휘를 우선적으로 학습하고, 의사소통 능력의 기초를 다진다.

Part 2 기본 위에 기본 레벨업 영단어(31~60과)

직업, 학교, 여행, 여가 활동, 건강, 사회, 경제 등과 같이 한 단계 높은 수준의 주제를 중심으로 어휘를 제시하였다. 주제와 관련하여 제시된 품사별 영단어와 중급 수준 이상의 의사소통 기능을 익혀 영어 실력을 한 차원 높인다.

Part 3 도전! 중학 영단어 마스터 2407

연합고사에 이미 출제되었거나 출제 가능성이 높은 약 2,400개의 단어를 명사, 동사, 형용사, 부사, 전치사, 접속사로 구분하여 빈도순으로 제시하였다. 연합고사 직전에 마무리하여 영어 단어에 대한 자신감을 높인다.

Step 각 part는 4개의 step으로 구성하여 단계적으로 학습할 수 있게 하였다. 총 60일 동안 매일 4개의 step을 따라 계획적이고 체계적으로 학습할 수 있다.

Step 1 암기가 쏙쏙 되는 주제별 영단어

빈도수가 높은 단어를 60개의 테마로 분류하여 제시하였다. 기본 어휘는 물론 함께 제시된 파생어 및 사용 빈도가 높은 구나 관련어와 함께 연상하여 학습하도록 한다.

Step 2 의미소통 영단어

60개의 주제와 관련되어 밀접하게 활용될 수 있는 단어를 가급적 품사별로 제시하고자 하였다. 의미소통 영단어 학습을 통하여 어휘력을 심화하도록 한다.

Step 3 의사소통 영단어

중학교 교육과정에서 제시하고 있는 의사소통 기능을 토대로 60개 영역의 기능별 영단어를 제시하였다. 기본 표현과 예문 학습을 통하여 의사소통 능력을 기르도록 한다.

Step 4 Myself 1일 체크

학습한 어휘를 점검하기 위하여 유사한 유형끼리 학습이 가능하도록 문제를 구성하였다. 새로운 어휘를 연관이 있거나 연상되는 단어 또는 어구와 함께 공부하도록 한다.

Event

지루하지 않고 효과적으로 어휘를 학습할 수 있도록 본문 중간 중간에 재미있는 여러 콘셉트를 만들어 구성하였다.

Did You Know?

주제와 연관이 있는 재미난 사실들을 60개 선정하여 실어 놓았다. 미처 몰랐던 사실도 알게 되고 영어 공부에 재미를 더하는데 도움이 될 것이다.

Pop Quiz

의사소통 능력 신장을 위하여 Step3에서 학습한 내용을 재확인할 수 있도록 퀴즈 형태의 문제를 제시하였다. 기본적이며 필수적인 의사소통 기능 표현을 익히는데 도움이 될 것이다.

머리에 쏘옥 들어오는 명문장!

단원 학습이 끝날 때마다 간결하지만 우리에게 삶의 지혜를 줄 수 있는 명문장 60개를 엄선하여 간략한 해설과 함께 실어 놓았다. 좋은 글을 통째로 암기하는 습관을 기른다면 영어에 대한 자신감을 갖게 될 것이다.

English for Fun

10단원마다 영어를 좀 더 재미있게 공부할 수 있도록 우리가 미처 몰랐던 사실들, 재미난 속담이나 정의, 지혜의 글 등 다양한 영어 관련 자료를 실어 놓았다. 단어 학습을 하는 도중에 머리를 식힐 수 있는 즐거운 공간이 될 것이다.

이 책의 표기법

☼ **어구** 기본어를 이용해서 표현력을 확장할 수 있는 어구 표현을 많이 소개하려고 노력하였다. 확장 의미까지 함께 공부하는 습관이 영어 실력 향상에 도움이 될 것이다.

유 **유의어** 제시어와 동일하거나 유사한 의미를 가진 단어를 제시하였다. 동의어도 함께 학습한다면 어휘력 신장에 많은 도움이 될 것이다.

cf. **비교어** 학습어와 뜻이 반대되거나 활용도면에서 다소 차이를 보이는 어휘를 비교어로 제시하였다. 단일 어휘 학습이 아닌 관련 어휘 연계 학습을 하면 단시간에 어휘력 향상을 기대할 수 있을 것이다.

⇨ **어휘상식** 어휘와 관련된 일반 상식 및 문화 상식에 관한 설명도 덧붙여 두었다. 새롭게 학습하는 어휘에 대해 몰랐던 사실을 배울 수 있는 좋은 기회가 될 것이다.

품사 및 구문과 관련된 표기들

명 명사 (Noun)
동 동사 (Verb)
형 형용사 (Adjective)
부 부사 (Adverb)
감 감탄사 (Exclamation)
구 구문 (Phrase)
문 문장 (Sentence)

맞힌 문제, 틀린 문제 (Part 3)

해당 페이지에서 맞힌 문제의 개수를 적어 자신의 어휘력의 현 위치를 점검해 본다. 공부를 해 나갈 수록 점점 더 긍정적인 평가에 자신의 실력이 체크될 수 있도록 노력한다.

차례

Part 1 기본 중에 기본 베이직 영단어

차례

Part 2 기본 위에 기본 레벨업 영단어

Part 1

기본중에기본 베이직영단어

Words of Wisdom

ꝏ If you tell the truth you don't have to remember anything. *- Mark Twain*

네가 진실을 말한다면 어떤 것도 기억할 필요가 없다.

ꝏ Never lose a chance of saying a kind word. *-William Thackeray*

친절한 말을 할 수 있는 기회를 결코 놓치지 마라.

ꝏ Try not to become a man of success but a man of value. *-Albert Einstein*

성공한 사람이 되려고 하지 말고, 가치 있는 사람이 되려고 노력하라.

ꝏ To be happy, we must not be too concerned with others. *-Albert Camus*

행복해지기 위해서는 다른 사람들에게 너무 관심을 갖지 말아야 한다.

Day 01

Step 1 주제별 영단어! 가족

Do you often visit your grandparents?
너는 너의 조부모님을 자주 찾아뵙니?

☐ adopt [ədάpt] — 동 양자[양녀]로 삼다
☼adopt a son[daughter] 양자[양녀]로 삼다

☐ aunt [ænt] — 명 숙모 *cf.* uncle 삼촌

☐ brother-in-law [brʌ́ðərinlɔ:] — 명 처남, 매부 *cf.* sister-in-law 형수, 제수

☐ cousin [kʌ́zn] — 명 사촌

☐ divorce [divɔ́:rs] — 동 이혼하다 명 이혼

☐ engaged [engéidʒd] — 형 약혼한 ★engagement 명 약혼

☐ family member [fǽməli mémbər] — 명 가족, 식구

☐ grandparents [grǽndpὲərənts] — 명 조부모 *cf.* grandfather[mother] 할아버지[할머니]

☐ grandson [grændsʌn] — 명 손자 *cf.* granddaughter 손녀 grandchildren 손자들

☐ marry [mǽri] — 동 결혼하다 ★marriage 명 결혼

☐ mother-in-law [mʌ́ðərinlɔ̀:] — 명 시어머니, 장모 *cf.* father-in-law 시아버지, 장인

☐ nephew [néfju:] — 명 조카 *cf.* niece 조카딸

☐ parents [pέərənts] — 명 부모

☐ stepfather [stépfὰ:ðər] — 명 의붓아버지 *cf.* stepmother 의붓어머니

☐ twin [twin] — 명 쌍둥이 ☼twin brothers 쌍둥이 형제

☐ uncle [ʌ́ŋkl] — 명 삼촌 *cf.* aunt 숙모

Step 2 의미소통 영단어! 관계를 나타내는 영단어

□ boss [bɔ(:)s]	명 사장, 우두머리, 직속상관
□ buddy [bʌ́di]	명 동료, 짝꿍 유 friend 친구
□ classmate [klǽsmèit]	명 학급 친구 *cf.* roommate 방친구 teammate 팀동료 ➪ mate는 「짝」이라는 뜻을 갖고 있다.
□ companion [kəmpǽnjən]	명 동료, 친구, (여행의) 길동무
□ co-worker [kou-wə́ːrkər]	명 함께 일하는 사람, 동료 ➪ co-는 단어 앞에 사용되어 '~와 함께 (with, together)'라는 뜻을 갖는다.
□ couple [kʌ́pl]	명 부부, 쌍
□ director [diréktər]	명 지도자, 관리자 ☼ movie director 영화감독
□ employee [emplɔíiː]	명 고용인, 직원 ★ employ 동 고용하다 ➪ 일반적으로 '-ee'로 끝나는 단어들은 그 행위의 대상자, 즉 당하는 사람을 뜻한다.
□ employer [emplɔ́iər]	명 고용주
□ fellow [félou]	명 남자, 사나이 형 동료의 ☼ fellow worker 동료 직원
□ neighbor [néibər]	명 이웃 사람 ★ neighborhood 명 이웃
□ partner [páːrtnər]	명 짝, 파트너, 협력자
□ relative [rélətiv]	명 친척, 일가 ☼ distant relative 먼 친척
□ sibling [síbliŋ]	명 형제, 자매
□ spouse [spaus]	명 배우자, 남편, 아내

Mrs. Barbara Zulu of South Africa had 6 sets of twins in 7 years (1967-73).
남아프리카의 Barbara Zulu 여사는 7년 사이에(1967-73) 쌍둥이를 6번 낳았다.

Step 3 의사소통 영단어! 소개하기

A : What's your nationality?
B : I'm Australian.

☐ **address** [ədrés]
명 주소, 연설
What's your address? 주소가 어떻게 되니?

☐ **call** [kɔːl]
동 부르다
What can I call you? 내가 너를 어떻게 부르면 되니?

☐ **introduce** [ìntrədjúːs]
동 소개하다 ★ introduction 명 소개
I'd like to introduce myself. 나를 소개할게.

☐ **nationality** [næ̀ʃənǽləti]
명 국적
What's your nationality? 국적이 어떻게 됩니까?
⇨ 국적이나 출신지를 묻고자 할 때 쓰는 표현들
Where are you from?
Where do you come from?
어디에서 오셨어요?

POP QUIZ

1. What's your ________? 국적이 어떻게 되지요?
2. Please, ________ me Michael. 마이클이라고 불러 줘.
3. Will you ________ yourself? 너를 좀 소개해 줄래?
4. Could you tell me your ________? 너의 주소 좀 알려 줄래?

Answer 1. nationality 2. call 3. introduce 4. address

Step 4 Myself 1일 체크

A 다음 정의에 해당되는 단어를 쓰시오.

① ______________ : the mother of one's husband or wife

② ______________ : the wife of one's uncle

③ ______________ : the son of one's brother

B 서로 연관이 있는 것끼리 연결하시오.

① husband and wife	• buddy
② friend	• couple
③ husband or wife	• parents
④ father and mother	• spouse

C 다음 대화의 빈 칸에 공통으로 들어갈 단어를 쓰시오.

① A : What's your __________?

B : My __________ is 34 Park Avenue, New York.

② A : What can I __________ you?

B : You can __________ me Betty.

Answer A. ① mother-in-law 시어머니, 장모 ② aunt 아주머니, 숙모 ③ nephew 조카
B. ① couple 부부 ② buddy 친구 ③ spouse 배우자 ④ parents 부모
C. ① address 주소 ② call 부르다

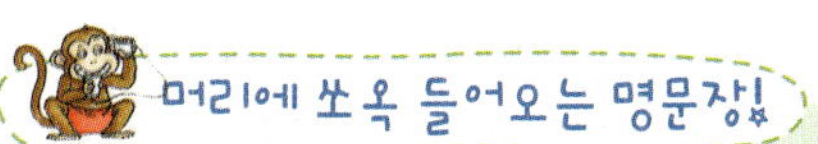

Family means "(F) father, (A) and, (M) mother, (I) I, (L) love, (Y) you."
가족은 "아버지, 그리고 어머니, 저는 당신을 사랑합니다."를 뜻한다.

Day 02

Step 1 주제별 영단어! 사람

Do you have any younger brothers or sisters?
너는 남동생이나 여동생이 있니?

- ☐ adult [ədʌ́lt] 명 성인, 어른 ☼Adults Only 미성년자 입장 불가
- ☐ baby [béibi] 명 아이, 아기
- ☐ child [tʃaild] 명 어린이 ★children 명 어린이들 (복수형)
- ☐ elder [éldər] 형 손위의 ☼elder brother 형, 오빠 elder sister 누이, 언니
- ☐ infant [ínfənt] 명 유아

- ☐ junior [dʒúːnjər] 명 손아래 사람, 후배 *cf.* senior 연장자, 어른, 선배
- ☐ kid [kid] 명 아이, 어린이
- ☐ middle-aged woman [mídléidʒd wúmən] 명 중년 여자 *cf.* middle-aged man 중년 남자
- ☐ newborn baby [njúːbɔ́ːrn béibi] 명 신생아
- ☐ senior [síːnjər] 명 연장자, 어른, 선배 *cf.* junior 후배

- ☐ teenager [tíːnèidʒər] 명 십대 청소년 (13세부터 19세까지) ★teenage 명 십대, 청소년기
- ☐ toddler [tɑ́dlər] 명 아장 아장 걷는 아이
- ☐ young man [jʌŋ mæn] 명 젊은이, 청년
- ☐ younger [jʌ́ŋgər] 형 나이가 더 적은, 손아래의 ★youth 명 청년기, 사춘기
  ☼younger brother 남동생 younger sister 여동생

Step 2 의미소통 영단어! · 외모를 묘사하는 형용사

- ☐ **adorable** [ədɔ́:rəbl] 형 귀여운, 사랑스러운 ☼an adorable child 귀여운 아이
- ☐ **athletic** [æθlétik] 형 운동선수 같은, 운동의
- ☐ **attractive** [ətrǽktiv] 형 매력적인 ☼an attractive lady 매력적인 여자
- ☐ **charming** [tʃɑ́:rmiŋ] 형 매력적인 ☼charming points 매력적인 부분들
- ☐ **chubby** [tʃʌ́bi] 형 통통한, 살찐

- ☐ **cute** [kju:t] 형 귀여운, 깜찍한
- ☐ **handsome** [hǽnsəm] 형 (남자) 잘 생긴 ☼a handsome guy 잘 생긴 남자
  ⇨ 여자의 경우에는 pretty, beautiful, lovely 등을 쓴다.
- ☐ **overweight** [óuvərwèit] 형 비만의 ☼overweight children 비만 아동들
- ☐ **skinny** [skíni] 형 깡마른 ☼tall and skinny 키가 크고 바싹 마른

- ☐ **slender** [sléndər] 형 날씬한, 호리호리한 ☼a slender waist 날씬한 허리
- ☐ **slim** [slim] 형 날씬한, 호리호리한
- ☐ **thin** [θin] 형 마른, 얇은 ☼tall and thin 크고 마른
- ☐ **ugly** [ʌ́gli] 형 못생긴, 추한 *cf.* pretty 예쁜
- ☐ **underweight** [ʌ́ndərwèit] 형 체중 미달의
- ☐ **well-built** [wélbílt] 형 건장한, 체격이 좋은 ☼a well-built man 체격이 건장한 남자

According to the 2007 Guinness Book of World Records, the tallest person in the world is Xi Shun of China. He is 7 feet and 8.95 inches(236㎝) tall.
2007년 기네스북 세계 기록에 따르면, 세계에서 가장 키가 큰 사람은 중국의 Xi Shun이다. 그는 키가 7피트 8.95인치(236cm)이다.

Step 3 의사소통 영단어! 외모 묘사하기

A : What does he look like?
B : He looks like a movie star.

☐ **Do you think A is …?** 구 너는 A가 …하다고 생각하니?
Do you think David is nice?
너는 David가 멋지다고 생각하니?

☐ **What kind of …?** 구 어떤 유형의 …이니?
What kind of person is your friend?
너의 친구는 어떤 사람이니?

☐ **look like** 구 ~처럼 보이다
He looks like a movie star.
그는 영화배우처럼 생겼다.

☐ **wear** [wɛər] 동 입다 (wear-wore-worn)
What is your brother wearing?
네 동생은 무엇을 입고 있니?

POP QUIZ

1. Do you ________ she is cute? 너는 그녀가 귀엽다고 생각하니?
2. What does he ________ ________? 그는 어떻게 생겼니?
3. What ________ ________ person is your new teacher?
   새로 오신 선생님은 어떤 분이니?
4. He is ________ an orange T-shirt. 그는 오렌지색 티셔츠를 입고 있다.

Answer 1. think 2. look like 3. kind of 4. wearing

Step 4 Myself 1일 체크

A 다음 제시된 단어를 성장 순서에 맞게 채워 쓰시오.

kid　　adult　　toddler　　teenager

newborn baby ⇨ ______________ ⇨ ______________

⇨ ______________ ⇨ ______________ ⇨ senior

B 의미가 유사한 것끼리 연결하시오.

① very thin	• overweight
② slender	• skinny
③ heavy	• slim

C 제시된 단어와 연관이 있는 것끼리 연결하시오.

① charming, good-looking	• infant
② kid, very young	• athletic
③ well-built, sportsman	• attractive

Answer A. toddler(아장아장 걷는 아이) – kid(어린이) – teenager(청소년) – adult(성인)
B. ① skinny 깡마른 ② slim 날씬한 ③ overweight 과체중의
C. ① attractive 매력적인 ② infant 유아 ③ athletic 운동선수 같은, 건장한

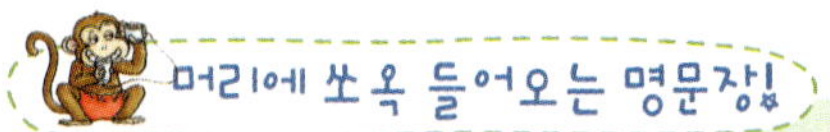

When a child lives among happy adults, he wants to become an adult.
When a child lives among unhappy adults, he remains an unhappy child forever.
어린이가 행복한 어른들 속에서 자라면 그는 어른이 되고 싶어 한다.
어린이가 불행한 어른들 속에서 자라면 그는 영원히 불행한 아이로 남는다.
* among은 '사이에, 가운데'의 뜻을 가지며 remain은 '~로 남다'의 뜻이다.

Day 03

Step 1 주제별 영단어! 신체 1

We walked arm in arm down the road.
우리는 길 아래쪽으로 팔짱을 끼고 걸었다.

- □ arm [ɑːrm] — 명 팔 ★arms 명 무기(복수로만 사용) ☼arm in arm 팔짱을 끼고
- □ belly [béli] — 명 배 ☼belly button 배꼽 beer belly 배불뚝이
  ⇨ '배'를 나타내는 말로는 tummy, stomach 등이 있다.
- □ cheek [tʃiːk] — 명 뺨, 볼
- □ chest [tʃest] — 명 가슴, 흉곽
  유 breast (여성의) 가슴 bosom (여성의) 가슴 bust (여성의) 가슴둘레
- □ chin [tʃin] — 명 아래 턱 *cf.* jaw 아래 턱 (뼈 부분)

- □ elbow [élbou] — 명 팔꿈치
- □ finger [fíŋgər] — 명 손가락 ☼finger print 지문 finger nail 손톱
- □ forehead [fɔ́ːrhèd] — 명 이마 유 brow 이마, 눈썹 ☼a low forehead 좁은 이마
- □ knee [niː] — 명 무릎 ★kneel 동 무릎을 꿇다 (kneel-knelt-knelt)
- □ neck [nek] — 명 목 ☼necktie 넥타이

- □ palm [pɑːm] — 명 손바닥 ☼palm tree 야자수 palm reader 손금 점쟁이
- □ shoulder [ʃóuldər] — 명 어깨 ☼shoulder to shoulder 어깨동무를 하고
- □ throat [θrout] — 명 목구멍 ☼have a sore throat 목이 아프다
- □ thumb [θʌm] — 명 엄지손가락 ☼Thumbs up! 잘했어!
- □ toe [tou] — 명 발가락 ☼toe nail 발톱 tiptoe 발끝
- □ wrist [rist] — 명 손목 ☼wrist watch 손목시계

Step 2 의미소통 영단어! 동작을 나타내는 동사

- □ **bow** [bau] — 동 (허리를) 구부리다, 인사하다 명 인사
- □ **clap** [klæp] — 동 손뼉을 치다
- □ **count** [kaunt] — 동 세다 ★countdown 명 초읽기, 카운트다운
- □ **fold** [fould] — 동 접다
- □ **hold** [hould] — 동 잡다, 쥐다
  ☼Hold the line, please. 끊지 말고 기다리세요(전화).

- □ **nod** [nɑd] — 동 (머리를) 끄덕이다
- □ **pat** [pæt] — 동 가볍게 두드리다 ☼pat someone on the back 격려하다
- □ **point** [pɔint] — 동 가리키다 명 요점, 요지
- □ **rub** [rʌb] — 동 문지르다 ★rubber 명 지우개(eraser)
- □ **salute** [səlúːt] — 동 인사하다, 경례하다

- □ **scratch** [skrætʃ] — 동 긁다
- □ **shake** [ʃeik] — 동 흔들다, 흔들리다 ☼shake hands with ~와 악수하다
- □ **shrug** [ʃrʌg] — 동 (어깨를) 움츠리다, 으쓱하다
- □ **tap** [tæp] — 동 가볍게 두드리다 명 가볍게 치기 ☼tap-dance 탭댄스
- □ **wave** [weiv] — 동 흔들다 명 파도
  ☼wave goodbye to her 그녀에게 손을 흔들어 작별인사를 하다

It is much easier to catch a cold virus by shaking hands than by kissing.
키스보다 악수하는 것이 감기 바이러스에 더 쉽게 감염된다.

A : How old is your grandmother?
B : She is in her late 70s.

☐ **behave** [bihéiv]
동 행동하다, 처신하다 ★behavior 명 행동
Jim always behaves politely.
Jim은 항상 예의바르게 행동한다.

☐ **in one's early[late] 30s**
구 나이가 30대 초반[후반]인 *cf.* in one's mid 30s 30대 중반의
David is in his early 30s. David는 30대 초반이다.

☐ **curly** [kə́ːrli]
형 곱슬머리의 ☼curly hair 곱슬머리
Tim is tall and slim with curly hair.
Tim은 곱슬머리이며 키가 크고 날씬하다.

☐ **good-looking** [gúdlúkiŋ]
형 잘생긴, 귀여운 ☼a good-looking woman 잘생긴 여자
Jane is quite good-looking. Jane은 참 잘생겼다.

☐ **sense of humor**
구 유머 감각 *cf.* sense of style 유행 감각
Brian has a great sense of humor.
Brian은 대단한 유머 감각을 갖고 있다.

POP QUIZ

1. Jim always __________ politely. Jim은 항상 예의바르게 행동한다.
2. Cathy is in her __________ __________. Cathy는 20대 후반이다.
3. Jenny has long __________ hair. Jenny는 긴 곱슬머리를 갖고 있다.

Answer 1. behaves 2. late 20s 3. curly

Step 4 Myself 1일 체크

A 서로 연관이 있는 신체 부분과 연결하시오.

① palm	• arm
② knee	• leg
③ forehead	• face
④ elbow	• hand

B 빈 칸에 공통으로 들어갈 수 있는 신체 부분을 쓰시오.

① __________ button, beer __________ ⇨ __________

② __________ print, __________ nail ⇨ __________

③ __________ nail, tip __________ ⇨ __________

C 다음 그림에 해당하는 동작을 쓰시오.

① __________ ② __________ ③ __________ ④ __________

Answer A. ① hand ② leg ③ face ④ arm
B. ① belly 배 ② finger 손가락 ③ toe 발가락
C. ① clap 손뼉을 치다 ② shrug (어깨를) 움츠리다
③ shake 악수하다 ④ bow 인사하다

The eyes see only what the mind is ready to understand.
눈은 마음이 이해할 준비가 되어 있는 것만 보게 된다.
* what은 '~하는 것', be ready to 동사는 '~할 준비가 되다'를 뜻한다.

Day 04

Step 1 주제별 영단어! 신체 2

What is your blood type?
너의 혈액형은 무엇이니?

☐ artery[ɑ́ːrtəri] 명 동맥

☐ backbone[bǽkbòun] 명 척추, 등뼈 ⇨ 척추를 spine이라고도 한다.

☐ blood[blʌd] 명 피, 혈액 ☼blood type 혈액형 blood bank 혈액은행

☐ bone[boun] 명 뼈 ☼backbone 등뼈, 척추

☐ brain[brein] 명 두뇌 ☼brain cell 뇌세포 brain death 뇌사

☐ cell[sel] 명 세포 ☼red blood cell 적혈구

☐ jaw[dʒɔː] 명 턱 ⇨ 치아가 있는 아래 부분 전체를 jaw라고 하며, 턱의 끝부분은 chin이라고 한다.

☐ kidney[kídni] 명 신장 ☼kidney stone 신장 결석

☐ liver[lívər] 명 간 ☼liver cancer 간암

☐ lung[lʌŋ] 명 허파, 폐 ☼lung cancer 폐암

☐ muscle[mʌ́sl] 명 근육

☐ organ[ɔ́ːrgən] 명 (신체) 기관, 기구

☐ skin[skin] 명 피부 ☼skin care 피부 관리 skin cancer 피부암

☐ stomach[stʌ́mək] 명 위, 복부 ☼stomachache 복통

☐ tongue[tʌŋ] 명 혀

☐ vein[vein] 명 정맥

Step 2 의미소통 영단어! 신체 활동과 관련된 동사

- □ breathe [briːð] 동 호흡하다, 숨을 쉬다 ★ breath 명 호흡, 숨
- □ burp [bəːrp] 동 트림을 하다
- □ cough [kɔ(ː)f] 동 기침을 하다
- □ cry [krai] 동 울다, 외치다
- □ doze [douz] 동 졸다 유 drowse 꾸벅꾸벅 졸다

- □ hiccup [híkʌp] 동 딸꾹질을 하다
- □ scream [skriːm] 동 비명을 지르다 명 비명
- □ shiver [ʃívər] 동 (추위나 공포로) 몸을 떨다
- □ shout [ʃaut] 동 소리치다, 외치다
- □ sigh [sai] 동 한숨 쉬다 명 한숨

- □ smell [smel] 동 냄새를 맡다 명 냄새
- □ sneeze [sniːz] 동 재채기를 하다
- □ snore [snɔːr] 동 코를 골다
- □ stare [stɛər] 동 응시하다, 뚫어지게 바라보다
- □ sweat [swet] 동 땀을 흘리다 명 땀

- □ whisper [hwíspər] 동 속삭이다
- □ yawn [jɔːn] 동 하품하다
- □ yell [jel] 동 소리치다

A man named Charles Osborne had the hiccups for 69 years!
Charles Osborne이라고 불리는 한 남자는 69년 동안 딸꾹질을 하였다.

Step 3 의사소통 영단어! 성격 묘사하기

A : What kind of person do you like?
B : I like an outgoing person.

☐ **honest** [ánist]

형 정직한 ★honesty 명 정직

Karen is very honest and hard-working.
Karen은 매우 정직하고 열심히 일한다.

☐ **outgoing** [áutgòuiŋ]

형 외향적인 ☼an outgoing person 외향적인 사람

I'm an outgoing person. 나는 외향적인 사람이다.

☐ **polite** [pəláit]

형 예의바른, 공손한 *cf.* impolite 예의없는 rude 무례한

John is always polite to others.
John은 항상 다른 사람들에게 공손하다.

☐ **proud** [praud]

형 자랑으로 여기는, 자부심이 있는 ★pride 명 자부심

I'm very proud of my father.
나는 아버지를 정말 자랑스럽게 생각한다.

☐ **shy** [ʃai]

형 수줍어하는

My younger sister is too shy.
내 여동생은 부끄럼을 많이 탄다.

POP QUIZ

1. Be __________ to others all the time. 항상 다른 사람들에게 공손해라.
2. Don't be __________. 수줍어하지 마라.
3. Don't be too __________ of yourself. 자신에 대하여 너무 자만하지 마라.
4. I like an __________ person. 나는 외향적인 사람을 좋아한다.

Answer 1. polite 2. shy 3. proud 4. outgoing

Step 4 Myself 1일 체크

A 다음 제시된 단어와 연관이 있는 것끼리 연결하시오.

① artery, vein	• organ
② kidney, liver, lung	• character
③ honest, shy, outgoing	• blood

B 제시된 신체 기관과 연관이 있는 것끼리 연결하시오.

① nose	• stare
② tongue	• smell
③ eye	• taste

C 다음 제시된 상황과 연관이 있는 것끼리 연결하시오.

① When you feel sleepy	• cough
② When you catch a cold	• yawn
③ When you talk in a low voice	• whisper

A. ① blood 피 ② organ (신체) 기관 ③ character 성격
B. ① smell 냄새를 맡다 ② taste 맛을 보다 ③ stare 응시하다
C. ① yawn 하품하다 ② cough 기침을 하다 ③ whisper 속삭이다

머리에 쏘옥 들어오는 명문장!

In a full heart, there is room for everything, and in an empty heart, there is room for nothing.
가득한 마음에는 모든 것이 들어갈 공간이 있고, 텅 빈 마음에는 아무 것도 들어갈 공간이 없다.
* there is(are)는 '~이 있다'이며, room은 '공간, 여지'라는 뜻으로 쓰였다.

Day 05

Step 1 주제별 영단어! 감각

It tastes really great!
이거 정말 맛있다!

☐ **blind** [blaind] — 형 눈이 먼, 앞을 못 보는
☼ go blind 실명하다, 시력을 잃다 a blind man 맹인

☐ **deaf** [def] — 형 귀가 먼 ☼ go deaf 귀가 먹다

☐ **dizzy** [dízi] — 형 어지러운, 현기증이 나는

☐ **eyesight** [áisàit] — 명 시력, 시각
☼ good eyesight 좋은 시력
poor eyesight 좋지 않은 시력, 약시

☐ **feel** [fiːl] — 동 느끼다 ★ feeling 명 감정, 느낌

☐ **hearing** [híəriŋ] — 명 청력 ☼ hearing-aid 보청기

☐ **mute** [mjuːt] — 형 벙어리의, 말을 못하는, 무음의

☐ **nearsighted** [níərsáitid] — 형 근시안의 *cf.* farsighted 원시안의

☐ **sense** [sens] — 동 감지하다 명 감각 ☼ common sense 상식

☐ **sensitive** [sénsətiv] — 형 민감한

☐ **sight** [sait] — 명 시력, 시야

☐ **taste** [teist] — 동 맛보다 명 맛

☐ **touch** [tʌtʃ] — 동 만지다 명 촉각

☐ **touching** [tʌ́tʃiŋ] — 형 감동적인 ☼ a touching story 감동적인 이야기
⇨ moving도 '감동적인'의 뜻을 갖고 있다.

- ☐ acid [ǽsid] 형 산성의 ☼acid rain 산성비
- ☐ bitter [bítər] 형 쓴, 쓰라린
- ☐ burnt [bə́ːrnt] 형 (불에) 탄 ☼a burnt steak 타버린 스테이크
- ☐ delicious [dilíʃəs] 형 맛있는 ☼delicious food 맛있는 음식
- ☐ fragrant [fréigrənt] 형 향기로운 ★fragrance 명 향기

- ☐ fresh [freʃ] 형 신선한 ☼fresh air 신선한 공기
- ☐ juicy [dʒúːsi] 형 즙이 많은 ☼a juicy orange 즙이 많은 오렌지
- ☐ hot [hɑt] 형 매운, 뜨거운 ☼hot sauce 매운 양념
- ☐ mild [maild] 형 부드러운, 순한
- ☐ mouth-watering [mauθ wɔ́ːtəriŋ] 형 군침이 도는

- ☐ salty [sɔ́ːlti] 형 짠 ☼salty food 짠 음식 ★salt 명 소금
- ☐ sour [sáuər] 형 신맛이 나는 ☼a sour lemon 신 레몬
- ☐ spicy [spáisi] 형 양념을 한, 매운 ☼spicy food 양념을 많이 한 음식, 매운 음식
- ☐ strong [strɔ(ː)ŋ] 형 강한, 독한, 진한 ☼a strong drink 독한 술
- ☐ sweet [swiːt] 형 달콤한 ☼sweet candy 달콤한 사탕

- ☐ tasteless [téistlis] 형 맛이 없는 유 unsavory 맛이 없는
- ☐ tasty [téisti] 형 맛있는 ☼tasty wine 맛있는 포도주
- ☐ weak [wiːk] 형 약한 *cf.* strong 강한
- ☐ yummy [jʌ́mi] 형 맛있는 ☼a yummy chocolate cake 맛있는 초콜릿 케이크

Did You Know?

The water in the Great Salt Lake of Utah is more than four times as salty as any ocean. 유타주의 그레이트 솔트호의 물은 어떤 대양에 있는 물보다 네 배 이상 짜다.

Step 3 의사소통 영단어! 감정 표현하기

A : How do you feel today?
B : I feel depressed.

□ **feel like -ing**
구 …하고 싶다
I feel like singing and dancing.
난 노래 부르며 춤을 추고 싶다.

□ **delightful** [diláitfəl]
형 기쁜, 즐거운
He feels delightful and excited.
그는 매우 기쁘고 흥분되어 있다.

□ **surprised** [sərpráizd]
형 놀란 *cf.* surprising 깜짝 놀랄만한, 놀라운
I was surprised to see her at a hip-hop concert. 나는 힙합 공연에서 그녀를 보고 놀랐다.

□ **depressed** [diprést]
형 기가 죽은, 우울한
Why am I so depressed today?
오늘 내가 왜 이렇게 우울한 걸까?

□ **nervous** [nə́:rvəs]
형 불안한, 초조한, 신경이 쓰이는, 떨리는
I always feel nervous when I take a test.
나는 시험 볼 때 늘 초조하다.

POP QUIZ

1. I feel like _________ again. 나는 다시 시도해보고 싶다.
2. Please, don't be _________ about your score.
   너의 점수에 대하여 제발 우울해하지 마.
3. Are you _________ about speaking in public?
   사람들 앞에서 말하는 것이 떨리니?

Answer 1. trying 2. depressed 3. nervous

Step 4 Myself 1일 체크

A 의미가 비슷한 단어끼리 연결하시오.

① hot • spicy

② touching • yummy

③ delicious • moving

B 제시된 내용과 같은 의미를 지닌 단어와 연결하시오.

① can't see • mute

② can't hear • blind

③ can't talk • deaf

C 서로 짝을 지어 쓸 수 있는 단어와 연결하시오.

① acid • air

② fresh • smell

③ fragrant • rain

Answer A. ① spicy 매운 ② moving 감동적인 ③ yummy 맛있는
B. ① blind 눈이 먼 ② deaf 귀가 먼 ③ mute 말을 못하는
C. ① acid rain 산성비 ② fresh air 신선한 공기 ③ fragrant smell 향기로운 냄새

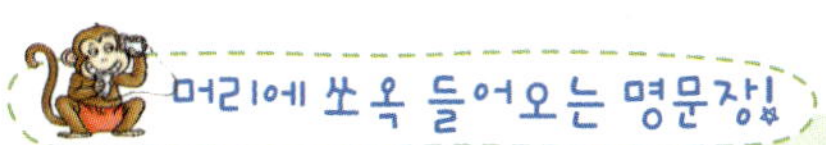

Loneliness and the feeling of being unloved is the most terrible poverty.

- Mother Teresa

외로움과 사랑받지 못한다는 느낌이 가장 끔찍한 가난이다. – 테레사 수녀

* being unloved는 '사랑 받지 못하는 것'을 뜻하고, poverty는 poor(가난한)의 명사형으로 '가난'이다.

Day 06

Step 1 주제별 영단어! 의류 1

That jacket looks good on you.
그 상의가 너에게 참 잘 어울린다.

- ☐ boots [bu:ts] — 명 장화, 부츠 ☼a pair of winter boots 겨울용 부츠 한 켤레
- ☐ jacket [dʒǽkit] — 명 상의, 재킷
- ☐ jeans [dʒi:nz] — 명 청바지, 진바지
- ☐ overcoat [òuvərkòut] — 명 외투
- ☐ pants [pænts] — 명 바지

- ☐ raincoat [réinkòut] — 명 비옷, 레인코트
- ☐ sandals [sǽndlz] — 명 (여름용) 신발 *cf.* shoes 신발
- ☐ shorts [ʃɔ́:rts] — 명 짧은 바지, 반바지
- ☐ sneakers [sní:kərz] — 명 운동화
- ☐ socks [sɑks] — 명 양말

- ☐ suit [su:t] — 명 양복 ☼suit and tie (양복에 넥타이를 맨) 정장
- ☐ sweater [swétər] — 명 스웨터 ★sweat 명 땀 *cf.* sweat pants 체육복 바지
- ☐ trousers [tráuzərz] — 명 바지 ⇨ 미국에서는 바지를 pants라고 하지만 영국에서는 trousers라고 한다.
- ☐ underwear [ʌ́ndərwὲər] — 명 내복, 속옷
- ☐ vest [vest] — 명 조끼 ⇨ 미국에서는 조끼를 vest라고 하지만 영국에서는 waistcoat라고 한다.

Step 2 의미소통 영단어! 색을 나타내는 영단어

- ☐ beige [beiʒ] 형 베이지의 명 베이지 ☼a beige carpet 베이지 양탄자
- ☐ blue [bluː] 형 청색의 명 청색
- ☐ blond [blɑnd] 형 금발의
- ☐ brown [braun] 형 갈색의 명 갈색 ☼brown eyes 갈색 눈
- ☐ crystal [krístl] 형 수정 같은, 투명한 명 수정

- ☐ golden [góuldən] 형 금색의, 금발의 *cf.* silver 은색의
- ☐ green [griːn] 형 초록색의 명 초록색 ☼a green field 녹색 초원
- ☐ gray [grei] 형 회색의 명 회색 ☼gray hair 백발
  ⇨ 영국에서는 **grey**로 표기한다.
- ☐ indigo [índigòu] 형 남색의 명 남색
- ☐ ivory [áivəri] 형 상아색의 명 상아 ☼ivory tower 상아탑

- ☐ light blue [lait bluː] 형 옅은 청색의 명 옅은 청색
  ⇨ **light**는 옅은 색깔을 나타낼 때 쓰며, 짙은 색깔을 나타낼 때는 **dark**를 쓴다.
- ☐ navy blue [néivi bluː] 형 짙은 감색의 명 짙은 감색
  ⇨ 영국 해군 제복의 색깔에서 나온 단어로 **navy**는 '해군'을 뜻한다.
- ☐ orange [ɔ́(ː)rindʒ] 형 오렌지색의, 적황색의 명 오렌지색
- ☐ pink [piŋk] 형 분홍색의 명 분홍색, 핑크
- ☐ purple [pə́ːrpl] 형 자주색의, 보라색의 명 자주색, 보라색

- ☐ scarlet [skɑ́ːrlit] 형 주홍색의 명 주홍색
  ☼A Scarlet Letter 주홍 글씨 (나다니엘 호손의 작품)
- ☐ violet [váiəlit] 형 보라색의 명 보라색

It takes 12 minutes and 50 seconds to make a pair of jeans.
청바지 한 벌을 만드는데 12분 50초가 걸린다.

Step 3 의사소통 영단어! 가게 대화

A : Hi! Can I help you?
B : No, thanks. I'm just browsing.

☐ **look for**

구 ~을 찾다

I'm looking for a sweater.
저는 스웨터를 찾고 있습니다.

☐ **browse** [brauz]

동 둘러보다

I'm just browsing. = I'm just looking around.
단지 둘러보고 있습니다.

☐ **price** [prais]

명 가격

What's the price? 가격이 얼마입니까?
⇨ 가격을 물을 때 주로 쓰는 표현들

How much is it? / How much does it cost? / How much do I owe you?

☐ **give a discount**

구 할인해 주다, 깎아 주다

Will you give me a discount?
= Can I have a discount? 할인해 줄 수 있나요?

POP QUIZ

1. What are you looking __________? 무엇을 찾고 있나요?
2. Could you give me a little __________? 조금 할인해 줄 수 있나요?
3. The __________ of this dress is $50. 이 드레스의 가격은 50달러이다.

Answer 1. for 2. discount 3. price

Step 4 Myself 1일 체크

A 비슷한 의미를 가진 것끼리 연결하시오.

① trousers • crystal
② very clear • browse
③ look around • pants

B 제시된 단어를 통해 연상되는 색을 쓰시오.

① __________ : leaves, grass, trees, etc.
② __________ : an elephant, old men's hair, etc.
③ __________ : chicks, bananas, the sun, etc.

C 다음 그림에 해당하는 단어를 쓰시오.

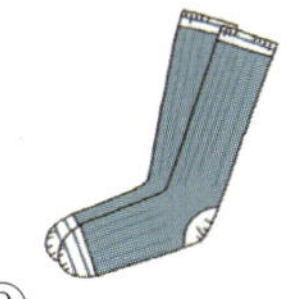

① __________ ② __________ ③ __________ ④ __________

Answer A. ① pants 바지 ② crystal 수정 같은, 깨끗한 ③ browse 둘러보다
B. ① green 초록색 ② gray(grey) 회색 ③ yellow 노란색
C. ① boots 장화, 부츠 ② socks 양말 ③ a jacket 상의 ④ sandals 신발, 샌들

It's not only fine feathers that make fine birds. - *Aesop*
새를 멋지게 만드는 것이 멋진 깃털만은 아니다. – 이솝
* It is ~ that S + V 강조구문으로, 여기서 깃털인 feather는 '옷'을 의미한다.

Day 07

Step 1 주제별 영단어! 의류 2

Where can I find sportswear?
어디에서 운동복을 찾을 수 있지요?

☐ button [bʌ́tn] 명 단추 ☼a button hole 단추 구멍

☐ clothes [klouðz] 명 옷 ⇨ clothes는 '옷, 의복', clothing은 '의류'를 의미하며, cloth는 '옷감, 천'이라는 뜻이다.

☐ collar [kálər] 명 깃, 칼라 ☼white collar workers 화이트칼라 근로자(사무직) blue collar workers 노동자

☐ earmuffs [íərmʌ̀fs] 명 방한용 귀마개

☐ earrings [íərìŋs] 명 귀걸이

☐ fur coat [fəːr kout] 명 모피 코트

☐ jewelry [dʒúːəlri] 명 보석류 ★jewel 명 보석(gem) ☼a jewelry box 보석함

☐ laundry [lɑ́ːndri] 명 세탁물, 세탁소

☐ leather jacket [léðər dʒǽkit] 명 가죽 상의 *cf.* leather belt 가죽 벨트

☐ mittens [mítnz] 명 (벙어리) 장갑 ★mitts 명 장갑 ⇨ 손가락을 끼는 장갑은 gloves이다.

☐ necklace [néklis] 명 목걸이 *cf.* bracelet 팔찌

☐ purse [pəːrs] 명 지갑, 여성용 가방 *cf.* wallet 남성용 지갑

☐ scarf [skɑːrf] 명 스카프, 목도리

☐ sleeve [sliːv] 명 소매 ★sleeveless 형 민소매의

☐ swimming suit [swímiŋ suːt] 명 수영복 ⇨ 수영복을 swimsuit, bathing suit, swimming trunks로 표현하기도 한다.

☐ trench coat [trentʃ kout] 명 우비, 비옷 유 raincoat 비옷

☐ sportswear [spɔ́ːrtswὲər] 명 스포츠웨어, 운동복 유 sweat suit 운동복

Step 2 의미소통 영단어! 옷과 관련된 동사

☐ **be dressed in** — 구 ~을 입고 있다 ☼be dressed in white 흰 옷을 입고 있다

☐ **be made of** — 구 ~로 만들어지다 (재료)
☼be made of wool 양모로 만들어지다

☐ **change** [tʃeindʒ] — 동 바꾸다, 갈다 ☼change one's clothes 옷을 갈아입다

☐ **clean** [kliːn] — 동 깨끗하게 하다, 청소하다
☼clean the dust off your shoes 구두의 먼지를 닦아내다

☐ **fit** [fít] — 동 (치수나 크기가) 꼭 맞다

☐ **iron** [áiərn] — 동 다림질하다 명 철, 다리미

☐ **put on** — 구 (옷을) 입다
⇨ put on은 입는 동작을, wear는 입고 있는 상태를 나타낸다.

☐ **mend** [mend] — 동 수선하다 유 fix 고치다, 고정하다 repair 수리하다

☐ **shrink** [ʃriŋk] — 동 줄어들다

☐ **take off** — 구 (옷을) 벗다 유 remove 벗다, 제거하다

☐ **tear** [tɛər] — 동 찢다 (tear-tore-torn)

☐ **try on** — 구 (옷을) 입어보다 ☼try on new clothes 새 옷을 입어보다

☐ **undress** [ʌndrés] — 동 (옷을) 벗다

☐ **wash** [waʃ] — 동 세탁하다, 씻다

Pirates thought that wearing an earring improved their eyesight.
해적들은 귀걸이를 하는 것이 시력을 향상시킨다고 생각하였다.

Step 3 의사소통 영단어! 물건 사기

A : May I get a refund on this?
B : Do you have your receipt with you?

□ **exchange** [ikstʃéindʒ]
동 교환하다, 바꾸다
I'd like to exchange this blouse for a bigger size. 이 블라우스를 좀 더 큰 것으로 교환하고 싶은데요.

□ **refund** [ríːfʌnd]
명 환불 ☼get a refund 환불 받다
May I get a refund on this, please?
이것에 대하여 환불 받을 수 있나요?

□ **receipt** [risíːt]
명 영수증 ★receive 동 받다
Do you have your receipt with you?
영수증을 갖고 오셨나요?

□ **on sale**
구 세일 중 *cf.* for sale 판매 중
Is this on sale also? 이것 또한 세일 중입니까?

POP QUIZ

1. These clothes are __________ sale for $10.
   이 옷들은 10달러로 세일 중입니다.
2. Tell me where I can get a __________.
   어디에서 환불 받을 수 있는지 알려 주세요.
3. Where can I __________ this? 어디에서 이것을 교환할 수 있나요?
4. Be sure to get a __________. 영수증을 꼭 받아.

Answer 1. on 2. refund 3. exchange 4. receipt

Step 4 Myself 1일 체크

A 다음 빈 칸에 적절한 말을 보기에서 찾아 쓰시오.

fur coat　sportswear　swimming suit　trench coat

① When it rains, you wear a ____________.

② When it is too cold, you wear a ____________

③ When you go swimming, you wear a ____________

④ When you exercise, you wear ____________

B 다음 그림에 해당하는 단어를 쓰시오.

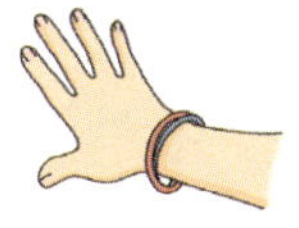

① __________ ② __________ ③ __________ ④ __________

C 다음 우리말에 해당하는 단어와 연결하시오.

① 입어보다	• wear
② 옷을 입다(동작)	• take off
③ 옷을 입고 있다(상태)	• try on
④ 옷을 벗다	• put on

Answer
A. ① trench coat 비옷 ② fur coat 모피 코트 ③ swimming suit 수영복 ④ sportswear 운동복
B. ① wallet 지갑 ② necklace 목걸이 ③ earrings 귀걸이 ④ bracelet 팔찌
C. ① try on ② put on ③ wear ④ take off

머리에 쏘옥 들어오는 명문장!

Eat to please yourself, but dress to please others. - *Benjamin Franklin*

자신을 즐겁게 하기 위해 먹고, 다른 사람을 즐겁게 하기 위해서는 옷을 입어라. – 벤자민 프랭클린

* 'to 동사원형'은 부정사로 '~하기 위하여'로 해석하며, please는 '기쁘게 하다'의 뜻이다.

Day 08

Step 1 주제별 영단어! 유행

You look gorgeous in this picture!
이 사진에서 너는 정말 멋져 보인다!

- □ accessory [æksésəri] 명 액세서리, 장신구
- □ artificial [à:rtəfíʃəl] 형 인공의 유 human-made 인공의
- □ brand [brænd] 명 상표, 상품 ☼brand new 신상품 brand name 상표명
- □ cosmetic [kɑzmétik] 형 화장의 ★cosmetics 명 화장품(복수형)
- □ fancy [fǽnsi] 명 환상, 공상 형 화려한 ☼a fancy car 환상적인 자동차

- □ fashion [fǽʃən] 명 유행 ★fashionable 형 유행하는
- □ gorgeous [gɔ́:rdʒəs] 형 멋진, 화려한
- □ handmade [hǽndméid] 형 손으로 만든, 수제품의
- □ luxury [lʌ́kʃəri] 명 사치 ★luxurious 형 사치스러운, 호화로운
- □ model [mɑ́dl] 명 모델, 모범
  ☼fashion model 패션모델 role model 본보기, 모범

- □ modern [mɑ́dərn] 형 현대의
- □ natural [nǽtʃərəl] 형 자연의, 천연의 ☼natural beauty 자연미 *cf.* artificial 인공의
- □ piercing [píərsiŋ] 명 피어싱 ☼ear piercing 귀 뚫기
- □ popular [pɑ́pjulər] 형 인기 있는 ★popularity 명 인기, 평판
- □ shave [ʃeiv] 동 면도하다

- □ skin care [skin kɛər] 명 피부 관리 *cf.* wrinkle care 주름 관리
- □ stylish [stáiliʃ] 형 유행의, 멋진
- □ stylist [stáilist] 명 의상가, 디자이너 유 designer 디자이너
- □ tattoo [tætú:] 명 문신

Step 2 의미소통 영단어! 무늬와 옷감을 나타내는 영단어

- ☐ **check** [tʃek] 형 체크무늬의
- ☐ **plaid** [plæd] 명 격자무늬 형 격자무늬의 ☼a plaid skirt 격자무늬 치마
- ☐ **polka dot** [póulkə dɑt] 명 물방울무늬 ☼a polka dot scarf 물방울무늬의 스카프
  ⇨ dot는 '점'을 뜻한다.
- ☐ **stripe** [straip] 명 줄무늬 ☼Stars and Stripes 성조기 (미국 국기)
- ☐ **cotton** [kɑ́tn] 명 면, 목화 ☼cotton candy 솜사탕 cotton field 목화밭

- ☐ **denim** [dénim] 명 데님 천 ☼denim jeans 청바지
- ☐ **fur** [fəːr] 명 모피, 털 ☼a fur coat 털 코트
- ☐ **leather** [léðər] 명 가죽 ☼a leather belt 가죽 벨트 a leather jacket 가죽 옷
- ☐ **linen** [línin] 명 리넨, 마
- ☐ **nylon** [náilɑn] 명 나일론

- ☐ **plastic** [plǽstik] 명 플라스틱
- ☐ **polyester** [pɑ́lièstər] 명 폴리에스테르
- ☐ **rubber** [rʌ́bər] 명 고무 ☼rubber shoes 고무신 rubber band 고무밴드
- ☐ **silk** [silk] 명 비단 ☼Silk Road 비단길
- ☐ **wool** [wul] 명 양모, 모직 ★woolen 형 양털로 만든, 모직의

In the 1800s-1900s women would have their ribs broken to fit into their corsets.
1800년대에서 1900년대 사이에 여성들은 코르셋(속옷의 일종)에 몸이 맞도록 하기 위하여 갈비뼈를 부러뜨리곤 했다.

Step 3 의사소통 영단어! 유행에 관한 대화

A : Have you ever bought imitation brand clothing?
B : Yes, I have.

☐ **out of date**

구 시대에 뒤떨어진, 구식의 유 out of fashion, old-fashioned

This skirt looks out of date.
이 치마는 유행에 뒤처진 것처럼 보인다.

☐ **be in fashion**

구 유행하는

What kind of clothes are in fashion now?
어떤 옷들이 요즘 유행하나요?

☐ **plastic surgery** [plǽstik sə́ːrdʒəri]

명 성형수술 유 cosmetic surgery

What do you think about plastic surgery?
성형수술에 대하여 어떻게 생각하니?

☐ **imitation brand** [ìmitéiʃən brænd]

명 모방 상품, 가짜 상표 유 fake 가짜, 모조품

Have you ever bought imitation brand clothing? 가짜 상표의 옷을 사본 적이 있니?

☐ **traditional costume** [trədíʃənəl kástjuːm]

명 전통 의상

Tell me about your traditional costume.
당신의 전통 의상에 대하여 말해 주세요.

POP QUIZ

1. This style is out of __________. 이 스타일은 유행에 뒤떨어진다.
2. Piercing is in __________ now. 요즘에는 피어싱이 유행하고 있다.
3. What do you think about __________ __________ ?
   성형 수술에 대하여 어떻게 생각하니?

Answer 1. date [fashion] 2. fashion 3. plastic surgery [cosmetic surgery]

Step 4 Myself 1일 체크

A 제시된 말과 유사한 의미를 가진 것끼리 연결하시오.

① human-made	• luxurious
② very beautiful	• artificial
③ very expensive	• gorgeous

B 빈 칸에 공통으로 들어갈 수 있는 말을 보기에서 찾아 쓰시오.

brand　cotton　rubber　leather

① ________ candy, ________ field

② ________ belt, ________ shoes, ________ jacket

③ ________ band, ________ shoes, ________ tree

④ ________ new, ________ name

C 그림에 해당하는 무늬를 보기에서 찾아 쓰시오.

check　plaid　polka dot　stripe

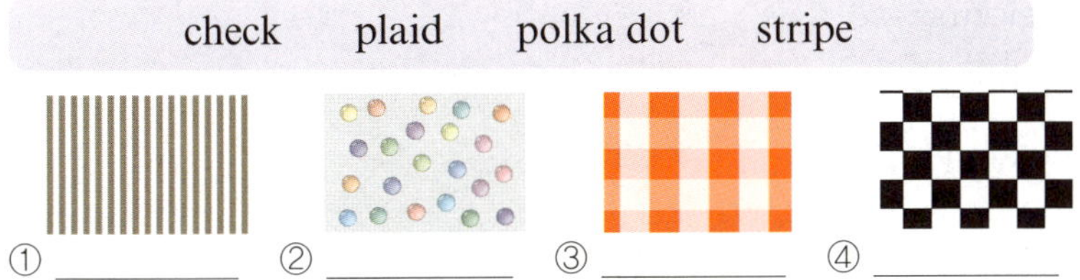

① ________ ② ________ ③ ________ ④ ________

Answer A. ① artificial 인공의 ② gorgeous 멋진, 화려한 ③ luxurious 사치스러운
B. ① cotton 목화, 면 ② leather 가죽 ③ rubber 고무 ④ brand 상표
C. ① stripe 줄무늬 ② polka dot 물방울무늬 ③ plaid 격자무늬 ④ check 체크무늬의

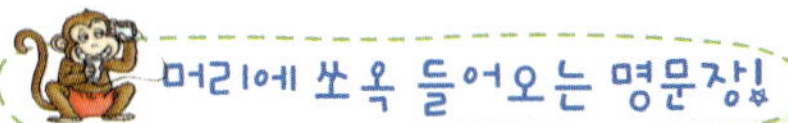

Never mind the fashion. When one has a style of one's own, it is always twenty times better.

유행에 대하여 신경 쓰지 마라. 자신의 스타일을 갖고 있으면 항상 스무 배나 더 낫다.

※ mind는 '신경을 쓰다, 염려하다'의 뜻이며, one은 '일반 사람'을 지칭한다.

Day 09

Step 1 주제별 영단어! 과일

There's a sale on fruit at the grocery store.
식료품가게에서 과일을 할인 판매하고 있어.

- □ almond [ɑ́:mənd] 명 아몬드
- □ blueberry [blú:bèri] 명 블루베리 ☼blueberry pie 블루베리 파이
- □ cherry [tʃéri] 명 버찌 (벚나무 열매) ☼a cherry tree 벚나무
- □ fig [fig] 명 무화과, 무화과 나무 열매
- □ fruit [fru:t] 명 과일

- □ grape [greip] 명 포도 ☼grape juice 포도쥬스
- □ lime [laim] 명 라임 *cf.* lemon 레몬
- □ melon [mélən] 명 멜론, 참외
- □ orchard [ɔ́:rtʃərd] 명 과수원
- □ peach [pi:tʃ] 명 복숭아

- □ pear [pɛər] 명 배
- □ persimmon [pə:rsímən] 명 감
- □ plum [plʌm] 명 자두
- □ raisin [réizən] 명 건포도
- □ raspberry [rǽzbèri] 명 라즈베리, 나무딸기

- □ strawberry [strɔ́:beri] 명 딸기 ☼strawberry season 딸기철
- □ watermelon [wɔ́:tərmèlən] 명 수박

Step 2 의미소통 영단어! 음식 상태를 나타내는 형용사

- ☐ **baked** [beikt] 형 구운 ★bake 동 굽다
- ☐ **boiled** [bɔild] 형 삶은, 끓인 ☼a boiled egg 삶은 계란
- ☐ **cooked** [kúkt] 형 요리한
- ☐ **dried** [draid] 형 건조한, 말린
- ☐ **fresh** [freʃ] 형 신선한 ☼fresh salad 신선한 샐러드

- ☐ **fried** [fraid] 형 튀긴 ☼a fried egg 계란 프라이
- ☐ **frozen** [fróuzən] 형 얼린, 냉동의 ☼frozen meat 냉동 고기
- ☐ **grilled** [grild] 형 구운 ★grill 동 굽다
- ☐ **medium** [mí:diəm] 형 중간 정도의, 중간 정도 익힌
- ☐ **overcooked** [óuvərkúkt] 형 지나치게 구운[삶은] *cf.* undercooked 덜 요리된

- ☐ **rare** [rɛər] 형 (고기가) 덜 익은, 핏기가 있는
- ☐ **raw** [rɔ:] 형 날것의, 설익은 ☼raw fish 회
- ☐ **ripe** [raip] 형 익은 ★unripe 형 익지 않은
- ☐ **rotten** [rɔtn] 형 썩은 유 bad 상한
- ☐ **roasted** [roustid] 형 구운

- ☐ **seasoned** [sí:zənd] 형 양념을 한, 맛을 들인
- ☐ **spoiled** [spɔ́ild] 형 (음식물이) 상한 *cf.* flat 김이 빠진
- ☐ **well-done** [wéldʌ́n] 형 잘 익은, 잘 익힌

Did You Know?

The pineapple originated in South America.
It didn't reach Hawaii until the early nineteenth century.
파인애플은 남아메리카에서 시작되었다. 19세기 초반까지 하와이에 보급되지 않았다.

Step 3 의사소통 영단어! 음식에 대한 대화

A : What's your favorite fruit?
B : I like bananas.

☐ **favorite** [féivərit]
형 가장 좋아하는 ☼favorite food 가장 좋아하는 음식
What's your favorite fruit?
가장 좋아하는 과일이 무엇이니?

☐ **skip** [skip]
동 건너뛰다 ☼skip the meal 식사를 거르다
I skipped lunch because I didn't feel hungry.
나는 배가 고프지 않아서 점심을 걸렀다.

☐ **eat out**
구 외식하다 *cf.* order in (음식을) 주문하다
Let's eat out tonight. 오늘 밤 외식하러 가자.

☐ **How often ...?**
구 얼마나 자주 …을 하나요?
How often do you eat Chinese food?
당신은 얼마나 자주 중국 음식을 드시나요?

POP QUIZ

1. My __________ food is pizza. 내가 가장 좋아하는 음식은 피자이다.
2. __________ __________ do you eat out? 너는 얼마나 자주 외식을 하니?
3. Why did you __________ lunch today? 오늘 점심을 왜 먹지 않았니?

Answer 1. favorite 2. How often 3. skip

Step 4 Myself 1일 체크

A 다음 제시된 어휘를 통해 연상되는 단어를 쓰시오.

① ____________ : a piece of land, fruit trees

② ____________ : sweet part of a plant, grape, pear, melon, etc.

B 다음 제시된 어휘와 연관이 있는 것끼리 연결하시오.

① new, good, newly-made	• raw
② bad, spoiled	• fresh
③ uncooked	• rotten

C 다음 제시된 단어를 익힌 정도에 따라 순서대로 놓으시오.

well-done　　rare　　overcooked　　medium

• raw ⇨ __________ ⇨ __________ ⇨ __________ ⇨ __________

D 다음 그림에 해당하는 단어를 쓰시오.

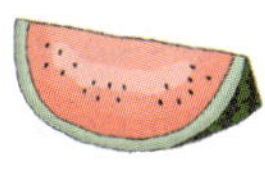

① __________　② __________　③ __________　④ __________

A. ① orchard 과수원 ② fruit 과일

B. ① fresh 신선한 ② rotten 썩은 ③ raw 날것의

C. rare 설익은 ⇨ medium 중간 정도의 ⇨ well-done 잘 익은 ⇨ overcooked 지나치게 익은

D. ① grapes 포도 ② a peach 복숭아 ③ a pear 배 ④ watermelon 수박

머리에 쏘옥 들어오는 명문장!

One that would have the fruit must climb the tree. - *Thomas Fuller*

열매를 따려고 하는 사람은 나무에 올라가야 한다. – 토마스 풀러

※ 이 문장에서 one that …는 '~하는 사람'을 뜻하며, the man who …로도 쓸 수 있다.

Day 10

채소

Are you a vegetarian?
너 채식주의자이니?

- ☐ bean [biːn] 명 콩 유 soybean 콩 ☼ bean sprout 콩나물
- ☐ cabbage [kǽbidʒ] 명 양배추 ☼ Chinese cabbage 배추
- ☐ carrot [kǽrət] 명 당근
- ☐ corn [kɔːrn] 명 옥수수
- ☐ cucumber [kjúːkəmbər] 명 오이 ☼ as cool as a cucumber 오이처럼 시원한

- ☐ eggplant [egplæ̀nt] 명 가지
- ☐ garlic [gáːrlik] 명 마늘
- ☐ green onion [gríːn ʌ́njən] 명 파 유 spring onion (봄) 양파, 파, 쪽파
- ☐ lettuce [létis] 명 상추
- ☐ mushroom [mʌ́ʃru(ː)m] 명 버섯

- ☐ onion [ʌ́njən] 명 양파
- ☐ pea [piː] 명 완두(콩)
- ☐ pepper [pépər] 명 후추, 고추 ☼ bell pepper 피망 hot pepper 고추
- ☐ pumpkin [pʌ́mpkin] 명 호박
- ☐ sweet potato [swiːt pətéitou] 명 고구마 *cf.* potato 감자

- ☐ vegetable [védʒətəbl] 명 채소
- ☐ vegetarian [vèdʒətέəriən] 명 채식주의자 *cf.* meat lover 육식을 좋아하는 사람

Step 2 의미소통 영단어! 메뉴에 잘 나오는 영단어

- ☐ broth [brɔ(:)θ] 명 국, 국물, 육수 ☼beef broth 소고기 육수
- ☐ egg yolk [eg joulk] 명 달걀 노른자위 *cf.* egg white 달걀 흰자위
- ☐ flour [flauər] 명 밀가루
- ☐ ginger [dʒíndʒər] 명 생강
- ☐ mashed potato [mæʃt pətéitou] 명 으깬 감자

- ☐ meat [mi:t] 명 고기
- ☐ noodle [nú:dl] 명 국수 ☼cold noodles 냉면
- ☐ pickle [píkəl] 명 절인 오이, 피클
- ☐ pork [pɔ:rk] 명 돼지고기 ☼pork ribs 돼지 갈비 *cf.* beef 소고기
- ☐ rib [rib] 명 갈비

- ☐ rice [rais] 명 쌀 ☼cooked rice 밥
- ☐ scrambled eggs [skrǽmbəld egs] 명 버터, 우유를 섞어 지진 달걀 요리
- ☐ seafood [sí:fú:d] 명 해산물
- ☐ slice [slais] 명 얇은 조각 동 얇게 썰다
- ☐ soy sauce [sɔi sɔ:s] 명 간장

- ☐ soybean [sɔ́ibì:n] 명 콩
- ☐ tofu [tóufu:] 명 두부
- ☐ vinegar [vínigər] 명 식초 *cf.* salt 소금
- ☐ wheat [hwi:t] 명 밀 ☼whole wheat 통밀

Did You Know?

Centuries ago, many people in Europe thought tomatoes were poisonous.
수세기 전에 유럽의 많은 사람들은 토마토에 독이 있다고 생각하였다.

Step 3 의사소통 영단어! 식당 예약하기

A : I'd like to make a reservation for tonight.

B : For what time, sir?

☐ **make a reservation**

구 예약하다 유 book (티켓 등을) 예약하다

I'd like to make a reservation for tonight at 7:00. 오늘 저녁 7시에 예약을 하고 싶습니다.

☐ **a table for three**

구 3인용 식사 테이블

Do you have a table for three?

3인용 테이블이 있습니까?

☐ **a table by the window**

구 창가 테이블

Could I have a table by the window?

창가 쪽 테이블에 앉을 수 있을까요?

☐ **a lunch special**

구 점심 특선

Is there a lunch special today?

오늘 점심 특선이 있습니까?

POP QUIZ

1. I want to make a __________ for dinner. 저녁을 예약하려고 합니다.
2. I want to sit at a table __________ __________ __________.
   창가 옆 테이블에 앉고 싶습니다.
3. What is today's __________ __________?
   오늘의 점심 특선이 무엇이지요?

Answer 1. reservation 2. by the window 3. lunch special

Step 4 Myself 1일 체크

A 다음 영어 정의에 해당되는 말을 쓰시오.

① ____________ : plants such as cabbages, carrots, lettuce, etc.

② ____________ : people who eat only vegetables

B 서로 연관이 있는 것끼리 연결하시오.

① bean	• tofu
② wheat	• pickle
③ pig	• pork
④ cucumber	• flour

C 다음 그림에 해당하는 단어를 쓰시오.

① __________ ② __________ ③ __________ ④ __________

Answer A. ① vegetables 채소 ② vegetarian 채식주의자
B. ① tofu 두부 ② flour 밀가루 ③ pork 돼지고기 ④ pickle 피클
C. ① a carrot 당근 ② an onion 양파 ③ a pumpkin 호박 ④ hot peppers 고추

The roots of education are bitter, but the fruit is sweet. - *Aristotle*
교육의 뿌리는 쓰지만, 그 열매는 달콤하다. – 아리스토텔레스

Animals

1 Butterflies taste with their feet.

2 All polar bears are left-handed.

3 Dolphins sleep with one eye open.

4 An ostrich's eye is bigger than its brain.

5 Tigers have striped skin, not just striped fur.

6 A chameleon's tongue is twice the length of its body.

7 A woodpecker can peck twenty times a second.

8 At birth, a panda is smaller than a mouse and weighs about four ounces.

9 A chimpanzee can recognize itself in a mirror, but a monkey can't.

10 The flea can jump 350 times its body length. That is like a person jumping the length of a football field!

□striped 줄무늬의 □fur 털 □recognize 인식하다 □flea 벼룩

동물들

1 나비는 다리로 맛을 본다.

2 모든 북극곰은 왼손잡이이다.

3 돌고래는 한쪽 눈을 뜨고 잠을 잔다.

4 타조의 눈은 자신의 두뇌보다 더 크다.

5 호랑이는 줄무늬 털이 아니라 줄무늬 피부를 갖고 있다.

6 카멜레온의 혀는 몸길이의 두 배이다.

7 딱따구리는 1초에 20회 정도 나무를 쪼아댈 수 있다.

8 판다는 태어날 때 쥐보다 더 작고 4온스 정도의 무게가 나간다.

9 침팬지는 거울에서 자신을 알아볼 수 있지만,
원숭이는 그렇게 할 수 없다.

10 벼룩은 몸길이의 350배까지 뛸 수 있다.
그것은 사람이 축구경기장 길이만큼 뛰는 것과 같다.

Day 11

주제별 영단어! 음식 1

Eating a lot of junk food can be harmful to your health.
즉석 식품을 많이 먹는 것은 건강에 해로울 수 있어.

- ☐ beef [bi:f] — 명 쇠고기
- ☐ beverage [bévəridʒ] — 명 음료수 유 soft drinks 음료수
- ☐ cereal [síəriəl] — 명 시리얼 ☼breakfast cereal 아침 식사용 시리얼
- ☐ chef [ʃef] — 명 주방장, 요리사 유 cook 요리사
- ☐ cookie [kúki] — 명 과자

- ☐ dessert [dizə́:rt] — 명 후식, 디저트
- ☐ drumstick [drʌ́mstìk] — 명 (닭, 오리 등의) 다리
- ☐ grain [grein] — 명 곡물, 곡식
- ☐ junk food [dʒʌŋk fu:d] — 명 (영양가가 없는) 즉석식품 유 fast food 즉석식품, 패스트푸드
- ☐ low-fat [lou fæt] — 형 저지방의 ☼a low-fat diet 저지방식 *cf.* fat-free 무지방의

- ☐ meal [mi:l] — 명 식사 ☼have [eat] a meal 식사를 하다
- ☐ muffin [mʌ́fin] — 명 (옥수수 가루 등으로 만든 작고 둥근 빵) 머핀
- ☐ organic food [ɔ:rgǽnik fu:d] — 명 자연 식품, 유기농 식품
- ☐ pancake [pǽnkèik] — 명 (우유, 달걀, 밀가루 등을 재료로 프라이팬에 얇게 구운 일종의 핫케이크) 팬케이크
- ☐ peanut [pí:nʌ̀t] — 명 땅콩 ☼peanut butter 땅콩버터

- ☐ soup [su:p] — 명 국 ☼vegetable soup 야채수프
- ☐ stew [stju:] — 명 찜, 찌개 ☼beef stew 쇠고기 찜 kimchi stew 김치찌개

Step 2 의미소통 영단어! 식사나 음식과 관련된 동사

- ☐ bake [beik] — 동 굽다 ★baker 명 빵 굽는 사람 bakery 명 제과점
- ☐ bite [bait] — 동 물어뜯다 (bite-bit-bitten) 명 물기
  ☼have a bite 한 입 물어뜯다, 간단히 먹다
- ☐ boil [bɔil] — 동 끓이다
- ☐ burn [bəːrn] — 동 태우다 (burn-burnt-burnt)
- ☐ chew [tʃuː] — 동 씹다 ☼chewing gum 씹는 껌

- ☐ cook [kuk] — 동 요리하다 명 요리사 ★cooker 명 요리 기구
  ☼rice cooker 밥솥
- ☐ cool [kuːl] — 동 식히다
- ☐ digest [daidʒést] — 동 소화하다
- ☐ freeze [friːz] — 동 얼리다 (freeze-froze-frozen)
- ☐ fry [frai] — 동 튀기다 ☼fried chicken 튀김 닭

- ☐ gulp [gʌlp] — 동 꿀꺽 삼키다, 꿀꺽 마시다
- ☐ heat [hiːt] — 동 가열하다 명 열
- ☐ melt [melt] — 동 녹다, 녹이다 ☼melting point 녹는 점
- ☐ overeat [òuvəríːt] — 동 과식하다
- ☐ roast [roust] — 동 (화덕에) 굽다

- ☐ steam [stiːm] — 동 찌다 명 증기, 수증기
- ☐ stir [stəːr] — 동 휘젓다 ☼stirfried rice 볶음밥
- ☐ swallow [swálou] — 동 삼키다

Did You Know?

You cannot taste food unless it is mixed with saliva.
음식이 침과 섞이지 않으면 음식 맛을 볼 수가 없다.

Step 3 의사소통 영단어! 음식 주문하기

A : Are you ready to order, sir?
B : Yes, I am, thanks.

□ **ready** [rédi]
형 준비된
Are you ready to order? 주문할 준비되셨나요?

□ **order** [ɔ́ːrdər]
동 주문하다 명 주문
I'd like to order a small cheese pizza.
치즈 피자 작은 것을 주문하고 싶네요.

□ **main course**
구 주 요리
What would you like for the main course?
주 요리로 무엇을 드시겠습니까?

□ **How would you like …?**
구 …을 어떻게 하여 드릴까요?
How would you like your steak?
쇠고기를 어떻게 요리하여 드릴까요?

POP QUIZ

1. Are you __________ to order? 주문할 준비되셨나요?
2. I'd like to __________ a pizza. 피자를 하나 주문하고 싶네요.
3. __________ would you like your steak?
   쇠고기를 어떻게 요리하여 드릴까요?

Answer 1. ready 2. order 3. How

Step 4 Myself 1일 체크

A 다음 제시된 어휘의 주제어를 쓰시오.

① __________ : cola, orange juice, cider, soda

② __________ : hamburgers, potato chips, hot dogs

③ __________ : breakfast, lunch, dinner or supper

B 다음 우리말에 해당하는 영어를 쓰시오.

① 쇠고기 찜 – beef __________

② 야채수프 – vegetable __________

③ 유기농 식품 – __________ food

④ 저지방식 – __________ diet

C 그림과 관련이 있는 단어를 보기에서 찾아 쓰시오.

stir　　roast　　boil　　freeze

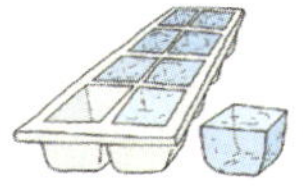

① __________　② __________　③ __________　④ __________

A. ① beverage 음료수 ② junk food [fast food] 즉석식품 ③ meal 식사
B. ① stew ② soup ③ organic ④ low-fat
C. ① boil 끓이다 ② freeze 얼리다 ③ stir 휘젓다 ④ roast (화덕에) 굽다

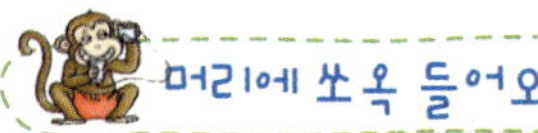

One cannot think well, love well, sleep well, if one doesn't eat well.

- *Virginia Woolf*

사람이 잘 먹지 못하면 생각도 잘 못하고, 사랑도 잘할 수 없고, 잠도 잘 잘 수 없다. – 버지니아 울프
※ 여기서 one은 '일반적인 사람'을 뜻한다.

Day 12

Step 1 주제별 영단어! 음식 2

Do you know the recipe?
너 요리법을 알고 있니?

- ☐ appetizer[ǽpitàizər] 명 식욕을 돋우는 것, 애피타이저, 전채요리
- ☐ cookbook[kúkbùk] 명 요리책
- ☐ cuisine[kwizí:n] 명 특별한 요리, 요리법 ☼traditional cuisine 전통 요리
- ☐ dairy product [dέəri prάdəkt] 명 우유 제품
- ☐ diet[dáiət] 명 식이요법, 음식물 ☼go on a diet 다이어트를 하다

- ☐ flavor[fléivər] 명 향, 맛 ☼vanilla flavor 바닐라 향
- ☐ hardboiled egg [hά:rdboild eg] 명 삶은 계란
- ☐ ingredient[ingrí:diənt] 명 (요리의) 재료, 요소
- ☐ nutrition[nju:tríʃən] 명 영양, 영양가
- ☐ protein[próuti:n] 명 단백질 *cf.* fat 지방

- ☐ recipe[résəpì:] 명 요리법
- ☐ salt[sɔ:lt] 명 소금
- ☐ side dish[said diʃ] 명 반찬
- ☐ snack[snæk] 명 간식 ☼a snack machine 스낵 자판기
- ☐ spice[spais] 명 양념

- ☐ sugar[ʃúgər] 명 설탕
- ☐ sushi[suʃi] 명 초밥 ☼a sushi restaurant 초밥 식당
- ☐ sweetener[swi:tnər] 명 (인공) 감미료

Step 2 의미소통 영단어! 음식의 양을 나타내는 명사

- ☐ bar [bɑːr] 명 막대기 ☼a bar of chocolate 초콜릿바 한 개
- ☐ bottle [bátl] 명 병 ☼a bottle of wine 와인 한 병
- ☐ bowl [boul] 명 그릇 ☼a bowl of chicken soup 닭죽 한 그릇
- ☐ bunch [bʌntʃ] 명 다발 ☼a bunch of bananas 바나나 한 송이
- ☐ can [kæn] 명 깡통 ☼two cans of tuna 참치 깡통 두 개

- ☐ carton [káːrtən] 명 판지 상자 ☼a carton of milk 우유 한 통
- ☐ ear [iər] 명 이삭, 열매 ☼two ears of corn 옥수수 두 개
- ☐ glass [glæs] 명 유리잔 ☼a glass of water 한 잔의 물
- ☐ jar [dʒɑːr] 명 병, 단지 ☼a jar of jam 잼 한 병
- ☐ loaf [louf] 명 (빵의) 덩어리 ☼a loaf of bread 빵 한 덩어리

- ☐ lump [lʌmp] 명 덩어리 ☼a lump of sugar 설탕 한 조각
- ☐ mouthful [máuθfùl] 명 한입 가득, 한입의 분량 ☼a mouthful of food 음식 한 입
- ☐ pack [pæk] 명 가방, 꾸러미 ☼two packs of candy 사탕 두 팩
- ☐ piece [piːs] 명 조각 ☼a piece of cake 케이크 한 조각
- ☐ sack [sæk] 명 자루 ☼a sack of apples 사과 한 자루
- ☐ spoonful [spúːnfùl] 명 한 스푼의 분량 ☼three spoonfuls of salt 소금 세 스푼

Ice cream was developed in China in 2000 BC.
아이스크림은 기원전 2000년에 중국에서 개발되었다.

Step 3 의사소통 영단어! 요리하기

A : What's next?
B : Sprinkle salt and pepper on it.

☐ **add** [æd]

동 더하다, 첨가하다

Add the onions to the pan and cook until soft. 냄비에 양파를 넣고, 부드러워질 때까지 요리해라.

☐ **sprinkle** [spríŋkəl]

동 뿌리다

Sprinkle salt and pepper on it.
그 위에 소금과 후추를 뿌려라.

☐ **rinse** [rins]

동 헹구다, 가볍게 씻다

Rinse the lettuce leaves under cold water.
찬 물로 상추 잎을 헹구어라.

☐ **mix** [miks]

동 섞다, 혼합하다

Add the water and mix until smooth.
물을 넣고 부드러워질 때까지 섞어라.

POP QUIZ

1. __________ sugar on top of the cookies. 과자 위에 설탕을 뿌려라.
2. Pour the milk and __________ well. 우유를 넣고 잘 혼합해라.
3. __________ the salt and stir well with a spoon.
   소금을 넣고 스푼으로 잘 저어라.

Answer 1. Sprinkle 2. mix 3. Add

Step 4 Myself 1일 체크

A 다음 정의에 해당하는 단어를 쓰시오.

__________ : the way of cooking

B 서로 연관이 있는 것과 연결하시오.

① milk, cheese • cuisine

② salt, spice, sugar • ingredients

③ a style of cooking • dairy products

C 빈 칸에 쓸 수 있는 단어를 보기에서 찾아 쓰시오.

bowl	loaf	bar	carton

① a _______ of chocolate ② a _______ of milk

③ a _______ of bread ④ a _______ of chicken soup

D 서로 연결할 수 있는 것끼리 짝지으세요.

① a bunch of • jam

② an ear of • bananas

③ a jar of • corn

A. recipe 요리법
B. ① dairy products 우유 제품 ② ingredients 재료 ③ cuisine 요리
C. ① bar 막대기 ② carton 판지 상자 ③ loaf 덩어리 ④ bowl 그릇
D. ① bananas 바나나 ② corn 옥수수 ③ jam 잼

One man's meat is another man's poison.
한 사람의 고기는 다른 사람에게 독이 될 수 있다.

Day 13

What's your favorite animal?
가장 좋아하는 동물이 무엇이니?

- ☐ animal [ǽnəməl] 명 동물 ☼animal farm 동물 농장
- ☐ bull [bul] 명 황소 ☼bull fight 투우 유 ox 황소 oxen(복수형)
- ☐ cow [kau] 명 암소 ☼cowboy 카우보이
- ☐ donkey [dáŋki] 명 당나귀
- ☐ goat [gout] 명 염소

- ☐ hen [hen] 명 암탉 *cf.* rooster 수탉
- ☐ hog [hɔːg] 명 돼지 유 pig 돼지
- ☐ horse [hɔːrs] 명 말 ☼horseracing 경마 horseback riding 승마
- ☐ livestock [láivstɑ̀k] 명 가축
- ☐ mammal [mǽməl] 명 포유류

- ☐ pig [pig] 명 돼지
- ☐ pet [pet] 명 애완동물 ☼pet dog 애완견
- ☐ pony [póuni] 명 조랑말
- ☐ rabbit [rǽbit] 명 토끼 *cf.* bunny 어린 토끼
- ☐ rat [ræt] 명 쥐 유 mouse 생쥐 mice (복수형)
- ☐ rooster [rúːstər] 명 수탉
- ☐ shepherd [ʃépərd] 명 양치기

Step 2 의미소통 영단어! 소리를 나타내는 영단어

- ☐ baa [ba] — 명 음매, 염소가 우는 소리
- ☐ bow wow [bou wau] — 명 멍멍, 개 짖는 소리
- ☐ buzz [bʌz] — 명 벌이 윙윙거리는 소리
- ☐ caw [kɔː] — 명 까악까악, 까마귀의 울음소리
- ☐ chirp [tʃəːrp] — 명 짹짹, 새가 지저귀는 소리

- ☐ cock-a-doodle-doo [kάkədùːdldúː] — 명 꼬끼오, 닭이 우는 소리
- ☐ cuckoo [kú(ː)kuː] — 명 뻐꾸기 울음소리
- ☐ meow [miáu] — 명 야옹, 고양이 소리
- ☐ moo [muː] — 명 음매, 소가 우는 소리
- ☐ quack [kwæk] — 명 오리 소리

- ☐ roar [rɔːr] — 명 (맹수가) 으르렁대는 소리
- ☐ bang [bæŋ] — 명 쾅[탕], 총이나 문 닫는 소리
- ☐ ding dong [diŋ dɔ(ː)ŋ] — 명 딩동, 벨소리
- ☐ honk [hɔːŋk] — 명 빵빵, 경적 소리
- ☐ knock [nαk] — 명 (문을 두드리는 소리) 똑똑, 쾅쾅

- ☐ oops [u(ː)ps] — 감 앗, 이런, 아이쿠
- ☐ ouch [autʃ] — 감 (아플 때) 아야!
- ☐ wow [wau] — 감 (놀랄 때) 와, 저런

A rat can fall from a 5-story building without injury.
쥐는 5층 건물에서 부상을 당하지 않고 떨어질 수 있다.

A : Do you have any pets?
B : Yes, two dogs and one cat.

☐ **have [keep] a pet**
구 애완동물을 가지다 [기르다]
Do you have any pets? 애완동물을 갖고 있니?

☐ **pet's name**
구 애완동물 이름
What's your pet's name?
너의 애완동물의 이름은 무엇이니?

☐ **the most popular pet**
구 가장 인기 있는 애완동물
What are the most popular pets in your country?
너의 나라에서 가장 인기 있는 애완동물은 무엇이니?

☐ **a favorite pet**
구 가장 좋아하는 애완동물
What is your favorite pet?
네가 가장 좋아하는 애완동물은 무엇이니?

POP QUIZ

1. Do you have any __________? 너는 애완동물을 갖고 있니?
2. The turtle is the most __________ pet reptile.
   거북이는 가장 인기 있는 애완용 파충류다.
3. My __________ pet is my dog, Romeo.
   내가 가장 좋아하는 애완동물은 나의 개인 로미오다.

Answer 1. pets 2. popular 3. favorite

Step 4 Myself 1일 체크

A 다음 제시된 어휘와 연관이 있는 것끼리 연결하시오.

① baby, no egg, milk, warm-blooded	• mammal
② animals, cows, sheep, chickens	• shepherd
③ a person, taking care of sheep	• livestock

B 주어진 어휘의 관계가 서로 같도록 빈 칸에 적당한 말을 쓰시오.

① bull - cow : hen - ______________

② horse - pony : rabbit - ______________

③ bull - ox : pig - ______________

C 다음 소리와 연관이 있는 동물을 찾아 짝지으시오.

① moo	• bird
② bow wow	• cow
③ chirp	• crow
④ caw	• dog
⑤ roar	• lion

Answer A. ① mammal 포유류 ② livestock 가축 ③ shepherd 양치기
B. ① rooster 수탉 ② bunny 어린 토끼 ③ hog 돼지
C. ① cow 암소 ② dog 개 ③ bird 새 ④ crow 까마귀 ⑤ lion 사자

머리에 쏘옥 들어오는 명문장!

Speak of the devil, and he will appear.
호랑이도 제 말하면 나타난다.
※ devil은 '악마', appear는 '등장하다, 나타나다'의 뜻을 갖고 있다.

Day 14

Step 1 주제별 영단어! 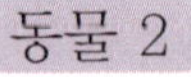 동물 2

Have you ever seen a polar bear?
너는 북극곰을 본 적이 있니?

- □ antelope [ǽntəlòup] 명 영양
- □ bat [bæt] 명 박쥐 ☼batman 박쥐인간
- □ bear [bɛər] 명 곰 ☼polar bear 북극곰 Teddy bear 곰인형
- □ beaver [bi:vər] 명 비버
- □ buffalo [bʌ́fəlòu] 명 물소 *cf.* bison 들소

- □ camel [kǽməl] 명 낙타
- □ cheetah [tʃí:tə] 명 치타
- □ elephant [éləfənt] 명 코끼리
- □ fox [fɑks] 명 여우
- □ giraffe [dʒərǽf] 명 기린

- □ hippo [hípou] 명 하마
- □ leopard [lépərd] 명 표범
- □ lion [láiən] 명 사자 ★ lioness 명 암사자 ☼sea lion 바다사자
- □ kangaroo [kæ̀ŋgərú:] 명 캥거루
- □ squirrel [skwə́:rəl] 명 다람쥐

- □ tiger [táigər] 명 호랑이 ★ tigress 명 암컷 호랑이
- □ wolf [wulf] 명 늑대 wolves (복수형)
- □ zebra [zí:brə] 명 얼룩말 ☼zebra crossing 횡단보도

Step 2 의미소통 영단어! 동물의 새끼와 무리를 나타내는 영단어

- ☐ **bunny** [bʌ́ni] 명 토끼 새끼
- ☐ **calf** [kæf] 명 송아지, 코끼리나 고래의 새끼
- ☐ **chick** [tʃik] 명 병아리
- ☐ **cub** [kʌb] 명 곰이나 사자의 새끼
- ☐ **duckling** [dʌ́kliŋ] 명 새끼 오리 ☼Ugly Duckling 미운 오리 새끼

- ☐ **joey** [dʒóui] 명 새끼 캥거루
- ☐ **kid** [kid] 명 새끼 염소, 어린이
- ☐ **kitten** [kítn] 명 새끼 고양이 유 kitty 새끼 고양이
- ☐ **lamb** [læm] 명 새끼 양
- ☐ **puppy** [pʌ́pi] 명 강아지 ☼puppy love 풋사랑

- ☐ **tadpole** [tǽdpòul] 명 올챙이
- ☐ **cattle** [kǽtl] 명 가축
- ☐ **flock** [flɑk] 명 (양, 염소, 새) 떼, 무리 ☼a flock of seagulls 갈매기 떼
- ☐ **herd** [həːrd] 명 (짐승) 떼, 가축의 무리 ☼a herd of sheep 양 떼
- ☐ **party** [pɑ́ːrti] 명 무리, 일행

- ☐ **school** [skuːl] 명 (고기) 떼 ☼a school of fish 물고기 떼
- ☐ **swarm** [swɔːrm] 명 (벌) 떼 ☼a swarm of bees 벌 떼

The elephant is the only mammal that can't jump.
코끼리는 유일하게 뛸 수가 없는 포유동물이다.

Step 3 의사소통 영단어! 감사하기

A : I really appreciate your help.
B : It was my pleasure.

□ **thank A for …**
구 …에 대하여 A에게 감사하다
Thank you for your invitation.
초대해 주셔서 감사합니다.

□ **appreciate** [əpríːʃièit]
동 감사하다 ★appreciation 명 감사
I really appreciate your help.
나는 너의 도움에 대하여 정말 고맙게 생각한다.

□ **thankful** [θǽŋkfəl]
형 감사하는 유 grateful 감사하는
I'm thankful for your help.
나는 너의 도움에 대하여 감사하게 생각한다.

□ **pleasure** [pléʒər]
명 기쁨, 즐거움 ☼with pleasure 기꺼이, 즐거이
It was my pleasure. = The pleasure was all mine. 그것은 저의 즐거움이었습니다.

POP QUIZ

두 문장의 의미가 같도록 빈 칸을 채우시오.

1. Thank you for your help. = I __________ your help.
2. Thank you for your invitation.
   = I'm __________ for your invitation.
3. The pleasure is all mine. = It was my __________.

Answer 1. appreciate 2. thankful 3. pleasure

Step 4 Myself 1일 체크

A 다음 제시된 어휘와 연관이 있는 것끼리 연결하시오.

① sand, desert • camel

② North Pole, Teddy • giraffe

③ long neck, spots • bear

B 서로 연관이 있는 것끼리 연결하시오.

① rabbit • cub

② cow, elephant • bunny

③ bear, lion • calf

C 보기와 같은 관계가 되도록 빈 칸에 적당한 말을 쓰시오.

dog - puppy

① sheep - ______________ ② kangaroo - ______________

③ duck - ______________ ④ hen - ______________

D 빈 칸에 들어갈 말을 쓰시오.

① many fish = a ______________ of fish

② many bees = a ______________ of bees

Answer
A. ① camel 낙타 ② bear 곰 ③ giraffe 기린
B. ① bunny 새끼 토끼 ② calf 송아지나 새끼 코끼리 ③ cub 곰이나 사자 새끼
C. ① lamb 새끼 양 ② joey 새끼 캥거루 ③ duckling 새끼 오리 ④ chick 병아리
D. ① school (고기) 떼 ② swarm 벌 떼

When an elephant is in trouble, even a frog will kick him.
코끼리가 곤경에 빠지면 개구리도 그를 발로 차게 될 것이다.
※ be in trouble은 '어려움에 처하다', even은 '~조차도'라는 뜻을 갖는다.

Day 15

Step 1 주제별 영단어! 곤충과 벌레

Did you know that a snail can sleep for three years?
너는 달팽이가 3년 동안 잠을 잘 수 있다는 사실을 알았니?

- □ ant [ænt] — 명 개미 ☼ant hill 개밋둑
- □ bee [biː] — 명 꿀벌 유 honeybee 꿀벌 ☼bee hives 벌집
- □ beetle [bíːtl] — 명 풍뎅이, 딱정벌레
- □ bug [bʌg] — 명 곤충 ☼bug spray 해충약
- □ butterfly [bʌ́tərflài] — 명 나비

- □ cockroach [kákròutʃ] — 명 바퀴벌레
- □ cricket [kríkit] — 명 귀뚜라미
- □ dragonfly [drǽgənflài] — 명 잠자리
- □ flea [fliː] — 명 벼룩, 빈대 ☼flea market 벼룩시장
- □ fly [flai] — 명 파리 ☼fly swatter 파리채

- □ insect [ínsekt] — 명 곤충
- □ ladybug [léidibʌ̀g] — 명 무당벌레 유 lady beetle 무당벌레
- □ locust [lóukəst] — 명 메뚜기, 여치 유 grasshopper 메뚜기, 여치류
- □ mosquito [məskíːtou] — 명 모기 ☼mosquito net 모기장
- □ moth [mɔ(ː)θ] — 명 나방

- □ snail [sneil] — 명 달팽이
- □ spider [spáidər] — 명 거미 ☼spider web 거미집, 거미줄
- □ worm [wəːrm] — 명 벌레 ☼bookworm 책벌레 earthworm 지렁이

Step 2 의미소통 영단어! 동물의 각 부분을 나타내는 영단어

- ☐ antenna [ænténə] 명 (곤충의) 더듬이
- ☐ beak [biːk] 명 (새의) 부리 유 bill 부리
- ☐ bill [bil] 명 (새의) 부리
- ☐ claw [klɔː] 명 (새, 짐승의) 발톱
- ☐ fang [fæŋ] 명 송곳니

- ☐ feather [féðər] 명 깃털
- ☐ horn [hɔːrn] 명 뿔
- ☐ hump [hʌmp] 명 (낙타의) 등
- ☐ mane [mein] 명 (말, 사자의) 갈기
- ☐ paw [pɔː] 명 (동물의) 발

- ☐ pouch [pautʃ] 명 (캥거루의) 새끼 주머니
- ☐ spot [spɑt] 명 점
- ☐ tail [teil] 명 꼬리
- ☐ tentacle [téntəkəl] 명 촉수, 촉각
- ☐ tusk [tʌsk] 명 (코끼리의) 엄니
- ☐ wing [wiŋ] 명 날개

Tiger stripes are like human fingerprints. No two tigers have the same pattern of stripes.
호랑이의 줄무늬는 사람의 지문과 같다. 똑같은 무늬의 줄무늬를 가진 호랑이는 없다.

Step 3 의사소통 영단어! 부탁하기

A : May I ask you a favor?
B : Sure. What is it?

□ **ask a favor**

구 부탁하다 ★favor 명 호의, 부탁

May I ask you a favor? = May I ask a favor of you? 부탁 하나 해도 될까요?

□ **do someone a favor**

구 …에게 호의를 베풀다

Will you do me a favor?
제 부탁 좀 들어 주시겠습니까?

□ **Would you (please) …?**

구 …을 해 주시겠습니까?

Would you please turn down the music?
음악 소리 좀 줄여 주시겠습니까?

□ **help A with B**

구 A에게 B를 도와주다

Can you help me with my math homework?
내 수학 숙제 좀 도와줄 수 있니?

POP QUIZ

1. Will you ___________ me a favor? 부탁 좀 들어 주시겠습니까?
2. May I ___________ you a favor? 부탁 하나 해도 될까요?
3. He helped me ___________ my homework.
   그는 나의 숙제를 도와주었다.

Answer 1. do 2. ask 3. with

Step 4 Myself 1일 체크

A 서로 연결하여 쓸 수 있는 것끼리 짝을 지으시오.

① flea	• bug
② fly	• net
③ lady	• market
④ mosquito	• swatter

B 서로 관련이 있는 것끼리 연결하시오.

① camel	• hump
② horse, lion	• mane
③ elephant	• stripe
④ tiger	• tusk

C 다음 그림의 각 부분에 해당하는 단어를 쓰시오.

① ______________ ② ______________

③ ______________ ④ ______________

Answer A. ① flea market 벼룩시장 ② fly swatter 파리채
③ ladybug 무당벌레 ④ mosquito net 모기장
B. ① hump (낙타의) 등 ② mane 갈기 ③ tusk (코끼리의) 엄니 ④ stripe 줄무늬
C. ① beak 부리 ② wing 날개 ③ tail 꼬리 ④ claw 발톱

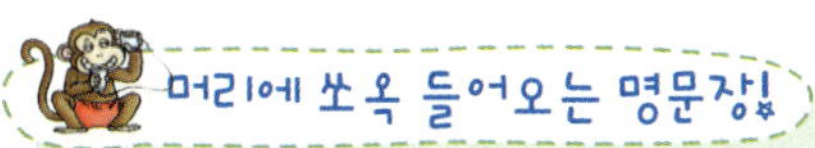

Even a worm will turn.
지렁이도 밟으면 꿈틀거린다.

Day 16

Step 1 주제별 영단어! 새

A woodpecker can peck twenty times a second.
딱따구리는 1초에 20번 쪼아댈 수 있다.

- □ bird [bəːrd] 명 새
- □ crane [krein] 명 두루미
- □ crow [krou] 명 까마귀
- □ dove [douv] 명 비둘기 유 pigeon 비둘기
- □ eagle [íːgəl] 명 독수리

- □ hawk [hɔːk] 명 매 유 falcon 매
- □ hummingbird [hʌ́miŋbə̀ːrd] 명 벌새
- □ ostrich [ɔ́(ː)stritʃ] 명 타조
- □ owl [aul] 명 올빼미
- □ parrot [pǽrət] 명 앵무새

- □ peacock [píːkɑ̀k] 명 공작
- □ pigeon [pídʒən] 명 비둘기 유 dove 비둘기
- □ sparrow [spǽrou] 명 참새
- □ stork [stɔːrk] 명 황새
- □ swallow [swɑ́lou] 명 제비

- □ swan [swɑn] 명 백조 ☼ Swan Lake 백조의 호수
- □ turkey [təːrki] 명 칠면조
- □ woodpecker [wúdpèkər] 명 딱따구리

Step 2 의미소통 영단어! 혼동하기 쉬운 단수와 복수

단수와 복수가 같은 영단어

- ☐ deer – deer 사슴
- ☐ fish – fish 물고기
- ☐ sheep – sheep 양

변화가 불규칙한 영단어

- ☐ foot – feet 발
- ☐ tooth – teeth 치아, 이
- ☐ goose – geese 거위
- ☐ piano – pianos 피아노
- ☐ mouse – mice 쥐
- ☐ child – children 어린이
- ☐ leaf – leaves 낙엽
- ☐ knife – knives 칼
- ☐ city – cities 도시
- ☐ candy – candies 사탕

복수형이 되면 다른 뜻을 갖는 영단어

- ☐ good – goods 좋은 – 상품
- ☐ arm – arms 팔 – 무기

Hummingbirds are the only birds that can fly backwards.
벌새는 뒤쪽으로 날 수 있는 유일한 새이다.

Step 3 의사소통 영단어! 사과하기

A : I'm so sorry for being late.
B : That's all right.

☐ **be sorry for …**

구 …에 대하여 미안하게 여기다

I'm very sorry for being late this morning.
오늘 아침 늦어서 정말 죄송합니다.

☐ **apologize**[əpάlədʒàiz]

동 사과하다 ★apology 명 사과

I apologize for the delay.
늦은 것에 대하여 사과드립니다.

☐ **fault**[fɔːlt]

명 잘못

That's my fault. = It's (all) my fault.
그것은 제 잘못입니다.

☐ **forgive**[fərgív]

동 용서하다 ★forgiveness 명 용서

I hope you can forgive me.
네가 나를 용서할 수 있기를 바래.

POP QUIZ

1. You should __________ to her. 너는 그녀에게 사과해야 한다.
2. Oh, it's my __________. 오, 그건 제 잘못입니다.
3. __________ me, please. 제발 용서해 주세요.

Answer 1. apologize 2. fault 3. Forgive

Step 4 Myself 1일 체크

A 생김새가 비슷한 것끼리 연결하시오.

① hawk	• stork
② pigeon	• dove
③ crane	• falcon

B 어떤 새를 뜻하는지 짝을 지으시오.

① This bird is the smallest bird.	• eagle
② This bird can't fly.	• ostrich
③ This bird can see eight times better than humans.	• hummingbird

C 다음 단어의 복수형을 쓰시오.

① foot - ____________ ② deer - ____________

③ goose - ____________ ④ child - ____________

⑤ sheep - ____________ ⑥ tooth - ____________

D 다음 그림에 해당하는 명칭을 쓰시오.

① __________ ② __________ ③ __________ ④ __________

Answer A. ① hawk-falcon 매 ② pigeon-dove 비둘기 ③ crane-stork 두루미 – 황새
B. ① hummingbird 벌새 ② ostrich 타조 ③ eagle 독수리
C. ① feet ② deer ③ geese ④ children ⑤ sheep ⑥ teeth
D. ① owl 올빼미 ② parrot 앵무새 ③ peacock 공작 ④ swan 백조

The early bird catches the worm.
일찍 일어나는 새가 벌레를 잡는다.

Day 17

Step 1 주제별 영단어! 파충류와 양서류

Is this snake poisonous or not?
이 뱀은 독이 있니 아니면 없니?

- ☐ alligator [ǽligèitər] 명 악어 유 crocodile 악어
- ☐ chameleon [kəmíːliən] 명 카멜레온
- ☐ cold-blooded [kóuldblʌ́did] 형 냉혈의 *cf.* warm-blooded 온혈의
- ☐ crocodile [krɑ́kədàil] 명 악어 유 alligator 악어
- ☐ dinosaur [dáinəsɔ̀ːr] 명 공룡

- ☐ dragon [drǽgən] 명 용
- ☐ frog [frɔːg] 명 개구리
- ☐ lizard [lízərd] 명 도마뱀
- ☐ poison [pɔ́izən] 명 독 ★poisonous 형 독이 있는
- ☐ poisonous snake [pɔ́izənəs sneik] 명 독사

- ☐ rattle snake [rǽtl sneik] 명 방울뱀
- ☐ reptile [réptail] 명 파충류
- ☐ snake [sneik] 명 뱀
- ☐ toad [toud] 명 두꺼비
- ☐ turtle [tə́ːrtl] 명 거북 ☼turtle ship 거북선

Step 2 의미소통 영단어! 서식처나 숙소를 나타내는 영단어

- [ ] **basement** [béismənt] 명 지하
- [ ] **cage** [keidʒ] 명 새장
- [ ] **cave** [keiv] 명 동굴 ☼cave man 혈거인, 동굴에서 사는 사람
- [ ] **den** [den] 명 (짐승의) 우리
- [ ] **fish tank** [fiʃ tæŋk] 명 수조, 어항

- [ ] **hive** [haiv] 명 벌집 유 beehive 벌집
- [ ] **hole** [houl] 명 구멍 ☼button hole 단추 구멍
- [ ] **inn** [in] 명 여관
- [ ] **motel** [moutél] 명 모텔
  ⇨ motor와 hotel의 합성어로 자동차 여행자용의 간이 호텔을 뜻한다.
- [ ] **nest** [nest] 명 둥지

- [ ] **pond** [pand] 명 연못
- [ ] **refuge** [réfju:dʒ] 명 피난처 ★refugee 명 피난민 ☼refugee camp 피난민 수용소
- [ ] **shell** [ʃel] 명 껍질 유 seashell 조개
- [ ] **shelter** [ʃéltər] 명 피난처, 은신처
- [ ] **soil** [sɔil] 명 흙, 땅

- [ ] **swamp** [swamp] 명 늪지, 습지
- [ ] **underground** [ʌ́ndərgràund] 명 지하, 땅속
  ☼underground railway [railroad] 지하철 (subway)
- [ ] **web** [web] 명 거미줄

Did You Know?

Bats always turn left when exiting a cave.
박쥐는 동굴에서 나갈 때 항상 왼쪽 방향으로 돈다.

Step 3 의사소통 영단어! 도움 청하기

A : Could you give me a hand?
B : Of course.

☐ **give someone a hand** 구 도와주다 유 help 도와주다
Could you give me a hand? = Could you help me? 도와주실 수 있나요?

☐ **need** [niːd] 동 필요로 하다
I need your help. 난 너의 도움이 필요해.

☐ **wonder if …** 구 …인지 궁금하다
I am wondering if you can help me.
당신이 저를 도와줄 수 있는지 궁금합니다.

☐ **mind -ing** 구 …하기를 꺼리다
Would you mind holding this for a moment?
이것 좀 잠시 동안 잡아 주시겠습니까?

POP QUIZ

1. Could you help me? = Could you give me a __________?
   저 좀 도와주시겠어요?
2. What do you __________? 너는 무엇이 필요하니?
3. Would you mind __________ the window?
   창문 좀 열어 주시겠습니까?

Answer 1. **hand** 2. **need** 3. **opening** (**mind** 다음에는 동명사 형태인 '동사 + **-ing**'가 온다.)

Step 4 Myself 1일 체크

A 다음 제시된 어휘와 관련이 있는 것끼리 짝을 지으시오.

① alligator, lizard, snake	• shell
② cave, hive, web, den	• shelter
③ snail, clam, turtle	• reptile

B 관련이 있는 것을 보기에서 찾아 쓰시오.

cave　　nest　　hive　　web

① bee : __________　　② spider : __________

③ bat : __________　　④ bird : __________

C 서로 연결하여 쓸 수 있는 것끼리 짝을 지으시오.

① poisonous	• ship
② button	• snake
③ turtle	• man
④ cave	• hole

A. ① reptile 파충류　② shelter 피난처, 은신처　③ shell 껍질
B. ① hive 벌집　② web 거미줄　③ cave 동굴　④ nest 둥지
C. ① poisonous snake 독사　② button hole 단추 구멍
③ turtle ship 거북선　④ cave man 혈거인, 동굴인

With money you are a dragon; with no money, a worm.
돈이 있으면 용이 되지만, 돈이 없으면 벌레가 된다.
※ with no money, a worm은 ‘with no money, (you are) a worm’에서 ‘you are’가 생략된 표현이다.

Day 18

Step 1 주제별 영단어! 해양 생물

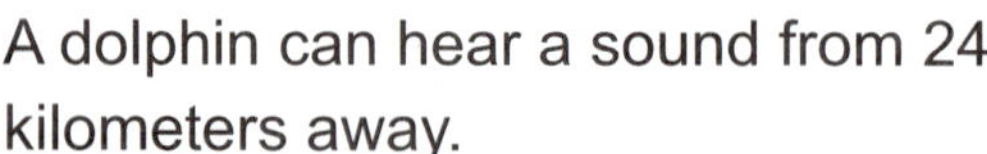

A dolphin can hear a sound from 24 kilometers away.

돌고래는 24킬로미터 떨어진 곳의 소리를 들을 수 있다.

- ☐ **clam** [klæm] 명 조개
- ☐ **crab** [kræb] 명 게 ☼king crab 대게, 킹크랩
- ☐ **dolphin** [dάlfin] 명 돌고래 ☼dolphin show 돌고래 쇼
- ☐ **eel** [iːl] 명 뱀장어 ☼an electric eel 전기뱀장어
- ☐ **jellyfish** [dʒélifiʃ] 명 해파리

- ☐ **lobster** [lάbstər] 명 가재
- ☐ **octopus** [άktəpəs] 명 문어
- ☐ **oyster** [ɔ́istər] 명 굴
- ☐ **pelican** [pélikən] 명 펠리컨
- ☐ **sea horse** [siː hɔːrs] 명 해마

- ☐ **sea gull** [siː gʌl] 명 갈매기
- ☐ **seal** [siːl] 명 물개 *cf.* sea lion 바다사자
- ☐ **sea weed** [siː wiːd] 명 미역, 김
- ☐ **shark** [ʃaːrk] 명 상어
- ☐ **shrimp** [ʃrimp] 명 새우

- ☐ **squid** [skwid] 명 오징어 유 cuttlefish 오징어
- ☐ **starfish** [stάːrfiʃ] 명 불가사리 유 sea star 불가사리
- ☐ **whale** [hweil] 명 고래 ☼killer whale 범고래

Step 2 의미소통 영단어! 해양 동물과 관련 있는 영단어

□ aquarium [əkwέəriəm] 명 수족관

□ bait [beit] 명 먹이, 낚시밥

□ coral [kɔ́:rəl] 명 산호 ☼coral island 산호섬

□ coastal [kóustəl] 형 해안의 ☼coastal area 해안 지역

□ deep sea [di:p si:] 명 심해

□ fin [fin] 명 지느러미 유 flipper 오리발, 물갈퀴

□ fishing boat [fíʃiŋ bout] 명 어선

□ fishing rod [fíʃiŋ rɑd] 명 낚싯대 유 fishing pole 낚싯대

□ flipper [flípər] 명 지느러미 발, 오리발, 물갈퀴 유 fin 지느러미

□ float [flout] 동 뜨다 *cf.* sink 가라앉다 (sink-sank-sunk)

□ gill [gil] 명 아가미

□ hook [huk] 명 고리, 낚시

□ marine [məríːn] 형 바다에 사는, 해상의

□ pearl [pə:rl] 명 진주 ☼Pearl Harbor 진주만

□ prey [prei] 명 먹이

□ scale [skeil] 명 비늘

□ tide [taid] 명 조류 ☼high tide 밀물 low tide 썰물

□ underwater [ʌ́ndər wɔ́:tər] 명 수중 형 수중의

Pearls are found in oysters. The largest pearl ever found was 620 carats.
진주는 굴에서 발견된다. 발견된 것 중에서 가장 커다란 진주는 620캐럿이었다.

Step 3 의사소통 영단어! 허락 구하기

A : Could I ask you a question?
B : Of course.

☐ May I …?

㉠ 제가 …을 할 수 있을까요? / 제가 …해도 될까요?

May I borrow your dictionary for a moment?
잠시 사전 좀 빌릴 수 있을까요?

☐ Can [Could] I …?

㉠ 제가 …할 수 있겠습니까?

Can I ask you a question? 질문 하나 해도 될까요?

☐ Do you mind if I …?

㉠ 제가…해도 괜찮겠습니까?

Do you mind if I turn off the airconditioner?
에어컨을 꺼도 괜찮겠습니까?

☐ Is it okay [all right] if I …?

㉠ 제가 …해도 괜찮겠습니까?

Is it okay if I sit here? = Is it all right if I sit here? 제가 여기에 앉아도 괜찮을까요?

POP QUIZ

1. Do you mind ________ I ask you a question?
   제가 질문 하나 해도 되겠습니까?
2. ________ I use your computer?
   제가 당신의 컴퓨터를 사용해도 되겠습니까?
3. Is it okay __________ I sit here? 제가 여기에 앉아도 괜찮을까요?

Answer 1. if 2. May [Can, Could] 3. if

Step 4 Myself 1일 체크

A 빈 칸에 들어갈 말을 보기에서 찾아 쓰시오.

oyster　　gills　　jellyfish　　whale

① The largest animal in the sea is the ___________.

② The ___________ stings its enemy.

③ Fish use ___________ to breathe.

④ You can find a pearl in an ___________.

B 무엇을 가리키는지 보기에서 찾아 쓰시오.

octopus　　shark　　crab　　eel

① ___________ : I have big eyes and eight arms.

② ___________ : I walk sideways on the sand.

③ ___________ : I look like a snake.

④ ___________ : I have very sharp teeth.

C 제시된 어휘의 관계와 같이 되도록 빈 칸에 알맞은 말을 쓰시오.

① man - skin : fish - ___________

② open - close : float - ___________

Answer A. ① whale 고래 ② jellyfish 해파리 *sting 쏘다 enemy 적
③ gills 아가미 ④ oyster 굴
B. ① octopus 문어 ② crab 게 ③ eel 뱀장어 ④ shark 상어
C. ① scales 비늘 ② sink 가라앉다

Time and tide wait for no one. 세월은 사람을 기다리지 않는다.
※ tide는 원래 '조류'를 뜻하며, 이 속담에서 time and tide는 '세월'을 의미한다.

Day 19

Step I 주제별 영단어! 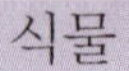 식물

Bamboo can grow up to 90cm in a day.
대나무는 하루에 90센티미터까지 자랄 수 있다.

- ☐ bamboo [bæmbúː] 명 대나무
- ☐ cactus [kǽktəs] 명 선인장 cacti (복수형)
- ☐ cherry tree [tʃéri triː] 명 벚나무 *cf.* cherry blossoms 벚꽃
- ☐ evergreen [évərgrìːn] 명 상록수
- ☐ grass [græs] 명 풀, 잔디 유 lawn 잔디 ☼green grass 푸른 초원

- ☐ herb [həːrb] 명 약초, 허브
- ☐ lily [líli] 명 백합
- ☐ maple tree [méipəl triː] 명 단풍나무
- ☐ morning glory [mɔ́ːrniŋ glɔ́ːri] 명 나팔꽃
- ☐ oak tree [ouk triː] 명 도토리나무, 상수리나무, 참나무

- ☐ palm tree [pɑːm triː] 명 야자수
- ☐ plant [plænt] 명 식물
- ☐ reed [riːd] 명 갈대
- ☐ rose [rouz] 명 장미 ☼rose garden 장미 정원 Rose of Sharon 무궁화
- ☐ rubber tree [rʌ́bər triː] 명 고무나무

- ☐ sunflower [sʌ́nflàuər] 명 해바라기
- ☐ vine [vain] 명 포도나무 ☼vineyard 포도밭, 포도원
- ☐ weed [wiːd] 명 잡초

Step 2 의미소통 영단어! 식물의 각 부분을 나타내는 영단어

- ☐ **acorn** [éikɔːrn] 명 도토리, 상수리
- ☐ **bark** [bɑːrk] 명 나무껍질
- ☐ **blade** [bleid] 명 잎사귀
- ☐ **blossom** [blɑ́səm] 명 꽃 ☼cherry blossoms 벚꽃
- ☐ **branch** [bræntʃ] 명 가지

- ☐ **bud** [bʌd] 명 싹, 꽃봉오리
- ☐ **coconut** [kóukənʌ̀t] 명 코코넛 열매
- ☐ **leaf** [liːf] 명 잎 leaves (복수형)
- ☐ **needle** [níːdl] 명 바늘 ☼pine needle 솔잎
- ☐ **nut** [nʌt] 명 나무 열매 ☼walnut 호두, 호두나무 chestnut 밤, 밤나무

- ☐ **petal** [pétl] 명 꽃잎
- ☐ **root** [ruːt] 명 뿌리
- ☐ **seed** [siːd] 명 씨앗
- ☐ **sprout** [spraut] 명 싹 ☼bean sprout 콩나물
- ☐ **stem** [stem] 명 줄기

- ☐ **thorn** [θɔːrn] 명 가시 ☼cactus thorn 선인장 가시
- ☐ **trunk** [trʌŋk] 명 나무 등걸
- ☐ **twig** [twig] 명 잔가지 *cf.* branch 가지

When a coffee seed is planted, it takes five years to bear its first fruit.
커피 씨앗이 뿌려지면, 첫 번째 열매를 맺는데 5년이 걸린다.

Step 3 의사소통 영단어! 제안하기

A : Why don't we help the homeless?
B : That's a good idea.

☐ **recommend** [rèkəménd]

통 추천하다 ★recommendation 명 추천

What else do you recommend?
그 밖에 어떤 것을 추천하시겠습니까?

☐ **suggest** [səgdʒést]

통 제안하다 ★suggestion 명 제안 유 propose 제안하다

I suggest that we start at 9:00.
나는 우리가 9시에 출발할 것을 제안한다.

☐ **propose** [prəpóuz]

통 제안하다 ★proposal 명 제안 유 suggest 제안하다

I'd like to propose that we get together next Saturday. 나는 우리가 다음 주 토요일에 만날 것을 제안하고 싶다.

☐ **Why don't we ...?**

구 …하는 것이 어때요?

Why don't we help the homeless?
집 없는 사람들을 돕는 것이 어때?

POP QUIZ

1. Could you ________ a nice restaurant around here?
이 근처에서 좋은 식당 하나 추천해 주시겠습니까?

2. I ________ that we start right now.
나는 우리가 바로 시작할 것을 제안한다.

3. ________ don't we ask him? 그에게 물어보는 것이 어떠니?

Answer 1. recommend 2. propose[suggest] 3. Why

Step 4 Myself 1일 체크

A 서로 연관이 있는 것끼리 연결하시오.

① pine tree	• acorn
② cactus	• needle
③ oak tree	• thorn

B 제시된 문장과 연관이 있는 것끼리 연결하시오.

① This bears grapes.	• herb
② This grows very fast.	• vine
③ This can be used as a medicine.	• bamboo

C 다음 식물의 각 부분에 해당하는 명칭을 보기에서 찾아 쓰시오.

flower fruit leaf root seed stem

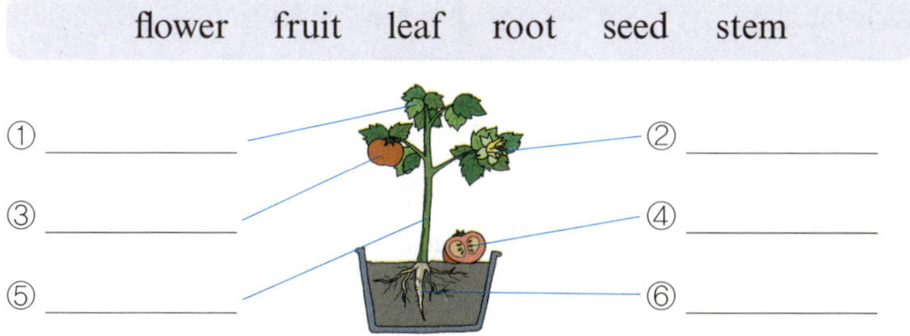

Answer A. ① needle 바늘 ② thorn 가시 ③ acorn 도토리
B. ① vine 포도나무 ② bamboo 대나무 ③ herb 약초
C. ① leaf 잎 ② flower 꽃 ③ fruit 열매 ④ seed 씨앗 ⑤ stem 줄기 ⑥ root 뿌리

Every rose has its thorn.
가시 없는 장미는 없다.

Day 20

Step 1 주제별 영단어! 자연

The South Pole is the driest place on Earth.
남극은 지구상에서 가장 건조한 지역이다.

- □ continent [kάntənənt] 명 대륙 *cf.* ocean 대양
- □ country [kʌ́ntri] 명 시골, 나라, 국가
- □ desert [dézəːrt] 명 사막
- □ field [fiːld] 명 들, 들판 ☼field trip 소풍, 현장학습
- □ hill [hil] 명 언덕

- □ hillside [hílsàid] 명 언덕 비탈 *cf.* hilltop 언덕 꼭대기
- □ horizon [həráizən] 명 지평선, 수평선
- □ mountain [máuntən] 명 산, 산악 ☼mountain sickness 고산병
- □ nature [néitʃər] 명 자연
- □ North Pole [nɔːrθ poul] 명 북극 *cf.* South Pole 남극

- □ oasis [ouéisis] 명 오아시스
- □ river [rívər] 명 강
- □ sky [skai] 명 하늘 *cf.* earth 땅
- □ South Pole [sauθ poul] 명 남극
- □ stream [striːm] 명 개울 유 creek 시내, 개울

- □ town [taun] 명 읍 ☼new town 신도시 leisure town 휴양도시
- □ village [vílidʒ] 명 마을
- □ wild [waild] 형 야생의 ☼wild flower 야생화 wild fire 들불
- □ woods [wúdz] 명 숲 유 forest 숲 *cf.* wood 목재

Step 2 의미소통 영단어! 위치를 나타내는 전치사

- □ **above** [əbʌ́v] 전 …보다 위에
- □ **across** [əkrɔ́:s] 전 …을 가로질러서 ☼across the road 길을 가로질러서
- □ **along** [əlɔ́:ŋ] 전 …을 따라서 ☼along the river 강을 따라서
- □ **among** [əmʌ́ŋ] 전 …사이에 (주로 셋 이상)
- □ **around** [əráund] 전 …주위에 ☼around him 그 사람 주위에

- □ **at the back of** 구 …뒤에 유 behind …뒤에
- □ **behind** [biháind] 전 …뒤에
- □ **below** [bilóu] 전 …아래에
- □ **beneath** [biní:θ] 전 …바로 아래에
- □ **beside** [bisáid] 전 …옆에

- □ **between** [bitwí:n] 전 …사이에 (둘 사이에) ☼between A and B A와 B 사이에
- □ **beyond** [bijάnd] 전 …을 넘어서 ☼beyond the wall 담을 넘어서
- □ **by** [bai] 전 …옆에 유 beside …옆에
- □ **in front of** 구 …앞에 ☼in front of the building 건물 앞에
- □ **over** [óuvər] 전 …위에 (공간을 두고)
  ☼over the fence 담장을 넘어서 over the head 머리 위에
  cf. on top of …위에 (표면이 닿은)

- □ **through** [θru:] 전 …을 통과하여 ☼through the city 도시를 통과하여
- □ **toward** [tɔ:rd] 전 …을 향하여 ☼toward me 나를 향하여
- □ **under** [ʌ́ndər] 전 …아래에 ☼under the table 식탁 아래에

Did You Know?

Watermelon originated in the Kalahari Desert of Africa nearly 5,000 years ago.
수박은 거의 5천 년 전에 아프리카의 칼라하리 사막에서 유래되었다.

Step 3 의사소통 영단어! 다시 묻기

A : I'm sorry, I don't follow you.
B : Oh, really?

□ **Excuse me?**

구 다시 말해 주실래요?
Excuse me? I can't hear you well.
다시 말해 줄래요? 당신의 말을 잘 들을 수가 없네요.

□ **say that again**

구 다시 말하다 유 repeat 반복하다
Could you say that again?
= Could you repeat that? 다시 말씀해 주실래요?

□ **follow** [fálou]

동 이해하다, 따라가다 유 understand 이해하다
I'm sorry, I don't follow you.
미안합니다만 이해할 수가 없네요.

□ **be sure**

구 …을 확신하다
I'm not sure what you mean.
당신이 무엇을 뜻하는지 확신할 수가 없네요.

POP QUIZ

1. I can't understand you. = I don't ________ you.
   이해할 수가 없어요.
2. I am not ________ what you mean.
   당신이 무엇을 뜻하는지 확신할 수가 없네요.
3. ________ me? = Could you say that again? 다시 말해 줄래요?

Answer 1. follow 2. sure 3. Excuse

Step 4 Myself 1일 체크

A 다음 정의에 해당되는 단어를 쓰시오.

① ____________ : a dry and sandy area; often very hot

② ____________ : the line where the sky meets the earth

B 반대 의미를 가진 단어를 쓰시오.

① ocean - ____________ ② city - ____________

C 빈 칸에 공통으로 들어갈 수 있는 단어를 보기에서 찾아 쓰시오.

hill	town	wild

① down____________, new ____________, leisure ____________

② ____________ flower, ____________ fire, ____________ animal

③ ____________side, ____________top

D 빈 칸에 들어갈 적절한 전치사를 보기에서 찾아 쓰시오.

along	through	between

① We walked ________ the river.

② Keep the secret ________ you and me.

③ We drove ________ the crowded city.

Answer
A. ① desert 사막 ② horizon 수평선
B. ① continent 대륙 ② country 시골
C. ① town 읍 ② wild 야생의 ③ hill 언덕
D. ① along ~을 따라서 ② between ~사이에
③ through ~을 통과하여 crowded 번잡한

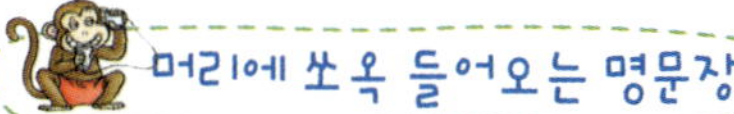

Water floats a ship, water sinks a ship.
물은 배를 뜨게도 하고 가라앉게도 한다.
※ float는 '뜨다, 띄우다'의 뜻이고, sink는 '가라앉다, 침몰시키다'의 뜻을 갖는다.

Did You Know?

1 American money isn't made out of paper; it's made out of cotton.

2 Every person has a unique tongue print.

3 Ketchup was sold in the 1830s as medicine.

4 Bananas are about 99.5% fat free.

5 Chewing gum while peeling onions will prevent you from crying.

6 The world's youngest parents were 8 and 9 and lived in China in 1910.

7 "I am." is the shortest complete sentence in the English language.

8 Thomas Edison, the inventor of the light bulb, was afraid of the dark.

9 Charlie Chaplin once won third prize in a Charlie Chaplin look alike contest.

10 Thomas Jefferson was the first president to shake hands as a greeting; before that, they bowed.

□ **unique** 독특한 □ **peel** (껍질을) 벗기다 □ **prevent** 막다, 방해하다 □ **complete** 완전한 □ **bulb** 전구

알고 있나요?

1 미국 돈은 종이로 만들어지는 것이 아니라 면으로 만들어진다.

2 모든 사람은 독특한 혀의 무늬를 갖고 있다.

3 케첩은 1830년대에 약으로 판매되었다.

4 바나나는 99.5% 정도가 무지방이다.

5 양파 껍질을 벗기는 동안 껌을 씹으면 눈물 흘리는 것을 막아 줄 것이다.

6 세계에서 가장 어린 부모는 1910년에 중국에서 살았던 8살과 9살짜리였다.

7 "I am."은 영어에서 가장 짧은 완전한 문장이다.

8 전구의 발명가인 토마스 에디슨은 어두운 것을 두려워하였다.

9 찰리 채플린은 찰리 채플린 닮은꼴 콘테스트에서 3등을 한 적이 있다.

10 토마스 제퍼슨은 악수로 인사를 한 최초의 미국대통령이었다. 그 이전에 사람들은 고개를 숙여 인사를 하였다.

Day 21

Step 1 주제별 영단어! 풍경

We can only see about one-tenth of an iceberg above water.
우리는 수면 위에 있는 빙산의 약 10분의 1 정도만 볼 수 있다.

- ☐ canal [kənǽl] — 명 운하
- ☐ canyon [kǽnjən] — 명 깊은 협곡 유 gorge 협곡 ☼the Grand Canyon 그랜드캐니언
- ☐ cliff [klif] — 명 절벽, 벼랑
- ☐ coast [koust] — 명 해안 ☼coastline 해안선 유 beach 해변 shore 해안 seaside 바닷가
- ☐ glacier [gléiʃər] — 명 빙하

- ☐ iceberg [áisbəːrg] — 명 빙산
- ☐ icecap [áiskæ̀p] — 명 만년설
- ☐ lake [leik] — 명 호수
- ☐ landscape [lǽndskèip] — 명 풍경
- ☐ peak [piːk] — 명 봉우리 유 summit 정상

- ☐ plain [plein] — 명 평원 ☼the Great Plains 대평원 (로키산맥 동쪽의 대초원 지대)
- ☐ scenery [síːnəri] — 명 경치, 풍경
- ☐ sightseeing [sáitsìːiŋ] — 명 관광, 구경 ☼sightseeing bus 관광버스
- ☐ summit [sʌ́mit] — 명 정상, 산꼭대기 ☼summit meeting 정상 회담
- ☐ twilight [twáilàit] — 명 황혼 *cf.* dawn 새벽

- ☐ valley [vǽli] — 명 계곡
- ☐ view [vjuː] — 명 시야
- ☐ waterfall [wɔ́ːtərfɔ̀ːl] — 명 폭포

Step 2 의미소통 영단어! 장소나 대상을 묘사하는 형용사

- □ awesome [ɔ́:səm] 형 멋있는, 최고의
- □ beautiful [bjú:təfəl] 형 아름다운 ★beauty 명 미, 아름다움
- □ colorful [kʌ́lərfəl] 형 화려한, 가지각색의
- □ crowded [kráudid] 형 붐비는
- □ excellent [éksələnt] 형 우수한

- □ famous [féiməs] 형 유명한 ★fame 명 명성 유 well-known 잘 알려진
- □ fantastic [fæntǽstik] 형 환상적인
- □ impressive [imprésiv] 형 인상적인 ★impression 명 인상
- □ lovely [lʌ́vli] 형 사랑스러운
- □ magnificent [mægnífəsənt] 형 장엄한

- □ mysterious [mistíəriəs] 형 신비로운 ★mystery 명 신비
- □ peaceful [pí:sfəl] 형 평화로운 ★peace 명 평화
- □ perfect [pə́:rfikt] 형 완벽한
- □ remote [rimóut] 형 외딴, 멀리 떨어진
- □ thrilling [θríliŋ] 형 감동적인, 오싹하는 *cf.* boring 지루한, 따분한

- □ unbelievable [ʌ̀nbilí:vəbəl] 형 믿을 수 없는
- □ well-known [wélnóun] 형 잘 알려진 유 famous 유명한
- □ wonderful [wʌ́ndərfəl] 형 훌륭한, 경이로운 ★wonder 명 놀라움, 경이

Did You Know?

About one-tenth of the Earth's surface is covered with ice.
지구 표면의 약 10분의 1이 얼음으로 덮여 있다.

Step 3 의사소통 영단어! 장소 묘사하기

A : Where is the Art Center?
B : It's located at the corner of 22nd street and avenue B.

☐ **be used for ...**

구 …로 사용되다

This building is used for many events.
이 건물은 많은 행사를 위해 사용된다.

☐ **be made of ...**

구 …로 만들어지다 (재료)

Most European castles were made of stone blocks. 유럽의 대부분 성들은 벽돌로 만들어졌다.

☐ **be located at[in] ...**

구 …에 위치하다

The Art Center is located at the corner of 22nd street and avenue B.
아트센터는 22번 도로와 B가의 모퉁이에 위치하고 있다.

☐ **be well-known for ...**

구 …로 유명하다

This mountain is well-known for its waterfalls. 이 산은 폭포로 유명하다.

POP QUIZ

1. This room is ________ ________ many activities.
   이 방은 여러 가지 활동을 위해 사용된다.
2. This house is ________ ________ wood. 이 집은 목재로 지어졌다.
3. Where is the city hall ________? 시청은 어디에 위치하고 있습니까?

Answer 1. used for 2. made of 3. located

Step 4 Myself 1일 체크

A 비슷한 의미를 가진 것끼리 연결하시오.

① peak • summit
② coast • landscape
③ scenery • shore

B 의미가 나머지 두 개와 거리가 먼 것을 고르시오.

① awesome, crowded, fantastic
② famous, perfect, excellent

C 보기와 같은 관계가 되도록 빈 칸을 쓰시오.

wonder - wonderful

① mystery - ________ ② impression - ________
③ peace - ________ ④ love - ________

D 같은 의미를 가진 것과 짝을 지으시오.

① far away • crowded
② well-known • famous
③ too many people • remote

Answer
A. ① summit 정상 ② shore 해안 ③ landscape 경치
B. ① crowded 붐비는 ② famous 유명한
C. ① mysterious 신비로운 ② impressive 인상적인
③ peaceful 평화로운 ④ lovely 사랑스러운
D. ① remote 외딴 ② famous 유명한 ③ crowded 붐비는

머리에 쏘옥 들어오는 명문장!

In all things of nature there is something marvelous. - *Aristotle*
자연의 모든 것에는 놀랄만한 것이 있다. – 아리스토텔레스
※ marvelous는 '놀라운, 경이로운'의 뜻이며 something을 수식하고 있다.

Day 22

Step 1 주제별 영단어! 자연재해

Twelve people died after a tsunami struck the coast.
해일이 해변을 강타한 이후에 12명의 사람이 죽었다.

- ☐ cold wave [kould weiv] 명 한파, 혹한
- ☐ disaster [dizǽstər] 명 재앙
- ☐ drought [draut] 명 가뭄
- ☐ earthquake [ə́:rθkwèik] 명 지진 ☼ earthquake center 지진센터
- ☐ famine [fǽmin] 명 기아, 기근 유 starvation 기아, 굶주림

- ☐ flood [flʌd] 명 홍수
- ☐ forest fire [fɔ́(:)rist fáiər] 명 산불
- ☐ global warming [glóubəl wɔ́:rmiŋ] 명 지구 온난화
- ☐ hail [heil] 명 우박
- ☐ heat wave [hi:t weiv] 명 혹서, 무더위

- ☐ hurricane [hə́:rəkèin] 명 허리케인 (서인도 제도 또는 열대 대서양에서 발생)
- ☐ land slide [lænd slaid] 명 산사태
- ☐ storm [stɔ:rm] 명 폭풍 ☼ sand storm 모래 폭풍
- ☐ tornado [tɔ:rnéidou] 명 토네이도, 회오리바람
- ☐ tsunami [tsunami] 명 해일

- ☐ typhoon [taifú:n] 명 태풍 (북태평양 남서부에서 발생하여 아시아 동부로 불어옴)
- ☐ volcanic eruption [vɑlkǽnik irʌ́pʃən] 명 화산 분출
- ☐ volcano [vɑlkéinou] 명 화산 *cf.* magma 마그마
- ☐ yellow sand [jélou sænd] 명 황사 유 yellow dust, sandy dust 황사

Step 2 의미소통 영단어! 자연재해와 관련된 영단어

- ☐ **ambulance** [ǽmbjuləns] 명 구급차
- ☐ **damage** [dǽmidʒ] 명 손해, 피해, 손상 ☼brain damage 뇌손상
- ☐ **destroy** [distrɔ́i] 동 파괴하다 ★destruction 명 파괴
- ☐ **die** [dai] 동 죽다 ★dying 형 죽어가는 dead 형 죽은 death 명 죽음
- ☐ **emergency** [imə́ːrdʒənsi] 명 비상, 위급 ☼emergency call 위급 전화, 긴급 전화

- ☐ **first-aid kit** [fə́ːrstéid kit] 명 구급약 상자
- ☐ **hospitalize** [hɑ́spitəlàiz] 동 입원시키다
- ☐ **kill** [kil] 동 죽이다
- ☐ **loss** [lɔ(ː)s] 명 손해, 손실 ☼loss of life 목숨을 잃는 것
- ☐ **man-made** [mǽnméid] 형 인공의 유 artificial 인공의 ☼man-made satellite 인공위성

- ☐ **missing** [mísiŋ] 형 실종된 ☼missing people 실종자
- ☐ **Red Cross** [red krɔːs] 명 적십자
- ☐ **rescue** [réskjuː] 동 구하다 명 구출, 구조 ☼rescue team 구조대
- ☐ **survivor** [sərváivər] 명 생존자 ★survive 동 생존하다 survival 명 생존
- ☐ **terrible** [térəbəl] 형 끔찍한, 형편없는

- ☐ **tragic** [trǽdʒik] 형 비극의, 비극적인 ★tragedy 명 비극
- ☐ **victim** [víktim] 명 희생자
- ☐ **volunteer** [vɑ̀ləntíər] 명 자원봉사자
- ☐ **worst** [wəːrst] 형 최악의, 가장 나쁜 ⇨ bad의 최상급 형태 (bad-worse-worst)

Only 10 percent of all human beings ever born are alive at this very moment.
태어난 사람 전체 중에 10퍼센트만이 지금 이 순간에 살아있다.

Step 3 의사소통 영단어! 좋거나 나쁜 일에 응답하기

A : Dad, I got a good grade on my science test.
B : Good job.

□ **Congratulations on …** 구 …을 축하하다 ★congratulate 동 축하하다

Congratulations on your success.
당신의 성공을 축하합니다.

□ **good [great, wonderful] job** 구 잘했어

A : I got a good grade on my science test.
과학 시험에서 좋은 점수를 받았어.
B : Good job. 잘했어.

□ **be glad [happy] to hear that …** 구 …을 들으니 기쁘다

I'm so glad to hear that you're doing well.
네가 잘 지내고 있다는 말을 들으니 참으로 기쁘다.

□ **be sorry [sad] to hear that …** 구 …을 들으니 유감이다 [슬프다]

I'm sorry to hear that you are sick.
네가 아프다는 말을 들으니 유감이다.

POP QUIZ

1. Congratulations ________ your graduation! 졸업을 축하합니다.
2. I'm so ________ to hear that all are well.
   모두가 잘 있다는 소식을 들으니 기쁘다.
3. I'm so ________ to hear that you're not feeling well.
   네가 몸이 좋지 않다는 말을 들으니 유감이다.

Answer 1. on 2. glad [happy] 3. sorry [sad]

Step 4 Myself 1일 체크

A 서로 연관이 있는 것끼리 연결하시오.

① no food	• drought
② no rain	• famine
③ too much rain	• flood

B 서로 짝을 지어 쓸 수 있는 것끼리 연결하시오.

① brain	• call
② global	• damage
③ man-made	• people
④ emergency	• satellite
⑤ missing	• warming

C 다음 빈 칸에 들어갈 적합한 말을 골라 쓰시오.

rescued   survived   hospitalized

① His father was _________ after suffering a heart attack.

② Jason _________ the traffic accident.

③ Jack was _________ by the Red Cross.

Answer A. ① famine 기근 ② drought 가뭄 ③ flood 장마
B. ① brain damage 뇌손상 ② global warming 지구 온난화
③ man-made satellite 인공위성 ④ emergency call 긴급전화
⑤ missing people 실종자들
C. ① hospitalized 입원되었다 ② survived 살아남았다 ③ rescued 구조되었다

After the storm comes the calm.
태풍이 지나가면 고요가 따른다.
※ 이 문장은 "The calm comes after the storm."에서 도치된 문장으로 the calm이 주어이다.

Day 23

Step 1 주제별 영단어! 날씨와 기후

It's getting cloudy. I hope it doesn't rain.
날씨가 흐려지는데, 비가 오지 않았으면 좋겠어.

- □ breeze [bri:z] 명 미풍
- □ chilly [tʃíli] 형 쌀쌀한
- □ clear [kliər] 형 청명한, 깨끗한 ☼clear sky 맑은 하늘
- □ cloud [klaud] 명 구름 ★cloudy 형 흐린, 구름이 낀 유 overcast 흐린
- □ dry [drai] 형 건조한 *cf.* wet 젖은 humid 습한 muggy 후텁지근한

- □ fog [fɔ(:)g] 명 안개 유 mist 안개 ★foggy 형 안개가 낀 유 misty 안개가 낀
- □ humid [hjú:mid] 형 습한 ★humidity 명 습기
- □ lightning [láitniŋ] 명 번개
- □ rain [rein] 명 비 ★rainy 형 비가 오는
- □ raindrop [réindràp] 명 빗방울

- □ snow [snou] 명 눈 ★snowy 형 눈 내리는
- □ sun [sʌn] 명 태양 ★sunny 형 햇빛이 밝은, 화창한
- □ sunshine [sʌ́nʃàin] 명 태양, 햇빛
- □ thunder [θʌ́ndər] 명 번개
- □ warm [wɔ:rm] 형 따뜻한 *cf.* cold 추운

- □ wet [wet] 형 젖은, 축축한 유 damp 축축한, 젖은
- □ wind [wind] 명 바람 ★windy 형 바람이 부는

Step 2 의미소통 영단어! 일기예보와 관련된 영단어

- ☐ **area** [ɛ́əriə] — 명 지역 ☼mountain area 산악지대
- ☐ **Celsius** [sélsiəs] — 명 섭씨(℃)
- ☐ **climate** [kláimit] — 명 기후
- ☐ **degree** [digríː] — 명 온도, 정도 ☼32 degrees Fahrenheit (32℉) 화씨 32도
- ☐ **Fahrenheit** [fǽrənhàit] — 명 화씨(℉)

- ☐ **forecast** [fɔ́ːrkæ̀st] — 명 예보 동 예보하다 ☼weather forecast 일기예보
- ☐ **freezing** [fríːziŋ] — 형 얼어붙은, 매우 추운 ★freeze 동 얼다
- ☐ **morning low** [mɔ́ːrniŋ lou] — 명 아침 최저 기온 *cf.* day's high 낮 최고 기온
- ☐ **overnight** [óuvərnàit] — 부 밤새도록
- ☐ **partly** [páːrtli] — 부 부분적으로 ☼partly cloudy 부분적으로 흐린

- ☐ **pressure** [préʃər] — 명 기압, 압력 ☼high pressure 고기압 low pressure 저기압
- ☐ **rainfall** [réinfɔ̀ːl] — 명 강우 ☼yearly [annual] rainfall 연간 강우량
- ☐ **range** [reindʒ] — 명 지역, 지방 ☼mountain range 산악 지방
- ☐ **scorching** [skɔ́ːrtʃiŋ] — 형 몹시 더운, 타는 듯한 ☼a scorching day 몹시 더운 날
- ☐ **snowfall** [snóufɔ̀ːl] — 명 강설 ☼yearly [annual] snowfall 연간 강설량
- ☐ **temperature** [tempərətʃər] — 명 온도 ☼high [low] temperature 최고 [최저] 기온
- ☐ **weather** [wéðər] — 명 날씨 ☼weather person 기상통보관 weather report 일기 예보

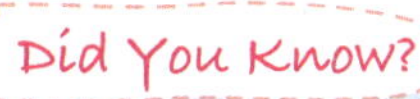

The coldest temperature ever recorded on Earth was in the Antarctic; 89.2 degrees celsius below zero.
지구상에서 기록된 것 중 가장 최저 온도는 남극에서였다. 섭씨 영하 89.2도였다.

Step 3 의사소통 영단어! 날씨 묻기

A : How is the weather?
B : It looks like rain soon.

☐ **How is the weather?** 문 날씨가 어떻습니까?

How is the weather today? = What's the weather like today? 오늘 날씨가 어때요?

☐ **have rain [snow]** 구 비가 [눈이] 오다

We had much [little] snow last year.
작년에는 눈이 많이 왔다[거의 오지 않았다].

☐ **the average temperature** 구 평균 기온

What's the average temperature in the summer? 여름에 평균 기온은 얼마나 됩니까?

☐ **look like rain [snow]** 구 비가 [눈이] 올 것 같다

It looks like rain soon. 곧 비가 올 것 같다.

POP QUIZ

1. What's the weather like today?
   = ________ is the weather today? 오늘 날씨가 어때요?
2. We had ________ ________ last year. 작년에는 눈이 많이 왔다.
3. It looks ________ snow. 눈이 올 것 같다.

Answer 1. How 2. much snow 3. like

Step 4 Myself 1일 체크

A 다음 정의에 해당되는 단어를 쓰시오.

_________ : general and average weather of a place

B 비슷한 의미를 가진 것끼리 연결하시오.

① fog	• breeze
② cloudy	• humid
③ soft wind	• mist
④ wet	• overcast

C 빈 칸에 공통으로 들어갈 단어를 보기에서 찾아 쓰시오.

high yearly weather

① _________ forecast, _________ report

② _________ temperature, _________ pressure

③ _________ rainfall, _________ snowfall

D 다음 제시된 단어를 온도에 따라 순서대로 놓으시오.

chilly freezing scorching warm

___________ ⇨ cold ⇨ ___________ ⇨ cool ⇨ ___________ ⇨ hot ⇨ ___________

Answer A. climate 기후
B. ① mist 안개 ② overcast 흐린 ③ breeze 미풍 ④ humid 습한
C. ① weather 날씨, 일기 ② high 최고의, 높은 ③ yearly 연간
D. freezing 얼어붙는 chilly 쌀쌀한 warm 따뜻한 scorching 몹시 더운

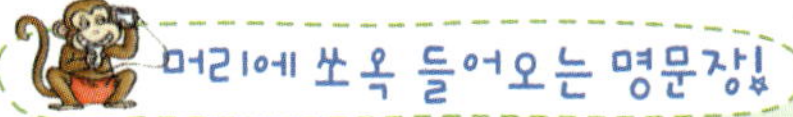

Make hay while the sun shines.
태양이 빛날 때 건초를 만들어라. – 기회를 놓치지 마라.
※ make hay는 '건초를 만들다', while은 '~하는 동안'의 뜻이다.

Day 24

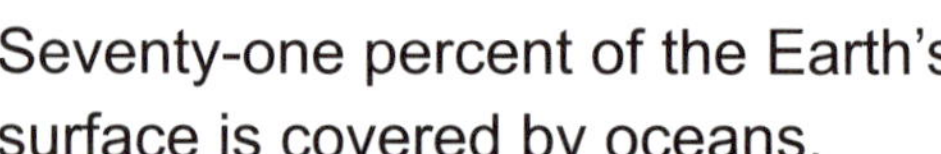

바다

Seventy-one percent of the Earth's surface is covered by oceans.
지구 표면의 71%는 대양으로 덮여져 있다.

- □ arctic[ɑ́ːrktik] 명 북극 *cf.* antarctic 남극
- □ bay[bei] 명 만 유 gulf 만
- □ beach[biːtʃ] 명 해변 유 shore 해안 coast 해안 seaside 바닷가
- □ boat[bout] 명 배
- □ coast[koust] 명 해안 ☼coast guard 해안 경비대

- □ gulf[gʌlf] 명 만, 심해 ☼the Persian Gulf 페르시아만
- □ island[áilənd] 명 섬 ☼Jeju Island 제주도
- □ life guard[laif gɑːrd] 명 구조요원
- □ life jacket[laif dʒǽkit] 명 구명조끼 유 life vest 구명조끼
- □ lighthouse[láithàus] 명 등대

- □ ocean[óuʃən] 명 대양 ☼the Atlantic Ocean 대서양 the Pacific Ocean 태평양
- □ sand[sænd] 명 모래
- □ scuba[skúːbə] 명 수중 호흡장치 ☼scuba diving 스쿠버 다이빙
- □ sea shore[siː ʃɔːr] 명 해안, 바닷가
- □ surface[sə́ːrfis] 명 표면, 수면

- □ wave[weiv] 명 파도, 물결 *cf.* tide 조류
- □ wind surfing [wind sə́ːrfiŋ] 명 윈드서핑
- □ yacht[jɑt] 명 요트

Step 2 의미소통 영단어! 수와 양을 나타내는 영단어

* 수를 나타낼 때 (셀 수 있을 때)

- □ **a great number of** 구 대단히 많은 ☼a great number of books 대단히 많은 책
- □ **a number of** 구 많은 유 many 많은
  ☼a number of [many] people 많은 사람들
- □ **billions of** 구 수십억의 ☼billions of stars 수십억 개의 별들
- □ **millions of** 구 수백만의 ☼millions of people 수백만의 사람들
- □ **thousands of** 구 수천의 ☼thousands of students 수천 명의 학생들
- □ **hundreds of** 구 수백의 ☼hundreds of cars 수백 대의 자동차들
- □ **dozens of** 구 수십의 유 tens of 수십의
  ☼dozens [tens] of books 수십 권의 책들
- □ **a few** 구 몇 개의, 소수의 ☼a few students 몇몇 학생들
- □ **few** 형 거의 없는 ☼few students 학생이 거의 없는

* 양을 나타낼 때 (셀 수 없을 때)

- □ **a great [good] deal of** 구 상당히 많은 ☼a great deal of money 상당히 많은 돈
- □ **a little** 구 소수의, 작은 양의 ☼a little time 약간 시간이 있는
- □ **little** 형 거의 없는 ☼little time 시간이 거의 없는

* 수와 양에 관계없이 사용할 때

- □ **a lot of, lots of** 구 많은 (many, much) ☼a lot of books [money] 많은 책들 [돈]
- □ **plenty of** 구 많은 (many, much)
  ☼plenty of hours [time] 많은 시간들 [충분한 시간]

The sea level has risen an average of 10-25cm over the past 100 years.
해수면이 지난 100년 동안 평균 10내지 25센티미터 높아졌다.

Step 3 의사소통 영단어! 수와 양 묻기

A : How many books do you read a month?

B : About three books a month.

☐ **How much …?**

구 얼마나 많이 …하나요? (양)

How much money do you really need?
얼마의 돈이 정말 필요하니?

☐ **How many …?**

구 얼마나 많이 … 하나요? (수)

How many books do you read a month?
너는 한 달에 몇 권의 책을 읽니?

☐ **There is [are] …**

구 …가 있다

There are so many islands and all of them are beautiful. 대단히 많은 섬이 있고, 모두가 다 아름답다.

☐ **more [less] than …**

구 보다 많은 [적은]

My brother can speak more than three languages. 나의 형은 3개 이상의 언어를 말할 수 있다.

POP QUIZ

1. ________ ________ money do you need? 너는 돈이 얼마나 필요하니?
2. ________ ________ people did you meet today?
   너는 오늘 얼마나 많은 사람들을 만났니?
3. ________ ________ twelve months in a year. 1년에는 12개월이 있다.

Answer 1. How much 2. How many 3. There are

Step 4 Myself 1일 체크

A 다음 정의에 해당하는 말을 쓰시오.

_________ : It is a tower with a bright light at the top.
It is usually on or near the shore.

B 다음 우리말을 영어로 바꿀 때 빈 칸에 들어갈 말을 쓰시오.

지구 표면의 4분의 3이 물로 덮여져 있다.

Three-quarters of the Earth's _________ is covered by water.

C 서로 짝을 지어 쓸 수 있는 것끼리 연결하시오.

① The Persian	• Beach
② The Pacific	• Gulf
③ Jeju	• Island
④ Haeundae	• Ocean

D 함께 쓸 수 없는 것을 고르시오.

① a number of : books / students / money / people

② much : time / hours / work / money

Answer A. lighthouse 등대
B. surface 표면
C. ① The Persian Gulf 페르시아만 ② The Pacific Ocean 태평양
③ Jeju Island 제주도 ④ Haeundae Beach 해운대 해수욕장
D. ① money는 셀 수 없는 명사이므로 a number of[many]와 쓸 수 없다.
② hours는 셀 수 있는 명사이므로 much와 쓸 수 없다.

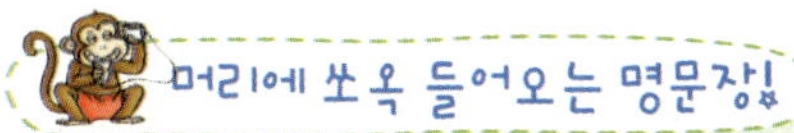

The world is like a great ocean. We meet more storms than calms.
세상은 거대한 대양과 같다. 우리는 고요보다는 태풍을 더 많이 만난다.
※ 여기서 like는 전치사로 '~와 같이, ~처럼'의 뜻을 갖는다.

Day 25

우주

Neil A. Armstrong was the first astronaut to set foot on the moon in 1969.
닐 암스트롱은 1969년 달에 발을 내딛은 최초의 우주비행사였다.

- ☐ alien [éiljən] 형 외국의, 우주의 ☼alien card 외국인 등록증
- ☐ astronaut [ǽstrənɔ̀:t] 명 우주비행사
- ☐ astronomy [əstránəmi] 명 천문학 *cf.* astrology 점성술
- ☐ cosmos [kázməs] 명 우주
- ☐ crew [kru:] 명 승무원 유 flight attendant 승무원

- ☐ flying saucer [fláiiŋ sɔ́:sər] 명 비행접시
- ☐ globe [gloub] 명 천체, 지구 ★global 형 지구의
- ☐ orbit [ɔ́:rbit] 명 궤도 동 궤도를 돌다 ☼lunar orbit 달 궤도
- ☐ rocket [rákit] 명 로켓
- ☐ satellite [sǽtəlàit] 명 위성 ☼artificial satellite 인공위성 satellite TV 위성 텔레비전

- ☐ space [speis] 명 우주, 공간 ☼space ship 우주선 spaceman 우주 비행사
- ☐ space shuttle [speis ʃʌ́tl] 명 우주왕복선 *cf.* shuttle bus 일정 구간을 왕복 운행하는 버스
- ☐ space station [speis stéiʃən] 명 우주 정거장
- ☐ space suit [speis su:t] 명 우주복
- ☐ sphere [sfiər] 명 구 *cf.* hemisphere 반구

- ☐ UFO [ju:efou] 명 미확인 비행물체 (Unidentified Flying Object)
- ☐ universe [jú:nəvə̀:rs] 명 우주 ★universal 형 우주의, 보편적인

Step 2 의미소통 영단어! 태양계를 나타내는 영단어

- ☐ **asteroid** [ǽstərɔ̀id] 명 소행성
- ☐ **Big Dipper** [big dípər] 명 북두칠성
- ☐ **comet** [kɑ́mit] 명 혜성
- ☐ **crater** [kréitər] 명 분화구
- ☐ **Earth** [əːrθ] 명 지구

- ☐ **galaxy** [gǽləksi] 명 은하수 유 milky way 은하수
- ☐ **Jupiter** [dʒúːpətər] 명 목성
- ☐ **Mars** [mɑːrz] 명 화성
- ☐ **Mercury** [mə́ːrkjəri] 명 수성
- ☐ **meteor** [míːtiər] 명 유성 유 shooting star 유성 falling star 유성

- ☐ **moon** [muːn] 명 달, 위성
- ☐ **Neptune** [néptjuːn] 명 해왕성
- ☐ **North star** [nɔːrθ stɑːr] 명 북극성 유 Polaris 북극성
- ☐ **planet** [plǽnət] 명 행성, 지구
- ☐ **Saturn** [sǽtərn] 명 토성

- ☐ **solar system** [sóulər sístəm] 명 태양계 ⇨ solar는 '태양의'라는 뜻으로 sun의 형용사형이다.
- ☐ **Uranus** [juəréinəs] 명 천왕성

Though a spacesuit weighs about 275 pounds (124.8kg) on the ground, it weighs nothing in space.

우주복은 지상에서는 약 275파운드 (124.8kg)가 나가지만 우주에서는 무게가 전혀 나가지 않는다.

Step 3 의사소통 영단어! 계획 묻고 답하기

A : When are you going to leave for Paris?

B : Next Sunday afternoon.

☐ **When are you going to … ?** 구 너는 언제 …할 예정이니?

When are you going to leave for Paris?
너는 파리로 언제 떠날 예정이니?

☐ **What time do you …?** 구 너는 몇 시에 …하니?

What time do you usually go to bed?
너는 보통 몇 시에 잠자리에 드니?

☐ **plan to …** 구 …할 계획이다

I'm planning to visit the space museum this weekend.
나는 이번 주말에 우주 박물관을 방문할 계획이다.

☐ **be scheduled to …** 구 …하기로 되어 있다

I'm scheduled to present my report today.
나는 오늘 보고서를 발표하기로 되어 있다.

POP QUIZ

1. When do you usually get up? = __________ __________ do you usually get up? 너는 보통 몇 시에 일어나니?
2. I __________ to go swimming this afternoon.
   나는 오늘 오후에 수영하러 갈 계획이다.
3. I'm __________ to go to LA tomorrow.
   나는 내일 LA에 가기로 되어 있다.

Answer 1. What time 2. plan 3. scheduled

Step 4 Myself 1일 체크

A 빈 칸에 들어갈 말을 보기에서 찾아 쓰시오.

Earth	satellite	orbit

① Planets ________ the Sun while moons move around planets.

② The population of the ________ is growing.

③ The moon is the ________ of the Earth.

B 다음 정의에 해당하는 단어를 쓰시오.

① ________ : the study or science of the universe such as planets, stars, etc.

② ________ : a person who is trained to travel in a space ship

C 비슷한 의미를 가진 단어끼리 연결하시오.

① milky way	• universe
② shooting star	• galaxy
③ cosmos	• Polaris
④ North star	• meteor

D 제시된 어휘 중에서 주제어를 고르시오.

① Earth, Jupiter, Mercury, Planet

② sphere, triangle, shape, square

Answer
A. ① orbit 궤도를 돌다, 궤도 ② Earth 지구 ③ satellite 위성
B. ① astronomy 천문학 ② astronaut 우주 비행사
C. ① galaxy 은하수 ② meteor 유성 ③ universe 우주 ④ Polaris 북극성
D. ① Planet 행성 ② shape 모양, 생김새

머리에 쏘옥 들어오는 명문장!

The two most abundant things in the universe are hydrogen and stupidity.
우주에서 가장 풍부한 두 가지는 수소와 어리석음이다.
※ 여기서 abundant는 '풍부한'의 뜻을 지니고, stupidity는 stupid(어리석은)의 명사형이다.

Day 26

Step 1 주제별 영단어! 집

A garage is a place to keep your car and other stuff.
차고는 자동차와 다른 물건을 보관하는 곳이다.

- □ brick [brik] — 명 벽돌 ☼a brick wall 벽돌담 brick layer 벽돌공, 벽돌 쌓은 사람
- □ chimney [tʃímni] — 명 굴뚝
- □ doorknob [dɔ:rnɑb] — 명 문 손잡이
- □ driveway [dráivwèi] — 명 자동차 진입로
- □ fence [fens] — 명 담

- □ garage [gərá:ʒ] — 명 차고
- □ garden [gá:rdn] — 명 정원 ★gardener 명 정원사
- □ gate [geit] — 명 문 ☼the Golden Gate Bridge 금문교
- □ key [ki:] — 명 열쇠 *cf.* lock 자물쇠
- □ lawn mower [lɔ:n móuər] — 명 잔디 깎는 기계

- □ patio [pǽtiòu] — 명 옥외에 있는 테라스
- □ roof [ru:f] — 명 지붕
- □ shutter [ʃʌ́tər] — 명 셔터, 덧문
- □ sidewalk [sáidwɔ̀:k] — 명 인도
- □ sprinkler [spríŋklər] — 명 (잔디) 물뿌리개

- □ stuff [stʌf] — 명 재료, 물건 유 thing 물건, 사물
- □ trash [træʃ] — 명 쓰레기 유 garbage 쓰레기 ☼trash bin [can] 쓰레기통
- □ wall [wɔ:l] — 명 담, 벽
- □ yard [jɑ:rd] — 명 뜰, 마당 ☼back yard 뒤뜰, 뒷마당

Step 2 의미소통 영단어! 크기나 모양을 나타내는 형용사

- [ ] **broad** [brɔːd] — 형 넓은 *cf.* narrow 좁은
- [ ] **curved** [kəːrvd] — 형 곡선의 ★curve 명 곡선
- [ ] **deep** [diːp] — 형 깊은 ★depth 명 깊이 *cf.* shallow 얕은
- [ ] **flat** [flæt] — 형 평평한 명 (영국) 아파트
- [ ] **high** [hai] — 형 높은 ★height 명 높이 *cf.* low 낮은

- [ ] **low** [lou] — 형 낮은 *cf.* high 높은
- [ ] **narrow** [nǽrou] — 형 좁은 *cf.* broad 넓은 wide 넓은
- [ ] **oval** [óuvəl] — 형 타원형의
- [ ] **pointed** [pɔ́intid] — 형 뾰족한 ☼pointed arrow 뾰족한 화살
- [ ] **round** [raund] — 형 둥근 ☼round table 원형 탁자

- [ ] **shallow** [ʃǽlou] — 형 얕은 *cf.* deep 깊은
- [ ] **square** [skwɛər] — 형 사각형의 명 사각형
- [ ] **steep** [stiːp] — 형 가파른 *cf.* gentle 완만한, 점잖은
- [ ] **straight** [streit] — 형 똑바른 *cf.* curvy 구불구불한
- [ ] **thick** [θik] — 형 두꺼운 *cf.* thin 얇은

- [ ] **tiny** [táini] — 형 아주 작은 *cf.* huge 거대한
- [ ] **wide** [waid] — 형 넓은 ★width 명 너비 *cf.* narrow 좁은

Each person produces about 4.3 pounds (9.5kg) of trash every day. Thirty percent of this trash is paper products.
한 사람이 매일 4.3 파운드(9.5kg)의 쓰레기를 만들어낸다. 이 쓰레기의 30%가 종이 제품이다.

Step 3 의사소통 영단어! 초대하기

A : How about going out for dinner this evening?
B : Sure. I'd love to.

☐ **I'm having [preparing] …** 구 나는 …을 준비하고 있다

I'm having a surprise party tomorrow night. Why don't you come?
나는 내일 밤 깜짝 파티를 준비하고 있어. 너 오지 않을래?

☐ **How about 동사+ing…?** 구 …하는 게 어때?

How about going out for dinner this evening? 오늘 저녁에 외식하러 가는 게 어때?

☐ **Would you like to …? / Do you want to …?** 구 …하겠니?

Would you like to go to a movie tonight?
오늘 밤 영화 보러 갈래?

☐ **I'd like to invite …** 구 나는 …를 초대하고 싶다

I'd like to invite you to my birthday party this evening.
나는 오늘 저녁 내 생일 파티에 너를 초대하고 싶다.

POP QUIZ

1. ________ ________ taking a walk this afternoon?
   오늘 오후에 산책을 하는 것이 어때?
2. I would ________ ________ invite you to my house.
   나는 너를 우리 집에 초대하고 싶다.
3. I'm ________ ________ a barbecue for my parents.
   난 부모님을 위해 바비큐 파티를 준비하고 있어.

Answer 1. How about 2. like to 3. having [preparing]

Step 4 Myself 1일 체크

A 다음 제시된 목적에 부합되는 단어와 연결하시오.

① surrounds the house • sprinkler
② holds cars and other things • garage
③ sprays water on plants • fence

B 서로 짝을 지어 쓸 수 있는 것끼리 연결하시오.

① brick • bin [can]
② trash • yard
③ back • wall

C 서로 반대 의미를 가진 단어를 쓰시오.

① broad : ________ ② deep : ________
③ thick : ________ ④ high : ________

D 다음 도형에 해당하는 명칭을 보기에서 골라 쓰시오.

curved oval square round

① ________ ② ________ ③ ________ ④ ________

Answer A. ① fence 담 ② garage 차고 ③ sprinkler 물뿌리개
B. ① brick wall 벽돌담 ② trash bin [can] 쓰레기통 ③ back yard 뒤뜰
C. ① narrow 좁은 ② shallow 얕은 ③ thin 얇은 ④ low 낮은
D. ① oval 타원형의 ② curved 곡선의 ③ round 둥근 ④ square 정사각형의

머리에 쏘옥 들어오는 명문장!

There is no place like home.
집 같은 곳은 없다. ※ There is [are] …는 '~이 있다'라는 뜻. 뒤에 단수형이 올 때는 There is …, 복수형이 올 때는 There are …를 쓴다.

Day 27

Step 1 주제별 영단어! 거실

This living room has a fireplace and a high ceiling.
이 거실에는 벽난로와 높은 천장이 있다.

- ☐ **air conditioner** [ɛər kəndíʃənər] — 명 에어컨
- ☐ **blinds** [bláindz] — 명 햇빛 가리개, 블라인드 유 shade (미국) 햇빛 가리개, 차양
- ☐ **bookcase** [búkkèis] — 명 책장
- ☐ **ceiling** [síːliŋ] — 명 천장 *cf.* floor 바닥
- ☐ **couch** [kautʃ] — 명 긴 의자, 소파 유 sofa 소파
  ⇨ couch potato는 하루 종일 감자 칩을 먹으며 TV만 시청하는 사람을 일컫는 말

- ☐ **door mat** [dɔːr mæt] — 명 현관 매트
- ☐ **dust** [dʌst] — 명 먼지 ☼dustpan 쓰레받기
- ☐ **fan** [fæn] — 명 선풍기, 송풍기, 부채 ☼electric fan 선풍기
- ☐ **fireplace** [fáiərplèis] — 명 벽난로
- ☐ **furniture** [fə́ːrnitʃər] — 명 가구 ⇨ 셀 수 없는 명사로 취급한다.

- ☐ **living room** [líviŋ ruːm] — 명 거실
- ☐ **remote control** [rimóut kəntróul] — 명 리모컨
- ☐ **rug** [rʌg] — 명 양탄자 유 carpet 카펫, 양탄자
- ☐ **shelf** [ʃelf] — 명 선반 shelves (복수형) ☼bookshelf 책장
- ☐ **vacuum cleaner** [vǽkjuəm klíːnər] — 명 진공청소기
- ☐ **vase** [veis] — 명 화병 ☼flower vase 꽃병

Step 2 의미소통 영단어! 가정생활과 관련된 동사 1

- □ **close** [klouz] — 동 닫다 ★close [klous] 형 가까운
- □ **dream** [driːm] — 동 꿈을 꾸다
- □ **dress** [dres] — 동 옷을 입다 유 put on 입다
  cf. undress 옷을 벗다 take off 벗다
- □ **help** [help] — 동 돕다
- □ **kneel** [niːl] — 동 무릎을 꿇다 (kneel-knelt-knelt) ★knee 명 무릎

- □ **knock** [nɑk] — 동 (문을) 두드리다 ☼knock on the door 문을 두드리다
- □ **lie** [lai] — 동 눕다 (lie-lay-lain)
  ★lay [lei] 동 눕히다, 놓다, 두다 (lay-laid-laid)
- □ **lock** [lɑk] — 동 잠그다 *cf.* unlock 문을 따다
- □ **move** [muːv] — 동 옮기다, 이동하다
- □ **rest** [rest] — 동 휴식을 취하다 명 휴식 ☼take a rest 휴식을 취하다

- □ **shut** [ʃʌt] — 동 닫다 유 close 닫다
- □ **sleep** [sliːp] — 동 잠을 자다 (sleep-slept-slept) 유 go to bed 잠자리에 들다
- □ **turn down** — 구 (음량, 소리를) 줄이다
  ☼turn down the volume 음량을 줄이다
- □ **turn off** — 구 끄다 유 switch off 끄다 ☼turn off the light 불을 끄다
- □ **turn on** — 구 켜다 유 switch on 켜다 ☼turn on the radio 라디오를 켜다

- □ **wake** [weik] — 동 깨우다 (wake-woke-woken) ★awake 형 깨어있는
- □ **wipe** [waip] — 동 닦다, 청소하다

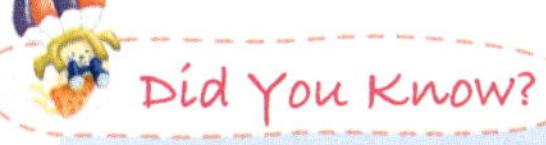

The average American watches TV more than four hours each day. American children spend more time watching TV than in school.
평균 미국인들은 하루에 4시간 이상 TV를 시청한다. 미국 어린이들은 학교에서보다 TV를 시청하는 데 더 많은 시간을 보낸다.

Step 3 의사소통 영단어! 거실 대화

A : Make yourself at home.
B : Thanks a lot.

☐ take [have] a seat — 구 자리에 앉다

Take a seat, please. = Be seated, please.
= Sit down, please. 앉으세요.

☐ make oneself at home — 구 편히 하다 [지내다]

Please make yourself at home.
집처럼 편히 하세요.

☐ What a 형용사 + 명사 (주어 + 동사)! — 문 …은 정말로 ~하군요! (감탄문)

What a lovely house (you have)!
당신은 정말로 멋진 집을 갖고 있군요!

☐ How 형용사 (주어 + 동사)! — 문 …은 정말로 ~하군요! (감탄문)

How beautiful it is! 정말 아름답네요!

POP QUIZ

1. Be seated, please. = __________ a seat, please. 앉으세요.
2. Make yourself __________ __________. 집처럼 편히 하세요.
3. You have a wonderful garden!
   = What __________ __________ __________ you have!
   정말 아름다운 정원을 갖고 있군요!

Answer 1. Take [Have] 2. at home 3. a wonderful garden

Step 4 Myself 1일 체크

A 함께 쓸 수 있는 것끼리 연결하시오.

① air	• cleaner
② vacuum	• conditioner
③ electric	• control
④ remote	• fan

B 비슷한 의미를 가진 것끼리 연결하시오.

① carpet	• rug
② blinds	• couch
③ sofa	• shade

C 빈 칸에 적절한 말을 보기에서 골라 쓰시오.

turn down rest wake

① You look tired. You should take a ________.

② It's too loud. Please, ________ the volume.

③ Will you ________ me up at 5:30 in the morning?

Answer A. ① air conditioner 에어컨 ② vacuum cleaner 진공청소기 ③ electric fan 선풍기 ④ remote control 리모컨
B. ① rug 양탄자 ② shade 햇빛 가리개 ③ couch 소파, 긴 의자
C. ① rest 휴식 ② turn down (음량을) 줄이다 ③ wake 깨우다

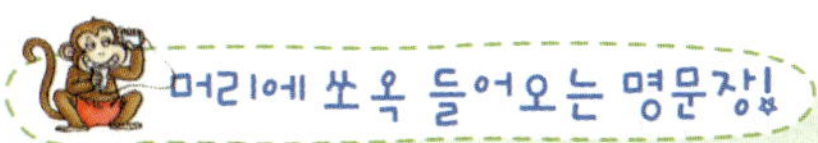

Honesty is the first chapter of the book of wisdom.
정직은 지혜에 관한 책의 제1장이다.
※ 이와 유사한 표현으로 「Honesty is the best policy.」(정직이 최상의 방책이다.)가 있다.

Day 28

주방

Your kitchen looks very nice and clean.
당신의 주방은 무척 멋지고 깨끗해 보이네요.

- ☐ apron [éiprən] 명 앞치마
- ☐ chop sticks [tʃɑp stíks] 명 젓가락 *cf.* spoon 숟가락 fork 포크
- ☐ cupboard [kʌ́bərd] 명 찬장
- ☐ dining room [dáiniŋ ruːm] 명 주방
- ☐ dishwasher [díʃwɑ̀ʃər] 명 식기세척기

- ☐ faucet [fɔ́ːsit] 명 수도꼭지
- ☐ freezer [fríːzər] 명 냉동고, 냉동실 ★freeze 통 얼리다
- ☐ garbage can [gɑ́ːrbidʒ kæn] 명 쓰레기통 유 trash can [basket], dust bin, trash bin 쓰레기통
- ☐ kettle [kétl] 명 솥, 주전자
- ☐ kitchen [kítʃən] 명 부엌

- ☐ microwave oven [máikrouwèiv ʌ́vən] 명 전자레인지
- ☐ mug [mʌg] 명 (손잡이가 달린) 원형 컵, 머그
- ☐ oven [ʌ́vən] 명 오븐 ☼oven mitts 오븐용 장갑
- ☐ pitcher [pítʃər] 명 주전자
- ☐ plate [pleit] 명 큰 접시 유 dish (일반적으로 작은) 접시 tray 쟁반

- ☐ pot [pɑt] 명 단지, 항아리 ☼kimchi pot 김치 항아리
- ☐ refrigerator [rifrìdʒəréitər] 명 냉장고 유 fridge 냉장고
- ☐ stove [stouv] 명 스토브, 난로, 가스레인지(쿡탑)
- ☐ tray [trei] 명 쟁반 ☼ash tray 재떨이

Step 2 의미소통 영단어! 긍정적인 의미를 가진 형용사

- □ amazed [əméizd] 형 깜짝 놀란 유 surprised 놀란
- □ calm [kɑːm] 형 조용한 유 silent 조용한, 말이 없는
- □ careful [kέərfəl] 형 조심스러운 *cf.* careless 부주의한
- □ cheerful [tʃíərfəl] 형 기분이 좋은, 상쾌한
- □ clever [klevər] 형 똑똑한, 영리한

- □ curious [kjúəriəs] 형 호기심이 가는 ★curiosity 명 호기심
- □ diligent [dílədʒənt] 형 근면한, 부지런한
- □ excited [iksáitid] 형 흥분한, 들뜬 *cf.* exciting 흥미진진한
- □ friendly [fréndli] 형 친절한, 사교적인
- □ gentle [dʒéntl] 형 점잖은, 부드러운

- □ helpful [hélpfəl] 형 도움이 되는
- □ hopeful [hóupfəl] 형 희망에 찬
- □ impressed [ímprest] 형 감동받은 ★impressive 형 인상적인 impression 명 인상
- □ interested [íntəristid] 형 관심이 있는 ☼be interested in …에 관심이 있다
- □ joyful [dʒɔ́ifəl] 형 즐거운 ★joy 명 즐거움, 기쁨

- □ kind [kaind] 형 친절한 ★kindness 명 친절
- □ pleased [pliːzd] 형 기쁜, 즐거운 ★pleasure 명 기쁨, 즐거움
- □ thankful [θǽŋkfəl] 형 감사하는 유 grateful 감사하는
- □ warm-hearted [wɔ́ːrmhάːrtid] 형 마음씨가 따뜻한, 인정 많은

Did You Know?

Eskimos use refrigerators to keep their food from freezing.
에스키모 사람들은 음식물이 어는 것을 막기 위해 냉장고를 사용한다.

Step 3 의사소통 영단어! 주방 대화

A : Would you like something to drink?
B : No thanks.

- ☐ **help yourself (to 명사)** 구 …을 먹다
  Help yourself to anything you like.
  마음껏 드시고 싶은 것을 드세요.

- ☐ **something to drink / something cold** 구 마실 것 / 시원한 것
  Would you like something to drink?
  마실 것 좀 드릴까요?

- ☐ **have enough** 구 충분히 먹다
  I've had enough. = I'm full. 충분히 먹었습니다.

- ☐ **do the dishes** 구 설거지를 하다
  Let me do the dishes. = I'll do the dishes.
  내가 설거지를 할게.

POP QUIZ

1. __________ yourself to the salad. 샐러드 좀 드시지요.
2. Do you want __________ __________? 시원한 것 좀 드실래요?
3. Let me __________ the dishes. 내가 설거지를 할게.

Answer 1. Help 2. something cold 3. do

Step 4 Myself 1일 체크

A 빈 칸에 들어갈 적절한 말을 보기에서 찾아 쓰시오.

chop sticks　　an apron　　a refrigerator　　a dishwasher

① When you cook something, you wear ____________.

② When you eat Chinese food, you usually use ____________.

③ When you do the dishes, you use ____________.

④ When you keep food cool, you use ____________.

B 그림에 해당하는 단어를 쓰시오.

① ____________ ② ____________ ③ ____________ ④ ____________

C 빈 칸에 들어갈 적절한 말을 보기에서 찾아 쓰시오.

impressed　　pleased　　interested

① I was ____________ by that movie.

② I am ____________ in jazz music.

③ I'm very ____________ to see you again.

Answer A. ① an apron 앞치마 ② chop sticks 젓가락
③ a dishwasher 식기세척기 ④ a refrigerator 냉장고
B. ① mug 머그잔 ② pitcher 주전자 ③ plate[dish] 큰 접시[접시] ④ faucet 수도꼭지
C. ① impressed 감동받은 ② interested 관심이 있는 ③ pleased 기쁜

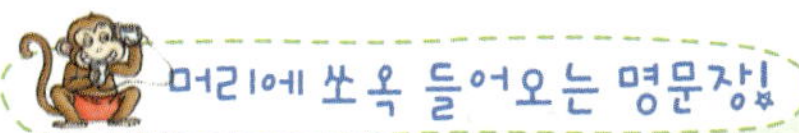

The pot calls the kettle black.
냄비가 솥보고 검다고 한다.
※ call A B는 'A를 B라고 부르다'의 뜻이다. pot은 '항아리, 냄비'이며 kettle은 '솥'을 뜻한다.

Day 29

Step 1 주제별 영단어! 침실과 욕실

Where is the detergent?
세제가 어디에 있지요?

- □ alarm clock[əlάːrm klαk] 명 자명종
- □ bathrobe[bǽθroub] 명 목욕 가운
- □ bathroom[bǽθrù(ː)m] 명 욕실, 화장실 유 restroom, washroom 화장실
- □ bathtub[bǽθtʌ̀b] 명 욕조
- □ bedroom[bédrùːm] 명 침실

- □ blanket[blǽŋkit] 명 담요
- □ candle[kǽndl] 명 양초 ☼candlelight 촛불 candlestick[candle holder] 촛대
- □ detergent[ditə́ːrdʒənt] 명 세제
- □ drawer[drɔ́ːər] 명 서랍 ☼a chest of drawers 서랍장
- □ light bulb[lait bʌlb] 명 전구
- □ mirror[mírər] 명 거울 유 a looking glass 거울
  ☼rear view mirror 자동차 후면경

- □ pillow[pílou] 명 베개 ☼pillow fight (아이들의) 베개 싸움
- □ shower[ʃáuər] 명 샤워 ☼shower head 샤워꼭지 take a shower 샤워를 하다
- □ shower curtain[ʃáuər kə́ːrtən] 명 (화장실) 욕조 커튼 유 drapes 욕조 커튼
- □ soap[soup] 명 비누
- □ toilet[tɔ́ilit] 명 화장실, 변기 ☼toilet paper[tissue] 화장지
- □ toothbrush[túːθbrʌ̀ʃ] 명 칫솔 *cf.* toothpaste 치약
- □ towel[táuəl] 명 수건

Step 2 의미소통 영단어! 가정생활과 관련된 동사 2

□ arrange [əréindʒ] 동 정리하다

□ collect [kəlékt] 동 모으다, 수집하다 ★collection 명 수집

□ comb [koum] 동 (머리카락을) 빗질하다 명 머리빗

□ cut [kʌt] 동 자르다

□ draw [drɔː] 동 당기다, 그리다 ☼draw the curtains 커튼을 치다

□ empty [émpti] 동 비우다 형 텅 빈

□ hang [hæŋ] 동 걸다 ★hanger 명 옷걸이

□ measure [méʒər] 동 재다, 측정하다

□ mess [mes] 동 어지럽히다 명 어수선함 ★messy 형 지저분한, 어지러운

□ mix [miks] 동 섞다, 혼합하다 ★mixture 명 혼합 mixer 명 믹서

□ peel [piːl] 동 (껍질을) 벗기다

□ place [pleis] 동 놓다 명 위치, 장소

□ pull [pul] 동 당기다

□ push [puʃ] 동 밀다, 누르다 유 press 누르다
☼push the button 버튼을 누르다

□ remove [rimúːv] 동 제거하다, 옮기다

□ spill [spil] 동 엎지르다(spill-spilt-spilt)
☼spill one's drink 음료를 엎지르다

□ weigh [wei] 동 (무게를) 재다, (무게가) 나가다 ★weight 명 체중, 무게

An average person visits the restroom 2,500 times a year. We spend about three years of our lives in the bathroom.
보통 사람은 1년에 2,500번 화장실에 간다. 우리는 화장실에서 우리 인생의 3년 정도를 소비한다.

Step 3 의사소통 영단어! 화장실 묻기

A : Where is the bathroom?
B : This way, please.

☐ **Where is …?**

구 …가 어디에 있지요?

Where is the bathroom [washroom, restroom]? 화장실이 어디에 있지요?

☐ **May I use …?**

구 …을 사용해도 될까요?

May I use your bathroom? 화장실을 사용해도 될까요?

☐ **wash my hands**

구 손을 씻다 ⇨ '화장실을 이용하다'라는 뜻으로도 해석된다.

Where can I wash my hands? 화장실이 어디지요?

☐ **Where can I find …?**

구 …를 어디에서 찾을 수 있지요?

Where can I find the restroom? 화장실이 어디에 있나요?

POP QUIZ

1. Where can I wash ________ ________? 화장실이 어디지요?
2. Where can I ________ the restroom? 화장실이 어디에 있나요?
3. Where is the ________? 화장실이 어디지요?

Answer 1. my hands 2. find 3. bathroom [washroom, restroom]

Step 4 Myself 1일 체크

A 밑줄 친 this가 무엇을 뜻하는지 보기에서 찾아 쓰시오.

an alarm clock　　detergent　　toothpaste　　a blanket

① When you sleep, you need this.

② When you wash clothes, you need this.

③ When you brush your teeth, you need this.

④ When you want to get up early, you need this.

B 서로 짝지어 쓸 수 있는 것끼리 연결하시오.

① take	• one's hair
② comb	• a shower
③ draw	• one's drink
④ spill	• the curtains

C 다음 빈 칸에 적절한 말을 보기에서 찾아 쓰시오.

measure　　empty　　pull

① The trash can is full. Will you ___________ it?

② Don't push the door. You have to ___________ it.

③ I don't know how long it is. Will you ___________ it?

Answer A. ① a blanket 담요 ② detergent 세제 ③ toothpaste 치약
④ an alarm clock 자명종
B. ① take a shower 샤워를 하다 ② comb one's hair 머리를 빗다
③ draw the curtains 커튼을 치다 ④ spill one's drink 음료수를 엎지르다
C. ① empty 비우다 ② pull 당기다 ③ measure 측정하다, 재다

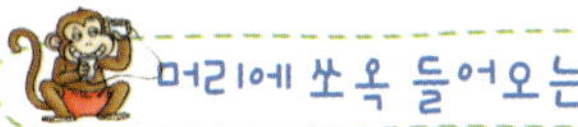

A candle lights the way for others while it burns itself.
양초는 자신을 태워서 남을 위해 불을 밝힌다.
※ light는 '빛을 내다, 빛을 밝히다'의 뜻이며, burn itself는 '자신을 불태우다'의 뜻이다.

Day 30

Step 1 주제별 영단어! 건물

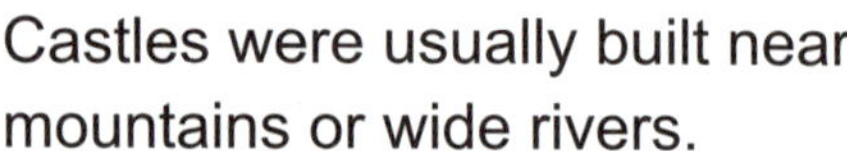
Castles were usually built near mountains or wide rivers.

성들은 대부분 산이나 넓은 강 근처에 지어졌다.

- ☐ **apartment** [əpɑ́:rtmənt] (명) (미국) 아파트 (유) flat (영국) 아파트
- ☐ **bookstore** [búkstɔ̀:r] (명) 서점 ☼ second-hand bookstore 헌 책방, 중고 서점
- ☐ **bus station** [bʌs stéiʃən] (명) 버스 정류장 *cf.* taxi stand 택시 승강장
- ☐ **castle** [kǽsl] (명) 성, 성곽 ☼ sand castle 모래성
- ☐ **city hall** [síti hɔ:l] (명) 시청

- ☐ **convenience store** [kənví:njəns stɔ:r] (명) 편의점
- ☐ **district** [dístrikt] (명) 구역, 지구 ☼ shopping district 쇼핑가
- ☐ **fire station** [fáiər stéiʃən] (명) 소방서 *cf.* fire fighter 소방관 fire engine 소방차
- ☐ **floor** [flɔ:r] (명) 층 ☼ 3rd floor 3층
- ☐ **gas station** [gæs stéiʃən] (명) 주유소 (유) service station (자동차 정비가 가능한) 주유소

- ☐ **mall** [mɔ:l] (명) 상점가 ☼ shopping mall 쇼핑몰
- ☐ **office** [ɔ́(:)fis] (명) 사무실
- ☐ **palace** [pǽlis] (명) 궁전 ☼ Buckingham Palace 버킹엄 궁전
- ☐ **police station** [pəlí:s stéiʃən] (명) 경찰서 (유) police office 경찰서 *cf.* police force 경찰력
- ☐ **post office** [poust ɔ́(:)fis] (명) 우체국 *cf.* postman, mailman, mail carrier 우체부

- ☐ **restaurant** [réstərənt] (명) 식당
- ☐ **shopping center** [ʃɑ́piŋ séntər] (명) 쇼핑센터
- ☐ **station** [stéiʃən] (명) 역 ☼ subway station 전철역 railway station 기차역

Step 2 의미소통 영단어! 방향이나 위치를 나타내는 표현

- □ drive for about three kilometers — 구 약 3킬로미터 정도 운전하다
- □ follow University Avenue — 구 대학로를 따라가다
- □ get off at the next stop — 구 다음 정류장에서 내리다
- □ go downstairs — 구 아래층으로 가다
- □ go straight — 구 똑바로 가다

- □ go to the next light — 구 다음 신호등까지 가다
- □ go to the 4th floor — 구 4층으로 가다
- □ go upstairs — 구 위층으로 가다
- □ go west for two blocks — 구 서쪽으로 두 블록 정도 가다
- □ keep going straight — 구 계속 똑바로 가다

- □ keep left — 구 왼쪽으로 계속가다
- □ make [take] a right turn — 구 오른쪽으로 돌다
- □ take Exit 3 — 구 3번 출구로 가다
- □ take the Yellow Line — 구 Yellow Line을 타다
- □ turn right [left] at the end of the exit — 구 출구 끝에서 오른쪽 [왼쪽]으로 돌다

- □ walk across the bridge — 구 다리를 가로 질러서 [건너서] 걸어가다
- □ walk toward the Shopping Center — 구 쇼핑센터 쪽으로 걸어가다

The Pentagon is like a small city; it has its own shopping mall, bank, power plants, fire station, police force, restaurant, and a “mayor”.
미 국방부는 작은 도시와 같다. 자체의 쇼핑몰, 은행, 발전소, 소방서, 경찰력, 식당, 그리고 “시장”도 있다.

Step 3 의사소통 영단어! 길 묻기

A : Where is the nearest bank?
B : It's on Main Street.

☐ How can I get to …? 구 …에 어떻게 갈 수 있지요?

How can I get to the airport?
공항에 어떻게 갈 수 있지요?

☐ Where can I find …? 구 …를 어디에서 찾을 수 있지요?

Where can I find the train station?
기차역을 어디에서 찾을 수 있지요?

☐ Tell me the way to … 구 …로 가는 길 좀 알려 주세요

Please, tell me the way to the post office.
우체국 가는 길 좀 알려 주세요.

☐ Where is the nearest …? 구 가장 가까운 …은 어디에 있나요?

Where is the nearest bank?
가장 가까운 은행이 어디 있지요?

POP QUIZ

1. Where is the _________ gas station? 가장 가까운 주유소는 어디에 있나요?
2. Can you tell me the _________ to the library?
   도서관 가는 길 좀 알려 주실래요?
3. _________ can I find the bookstore? 어디에서 서점을 찾을 수 있지요?

Answer 1. nearest 2. way 3. Where

Step 4 Myself 1일 체크

A 서로 연관이 있는 것끼리 연결하시오.

① fire fighter	• palace
② mail carrier	• fire station
③ king or queen	• post office

B 제시된 목적과 관련이 있는 장소를 쓰시오.

① When you want to fill your car with gas, you go to a ______.

② When you want to report an accident, you go to a ________.

③ When you want to buy books, you go to a ________.

④ When you want to take a train, you go to a ________.

C 표지판과 관련 있는 지시문을 고르시오.

Exit
Go Straight
Go Upstairs
Turn Left

①   ________

②  ________

③  ________

④   ________

Answer A. ① fire station 소방서 ② post office 우체국 ③ palace 궁전
B. ① gas station[service station] 주유소 ② police station[office] 경찰서
③ bookstore 서점 ④ train station [railroad station, railway station] 기차역
C. ① Exit 이쪽으로 나가시오. ② Go Upstairs 위층으로 가시오.
③ Turn Left 좌측으로 가시오. ④ Go Straight 똑바로 가시오.

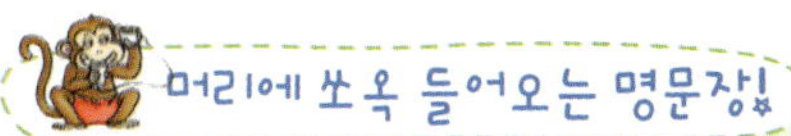

The grass is always greener on the other side of the fence.
담장 건너편의 풀이 항상 더 푸르다. – 남의 떡이 더 커 보인다.

What Mistake?

1 If a barber makes a mistake, it's a new style.

2 If a driver makes a mistake, it's an accident.

3 If an engineer makes a mistake, it's a new venture.

4 If a politician makes a mistake, it's a new law.

5 If a scientist makes a mistake, it's a new invention.

6 If a tailor makes a mistake, it's a new fashion.

7 If a teacher makes a mistake, it's a new theory.

8 If our boss makes a mistake, it's our mistake.

9 If an employee makes a mistake, it's a MISTAKE!

□**tailor** 재단사, 재봉사 □**theory** 이론 □**employee** 피고용인, 직원

당신이 실수를 한다면?

1 이발사가 실수를 하면, 새로운 스타일이 된다.

2 운전자가 실수를 하면, 사고이다.

3 기술자가 실수를 하면, 새로운 모험이 된다.

4 정치가가 실수를 하면, 새로운 법이 된다.

5 과학자가 실수를 하면, 새로운 발명이 된다.

6 재단사가 실수를 하면, 새로운 유행이 된다.

7 선생님이 실수를 하면, 새로운 이론이 된다.

8 사장님이 실수를 하면, 그것은 우리의 실수이다.

9 직원이 실수를 하면, 그것은 실수이다.

Part 2

기본 위에 기본 레벨업 영단어

Words of Wisdom

Do not protect yourself by a fence, but rather by your friends. *- Czech Proverb*

담을 쌓아 자신을 보호하려고 하지 말고, 친구로 보호하는 것이 낫다.

Bad friends prevent you from having good friends. *-Gabonese Proverb*

나쁜 친구들은 네가 좋은 친구를 갖는 것을 방해한다.

Our greatest glory consists not in never falling, but in rising every time we fall. *-Oliver Goldsmith*

가장 위대한 영광은 넘어지지 않는 데 있는 것이 아니라 넘어질 때마다 일어나는 데 있다.

If you always go where you've always gone
and if you always do what you've always done,
You will ALWAYS BE what you've ALWAYS BEEN.

늘 갔던 곳으로 가고, 늘 했던 일만 계속한다면, 늘 있던 곳에 계속 머물게 될 것이다.

Day 31

Step 1 주제별 영단어! 직업

What kind of job do you want to have in the future?
너는 장차 어떤 종류의 직업을 갖고 싶니?

- ☐ boss[bɔ(:)s] 명 사장, 직장 상사
- ☐ businessperson [bíznispə̀:rsən] 명 사업가
- ☐ carpenter[ká:rpəntər] 명 목수
- ☐ clerk[klə:rk] 명 점원
- ☐ engineer[èndʒəníər] 명 기술자, 공학자 ☼computer engineer 컴퓨터 공학자

- ☐ farmer[fá:rmər] 명 농부
- ☐ fireman[fáiərmən] 명 소방관 유 fire fighter 소방관
- ☐ fisherman[fíʃərmən] 명 어부
- ☐ hairdresser[hέərdrèsər] 명 미용사 유 hair stylist 헤어 디자이너 *cf.* barber 이발사
- ☐ job[dʒɑb] 명 직업, 일 유 occupation 직업
  ☼full time[part time] job 전일제(시간제) 직업

- ☐ journalist[dʒə́:rnəlist] 명 언론인
- ☐ pilot[páilət] 명 비행사 *cf.* captain 비행기 기장, 선장
- ☐ police officer [pəlí:s ɔ́(:)fisər] 명 경찰관 유 cop (미국) 경찰관
- ☐ professor[prəfésər] 명 교수
- ☐ reporter[ripɔ́:rtər] 명 기자

- ☐ sailor[séilər] 명 선원 *cf.* crew (배, 비행기, 기차 등의) 승무원
- ☐ salesperson[séilzpə̀:rsn] 명 판매원
- ☐ scientist[sáiəntist] 명 과학자

Step 2 의미소통 영단어! 직업과 관련되어 자주 쓰는 동사

- □ **apply** [əplái] 동 응시하다, 지원하다, 응용하다 ☼apply for …에 지원하다
- □ **attend** [əténd] 동 출석하다, 참석하다 ☼attend a meeting 모임에 참석하다
- □ **contract** [kάntrækt] 동 계약하다 명 계약
- □ **dismiss** [dismís] 동 해고하다 유 fire 해고하다
- □ **employ** [emplɔ́i] 동 고용하다 ★employer 명 고용주 유 hire 고용하다

- □ **fire** [fáiər] 동 해고하다 유 dismiss 해고하다
- □ **hire** [háiər] 동 고용하다 유 employ 고용하다
- □ **interview** [íntərvjù:] 동 면접하다 명 면접
- □ **obey** [oubéi] 동 복종하다, 준수하다 ★obedient 형 준수하는, 복종하는
- □ **promote** [prəmóut] 동 승진하다 ★promotion 명 승진

- □ **quit** [kwit] 동 그만두다 ☼quit a job 직업을 그만두다
- □ **recruit** [rikrú:t] 동 채용하다
- □ **replace** [ripléis] 동 대치하다, 대신하다
- □ **report** [ripɔ́:rt] 동 보고하다, 신고하다
- □ **resign** [rizáin] 동 사직하다 ★resignation 명 사직 ☼resignation letter 사직서
- □ **retire** [ritáiər] 동 은퇴하다, 퇴직하다 ★retirement 명 은퇴, 퇴직
- □ **sign** [sain] 동 서명하다 ★signature 명 서명

Chicago's female police officers were not allowed to wear uniforms until 1956.
시카고 여성 경찰관들은 1956년까지 제복을 입는 것이 허용되지 않았다.

Step 3 의사소통 영단어! 직업 관련 대화

A : Where does your father work?
B : He works for the Bank of Korea.

☐ **work** [wəːrk]

동 일하다, 근무하다

Where does your father work?
너의 아버지는 어디에서 근무하시니?

☐ **work for**

구 …에서 근무하다

My father works for the Bank of Korea.
나의 아버지는 한국은행에서 근무하신다.

☐ **for a living**

구 생계를 위하여

What do you do for a living?
직업이 무엇입니까[생계를 위하여 무엇을 합니까]?

☐ **What type [kind] of work …?**

구 어떤 종류의 일을 …합니까?

What type of work do you do?
어떤 종류의 일을 하십니까?

What kind of work do you want?
어떤 종류의 일을 원하십니까?

POP QUIZ

1. What do you do for a ________ ? 직업이 무엇입니까?
2. My brother works ________ the telephone company.
   나의 형은 전화국에서 근무한다.
3. ________ ________ of work do you do? 어떤 종류의 일을 하십니까?

Answer 1. living 2. for 3. What type [kind]

Step 4 Myself 1일 체크

A 업무와 연관이 있는 직업을 찾아 연결하시오.

① Builds houses	• fireman
② Puts out fires	• farmer
③ Catches fish	• professor
④ Teaches classes	• carpenter
⑤ Grows plants for food	• fisherman

B 서로 비슷한 의미를 가진 단어끼리 연결하시오.

① dismiss	• hire
② employ	• fire
③ obey	• follow

C 함께 쓸 수 있는 동사를 보기에서 찾아 쓰시오.

attend
sign
quit

① ____________ a meeting

② ____________ a job

③ ____________ a contract

A. ① carpenter 목수 ② fireman 소방관 *put out 불을 끄다 ③ fisherman 어부 ④ professor 교수 ⑤ farmer 농부
B. ① fire 해고하다 ② hire 고용하다 ③ follow 따르다, 준수하다
C. ① attend a meeting 모임에 참석하다 ② quit a job 일을 그만두다 ③ sign a contract 계약서에 서명하다

머리에 쏘옥 들어오는 명문장!

Too many cooks spoil the broth.
요리사가 많으면 국을 망친다. – 사공이 많으면 배가 산으로 올라간다.
※ spoil은 '망치다, 그르치다', broth는 '국, 육수'를 뜻한다.

Day 32

Step 1 주제별 영단어! 학교생활

Open your textbook to page 15.
교재 15쪽을 펴세요.

- ☐ bulletin board [búlətin bɔːrd] 명 게시판
- ☐ chalkboard [tʃɔ́ːkbɔ̀ːrd] 명 칠판 유 blackboard 흑판, 칠판 cf. chalk 분필
- ☐ crayon [kréiən] 명 크레용
- ☐ eraser [iréisər] 명 지우개 ★ erase 동 지우다 유 rubber 고무지우개
- ☐ field trip [fiːld trip] 명 소풍

- ☐ glue [gluː] 명 풀, 아교, 접착제
- ☐ highlighter [háilàitər] 명 형광펜
- ☐ homeroom teacher [hóumrù(ː)m tíːtʃər] 명 학급 담임
- ☐ homework [hóumwə̀ːrk] 명 숙제, 과제 유 assignment 숙제, 과제
- ☐ mechanical pencil [məkǽnikəl pénsəl] 명 샤프 연필 ⇨ sharp pencil은 잘못된 영어 표현이다.

- ☐ name tag [neim tæg] 명 명찰 cf. tag 꼬리표 price tag 가격표
- ☐ note pad [nout pæd] 명 메모장 cf. binder (유인물을 묶는) 바인더
- ☐ pencil sharpener [pénsəl ʃɑ́ːrpənər] 명 연필깎이
- ☐ principal [prínsəpəl] 명 교장 유 (영국) school master 교장
- ☐ ruler [rúːlər] 명 자, 통치자

- ☐ scissors [sízərz] 명 가위 ⇨ 항상 복수형으로 쓴다.
- ☐ stapler [stéiplər] 명 박음쇠, 스테이플러 ⇨ 호치키스(hotchkiss)는 상표이지 물건을 지칭하는 명사가 아니다.
- ☐ textbook [tékstbùk] 명 교재, 교과서 ☼ English textbook 영어 교재

Step 2 의미소통 영단어! 수업과 관련되어 자주 쓰는 동사

- □ answer[ǽnsər] 동 대답하다 ☼answer the question 질문에 답하다
- □ assign[əsáin] 동 할당하다, 과제를 주다 ★assignment 명 숙제, 과제
- □ begin[bigín] 동 시작하다
- □ cheat[tʃiːt] 동 속이다, 부정행위를 하다 ★cheating 명 부정행위
- □ continue[kəntínjuː] 동 계속하다

- □ copy[kápi] 동 복사하다 명 복사, 복사본
- □ cram[krǽm] 동 벼락 공부를 하다, 주입식으로 가르치다
- □ examine[igzǽmin] 동 시험을 보다, 검사하다 ★examination 명 시험
- □ guess[ges] 동 추측하다
- □ learn[ləːrn] 동 배우다

- □ post[poust] 동 붙이다, 게재하다
- □ practice[prǽktis] 동 연습하다 명 연습 ⇨ 영국에서는 practise로 쓴다.
- □ prepare[pripέər] 동 준비하다
- □ remain[riméin] 동 남다
- □ repeat[ripíːt] 동 반복하다

- □ review[rivjúː] 동 복습하다, 다시 보다 *cf.* preview 예습하다, 미리보다
- □ spell[spel] 동 철자로 쓰다 ★spelling 명 철자
- □ submit[səbmít] 동 제출하다 유 hand in, turn in 제출하다
- □ test[test] 동 평가하다, 시험보다 명 시험, 평가

Did You Know?

In Vietnam, Saturday is a review day. Students stand and tell the teacher what they have learned during the week.
베트남에서 토요일은 복습의 날이다. 학생들은 일어서서 주중에 배운 것을 선생님에게 말한다.

Step 3 의사소통 영단어! 충고하기

A : You should take a rest.
B : Okay. I will.

☐ **should 동사원형 …**

㉾ …해야 한다
You should take a rest.
너는 휴식을 취하는 것이 좋겠다.

☐ **had better not 동사원형 …**

㉾ …하지 않는 편이 낫다, …하지 않는 것이 좋다
You'd better not tell her.
그녀에게 말하지 않는 것이 좋겠다.

☐ **Why don't you …?**

㉾ …하는 것이 어떠니?
Why don't you see a doctor?
병원에(의사에게) 가는 것이 어때?

☐ **I think you should …**

㉾ 나는 네가 …해야 한다고 생각한다.
I think you should be honest.
나는 네가 정직해야 한다고 생각한다.

POP QUIZ

1. You ___________ go now. 너는 지금 가야만 한다.
2. You ___________ ___________ ___________ say anything.
   어떤 것도 말하지 않는 것이 좋겠다.
3. I think you ___________ know about this.
   나는 네가 이것에 대하여 알아야 한다고 생각한다.

Answer 1. should [have to, must] 2. had better not 3. should [must, have to]

Step 4 Myself 1일 체크

A 다음 용도에 해당되는 것과 연결하시오.

① for drawing pictures	• crayons
② for sticking things together	• ruler
③ for measuring things	• glue
④ for cutting paper, cloth, or hair	• scissors

B 제시된 어휘와 연관이 있는 것끼리 짝지으시오.

① information, news, meeting, etc.	• chalkboard
② writing, classroom, teaching	• field trip
③ picnic, food, no class	• note pad
④ writing, memo, study, schedule	• bulletin board

C 다음 빈 칸에 적절한 말을 찾아 쓰시오.

repeat guess answer

① When we are asked a question, we must ___________.

② When you don't know something, you can ___________.

③ To ___________ is to do something more than once.

A. ① crayons 크레용 ② glue 풀, 아교 *stick … together 붙이다
③ ruler 자 *measure 측정하다, 재다 ④ scissors 가위

B. ① bulletin board 게시판 ② chalkboard 칠판
③ field trip 소풍 ④ note pad 메모장

C. ① answer 대답하다 ② guess 추측하다 ③ repeat 반복하다

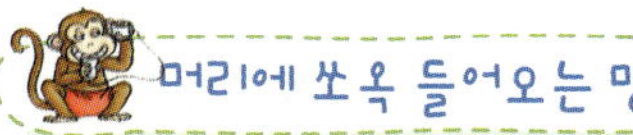

All work and no play makes Jack a dull boy.
공부만 하고 놀지 않으면 아이를 바보로 만든다.
※ 이 속담에서 Jack은 '일반 사람'을 말하며, dull은 '우둔한, 어리석은'의 뜻이다.

Day 33

Step 1 주제별 영단어! 학교 시설

The next class will be in the language lab.
다음 수업은 어학실에서 있을 것이다.

- ☐ auditorium [ɔ̀:ditɔ́:riəm] 명 강당
- ☐ basement [béismənt] 명 지하실
- ☐ cafeteria [kæ̀fitíəriə] 명 구내식당
- ☐ campus [kǽmpəs] 명 캠퍼스 ☼university campus 대학 캠퍼스
- ☐ classroom [klǽsrù(:)m] 명 교실

- ☐ clinic [klínik] 명 진료실 ☼health clinic 보건실
- ☐ computer lab [kəmpjú:tər læb] 명 컴퓨터 실습실 ⇨ lab은 laboratory(실험실)의 줄임말이다.
- ☐ dormitory [dɔ́:rmətɔ̀:ri] 명 기숙사 ⇨ 줄여서 dorm이라고도 한다.
- ☐ gymnasium [dʒimnéiziəm] 명 체육관 ⇨ 줄여서 gym이라고도 한다.
- ☐ hallway [hɔ́:lwèi] 명 복도, 통로
- ☐ laboratory [lǽbərətɔ̀:ri] 명 실습실 ⇨ 줄여서 lab이라고도 한다.

- ☐ language lab [lǽŋgwidʒ læb] 명 어학실
- ☐ locker [lɑ́kər] 명 사물함, 보관함
- ☐ lounge [laundʒ] 명 휴게실
  ☼teacher lounge 교사 휴게실 student lounge 학생 휴게실
- ☐ main building [mein bíldiŋ] 명 본관
- ☐ playground [pléigràund] 명 운동장
- ☐ soccer field [sɑ́kər fi:ld] 명 축구경기장

Step 2 의미소통 영단어! 학교를 주제로 자주 쓰는 영단어

- ☐ college [kálidʒ] 명 대학, 단과대학
- ☐ diploma [diplóumə] 명 학위증, 졸업장 *cf.* degree 학위
- ☐ elementary school [èləméntəri skuːl] 명 (미국) 초등학교 유 primary school (영국) 초등학교
- ☐ freshman [fréʃmən] 명 신입생
- ☐ grade [greid] 명 학년, 등급 ☼second grade 2학년

- ☐ graduate school [grǽdʒuèit skuːl] 명 대학원 유 postgraduate course 대학원 과정
- ☐ high school [hai skuːl] 명 고등학교
- ☐ junior [dʒúːnjər] 명 3학년
- ☐ kindergarten [kíndərgàːrtn] 명 유치원 유 preschool (미국) 유치원
- ☐ junior high school [dʒúːnjər hai skuːl] 명 (미국) 중학교 유 middle school (영국) 중학교

- ☐ nursery school [nə́ːrsəri skuːl] 명 유아원
- ☐ private institute [práivit ínstətjùːt] 명 사설 학원 유 academy 학원
- ☐ report card [ripɔ́ːrt kaːrd] 명 성적표
- ☐ senior [síːnjər] 명 (대학의) 4학년
- ☐ sophomore [sáfəmɔ̀ːr] 명 (대학의) 2학년
- ☐ student ID [stjúːdənt aidiː] 명 학생증
  ⇨ ID는 Identification Card를 줄인 말로 '신분증'을 뜻한다.
- ☐ university [jùːnəvə́ːrsəti] 명 대학교 *cf.* college 단과대학 junior college 2년제 (전문)대학

Did You Know?

Of the 156 women college presidents in the United States in 1979, 105 were nuns. 1979년 미국의 156명의 여성 대학 총장 중에서 105명이 수녀였다.

Step 3 의사소통 영단어! 차이점 말하기

A : Can you tell Jane from Jenny?
B : No, I can't.

□ **be different from … / differ from …**

구 …와 다르다

My idea is different from yours.
내 생각은 너의 생각과 다르다.

This year's fashions differ greatly from last year's. 금년의 패션은 작년과 아주 다르다.

□ **the difference between A and B**

구 A와 B의 차이점

What's the difference between weather and climate? 기후와 날씨의 차이는 무엇이니?

□ **tell A from B**

구 A와 B를 구분하다

Can you tell Jane from Jenny?
너는 Jane과 Jenny를 구분할 수 있니?

□ **like A better than B**

구 B보다 A를 더 좋아하다

I like apples better than oranges.
나는 오렌지보다 사과를 더 좋아한다.

POP QUIZ

1. I like soccer ______ ______ basketball. 나는 농구보다 축구를 더 좋아한다.
2. Can you tell the difference _________ the two?
   너는 두 개 사이의 차이점을 구분 할 수 있니?
3. This book is very _________ from the others.
   이 책은 다른 것들과 아주 다르다.

Answer 1. better than 2. between 3. different

Step 4 Myself 1일 체크

A 다음 정의에 해당하는 말을 보기에서 찾아 쓰시오.

language lab　　lounge　　cafeteria

① ________ : a place for eating food

② ________ : a place for practicing English, Spanish, French, etc.

③ ________ : a place for relaxing

B 빈 칸에 적절한 말을 보기에서 찾아 쓰시오.

diploma　　student ID　　report card

① If you want to borrow books, you need your ________.

② After you take a test, you can get your ________.

③ When you graduate from school, you can get a ________.

C 다음 제시된 학년을 저학년부터 순서대로 열거하시오.

junior　　freshman　　senior　　sophomore

D 다음 제시된 학교를 연령 순서대로 열거하시오.

junior high school　　kindergarten　　elementary school
university　　nursery school　　high school

Answer A. ① cafeteria 식당 ② language lab 어학실 ③ lounge 휴게실
B. ① student ID 학생증 ② report card 성적표 ③ diploma 학위, 졸업장
C. freshman 신입생 ⇨ sophomore 2학년 ⇨ junior 3학년 ⇨ senior 4학년
D. nursery school 유아원 ⇨ kindergarten 유치원 ⇨ elementary school 초등학교 ⇨ junior high school 중학교 ⇨ high school 고등학교 ⇨ university 대학교

I hear and I forget. I see and I remember. I do and I understand.
들으면 잊어버린다. 보면 기억한다. 해보면 이해한다.

Day 34

Step 1 주제별 영단어! 학과목

What's your favorite subject?
네가 가장 좋아하는 과목은 무엇이니?

- ☐ biology[baiálədʒi] 명 생물 ★biologist 명 생물학자
- ☐ chemistry[kémistri] 명 화학 ★chemical 형 화학의 chemist 명 화학자
- ☐ Earth science [əːrθ sáiəns] 명 지구과학
- ☐ economics[ìːkənámiks] 명 경제학 ★economic 형 경제의
- ☐ education[edʒukéiʃən] 명 교육 ★educate 동 교육시키다

- ☐ engineering [èndʒəníəriŋ] 명 기술, 공학
- ☐ foreign language [fɔ́(ː)rin lǽŋgwidʒ] 명 외국어
- ☐ geography[dʒiːágrəfi] 명 지리학
- ☐ geology[dʒìːáləd ʒi] 명 지질학
- ☐ history[hístəri] 명 역사 ★historian 명 역사학자 ☼Korean history 국사

- ☐ Korean language [kəríːən lǽŋgwidʒ] 명 국어
- ☐ major[méidʒər] 명 전공
- ☐ math[mǽθ] 명 수학 ⇨ mathematics의 줄임말
- ☐ P.E.[piːiː] 명 체육 ⇨ physical education의 약어
- ☐ philosophy[filásəfi] 명 철학 ★philosopher 명 철학자
- ☐ physics[fíziks] 명 물리학 ★physicist 명 물리학자
- ☐ science[sáiəns] 명 과학 ★scientist 명 과학자
- ☐ subject[sʌ́bdʒikt] 명 과목
- ☐ technology[teknáləd ʒi] 명 공학 ☼information technology 정보 공학(IT)

Step 2 의미소통 영단어! 생각과 관련해 자주 쓰는 동사

☐ announce [ənáuns] 통 발표하다

☐ believe [bilíːv] 통 믿다 ★belief 명 믿음

☐ communicate [kəmjúːnəkèit] 통 소통하다 ★communication 명 소통, 의사소통

☐ consider [kənsídər] 통 고려하다

☐ expect [ikspékt] 통 기대하다, 예상하다 ★expectation 명 기대, 예상

☐ explain [ikspléin] 통 설명하다 ★explanation 명 설명

☐ express [iksprés] 통 표현하다 ★expression 명 표현

☐ forget [fərgét] 통 잊다 (forget-forgot-forgotten)

☐ inform [infɔ́ːrm] 통 알리다, 정보를 주다 ★information 명 정보

☐ memorize [méməràiz] 통 기억하다, 암기하다 ★memory 명 기억

☐ realize [ríːəlàiz] 통 깨닫다, 실현하다

☐ recognize [rékəgnàiz] 통 인식하다, 인정하다

☐ reflect [riflékt] 통 반성하다, 반영하다, 반사하다

☐ remember [rimémbər] 통 기억하다

☐ share [ʃɛər] 통 함께 나누다, 공감하다

☐ think [θiŋk] 통 생각하다 ★thought 명 생각, 사고

☐ understand [ʌ̀ndərstǽnd] 통 이해하다 ★understanding 명 이해 misunderstanding 명 오해

The heaviest human brain ever recorded weighed about 5 pounds (2.3 kg).
지금까지 기록된 것 중에서 가장 무거운 사람의 두뇌는 약 5파운드(2.3kg)의 무게가 나갔다.

Step 3 의사소통 영단어! 교실 대화

A : May I ask a question?
B : Sure. What is it?

- ☐ **mean by**
  ㉮ …으로 의미하다
  What do you mean by that? 그게 무슨 뜻이지요?

- ☐ **ask a question**
  ㉮ 질문을 하다
  May I ask a question? 질문 하나 해도 될까요?

- ☐ **What do you call … in English?**
  ㉮ …를 영어로 무엇이라고 합니까?
  What do you call this in English?
  이것을 영어로 무엇이라고 합니까?

- ☐ **How do you say … in English?**
  ㉮ …를 영어로 어떻게 말합니까?
  How do you say this word in English?
  이 단어를 영어로는 어떻게 말합니까?

- ☐ **How do you spell …?**
  ㉮ …를 어떻게 씁니까? / 철자가 어떻게 됩니까?
  How do you spell it? 그것의 철자를 어떻게 씁니까?

POP QUIZ

1. What do you mean __________ that? 그게 무슨 뜻이지요?
2. How do you say this in English? = __________ do you call this in English? 이것을 영어로 무엇이라고 합니까?
3. How do you __________ that word? 그 단어 철자를 어떻게 쓰지요?

Answer 1. by 2. What 3. spell

Step 4 Myself 1일 체크

A 빈 칸에 들어갈 학과목을 보기에서 찾아 쓰시오.

science　　history　　geography

① In ________, we learn about the Earth, countries, and people.

② In ________, we learn things by careful testing.

③ In ________, we learn about the stories of the past.

B 서로 연관이 있는 것끼리 짝지으시오.

① biology, chemistry, physics　　• P.E.

② French, German, English　　• foreign language

③ running, jumping, playing　　• science

C 빈 칸에 들어갈 적절한 말을 보기에서 찾아 쓰시오.

forget　　expect　　explain　　share

① I can't understand what it means. Can you ________ it?

② It's very important. Don't ________ it.

③ You can ________ the room with me.

④ I ________ it will rain tomorrow.

Answer
A. ① geography 지리 ② science 과학 ③ history 역사
B. ① science 과학 ② foreign language 외국어 ③ P.E. 체육
C. ① explain 설명하다 ② forget 잊어버리다
③ share 함께 쓰다 ④ expect 기대하다, 예상하다

A teacher opens the door, but you enter by yourself.
선생님이 문은 열어 주지만, 너 혼자서 들어가는 것이다.
※ by oneself는 '혼자서, 홀로(alone)'의 뜻을 갖고 있다.

Day 35

Step 1 주제별 영단어! 농촌

My grandparents live in the countryside, not far from the city.
나의 조부모께서는 도시에서 멀지 않은 시골에 살고 있다.

- ☐ barn [bάːrn] 명 창고, 헛간
- ☐ cart [kaːrt] 명 수레
- ☐ cottage [kάtidʒ] 명 오두막집 *cf.* cabin 별장
- ☐ countryside [kʌ́ntrisàid] 명 시골 지역
- ☐ green house [griːn haus] 명 온실 ☼green house effect 온실 효과

- ☐ hay [hei] 명 건초
- ☐ hoe [hou] 명 괭이
- ☐ local [lóukəl] 형 지방의 ☼local news 지방 소식
- ☐ meadow [médou] 명 초원, 목초지 *cf.* swamp 습지
- ☐ province [prάvins] 명 지방

- ☐ rake [reik] 명 갈퀴
- ☐ ranch [ræntʃ] 명 목장 ☼sheep ranch 양목장
- ☐ rice paddy [rais pædiː] 명 논
- ☐ rural [rúərəl] 형 시골의 *cf.* urban 도시의 ☼rural life 시골 생활
- ☐ scarecrow [skέərkròu] 명 허수아비

- ☐ tractor [trǽktər] 명 트랙터
- ☐ well [wel] 명 우물
- ☐ windmill [wíndmìl] 명 풍차

Step 2 의미소통 영단어! 농업과 관련해 자주 쓰는 영단어

- ☐ acre [éikər] 명 에이커 (토지 면적 단위) ⇨ 1에이커는 약 4047㎡이다.
- ☐ agriculture [ǽgrikʌ̀ltʃər] 명 농업 ★ agricultural 형 농업의
- ☐ crop [krɑp] 명 작물
- ☐ dig [dig] 동 (땅을) 파다 (dig-dug-dug)
- ☐ farming [fɑ́:rmiŋ] 명 농업

- ☐ fertilizer [fə́:rtəlàizər] 명 비료
- ☐ gardening [gɑ́:rdniŋ] 명 원예, 정원 가꾸기
- ☐ grain [grein] 명 곡물, 곡류
- ☐ grow [grou] 동 재배하다, 기르다, 성장하다
- ☐ harvest [hɑ́:rvist] 명 수확, 추수 동 수확하다 ☼ harvest season 추수철

- ☐ mow [mou] 동 (풀을) 깎다 ☼ lawn mower 제초기
- ☐ plant [plænt] 동 심다 명 식물
- ☐ plow [plau] 동 (밭을) 갈다 ⇨ 'plough'로 철자를 쓰기도 한다.
- ☐ product [prɑ́dəkt] 명 제품 ☼ agricultural products 농산물
- ☐ raise [reiz] 동 기르다, 들어 올리다

- ☐ reap [ri:p] 동 수확하다
- ☐ sow [sou] 동 씨를 뿌리다
- ☐ weed [wi:d] 명 잡초 ☼ seaweed 해초(미역, 김 등)

Only four percent of Egypt's land can be used for farming.
이집트 국토의 4%정도만이 농업 용지로 사용될 수 있다.

Step 3 의사소통 영단어! 동의하기

A : I'm a little bit nervous.
B : Me, too.

☐ **agree with 사람 / agree to 사물(사실)**

구 …에 동의하다

I agree with you. 나는 네 말에 동의한다.
I agree to your proposal. 나는 너의 제안에 동의한다.

☐ **Me, too.**

문 나도 그래.

A : I'm a little bit nervous. 난 조금 긴장돼.
B : Me, too. 나도 그래.

☐ **Sounds good (to me).**

문 (내게는) 좋은 생각이야.

A : How about meeting at 5:00?
5시에 만나는 것이 어때?

B : Sounds good to me.
내게는 좋아. (= That's fine with me.)

☐ **Why not?**

문 왜 안 돼? 안 될 게 뭐야?

A : Let's give it a try! 한 번 시도해보자!
B : Why not? 안 될 게 뭐야?

POP QUIZ

1. Do you agree __________ me? 너는 나에게 동의를 하니?
2. That __________ good to me. 내게는 좋아.
3. A : How about going to the movies? 영화구경 가는 게 어때?
   B : __________ __________? 안 될 게 뭐야?

Answer 1. with 2. sounds 3. Why not

Step 4 Myself 1일 체크

A 다음 정의에 해당되는 단어를 보기에서 찾아 쓰시오.

cottage ranch barn

① __________ : a farm building used for keeping things

② __________ : a little house in the country

③ __________ : a place for raising cattle, horses, sheep, etc.

B 서로 연관이 있는 것끼리 짝을 지으시오.

① dried grass	• hay
② a tool for collecting things	• meadow
③ a grass field	• weeds
④ unwanted plants or grass	• rake

C 빈 칸에 들어갈 적절한 말을 보기에서 찾아 쓰시오.

plow reap sow

① Farmers __________ seeds in the springtime.

② Farmers __________ their land with tractors.

③ Farmers __________ their harvest in the autumn.

A. ① barn 창고 ② cottage 오두막집 ③ ranch 목장
B. ① hay 건초 ② rake 갈퀴 ③ meadow 목초지
④ weeds 잡초 *unwanted 원하지 않는
C. ① sow 뿌리다 ② plow[plough] 밭을 갈다 ③ reap 수확하다

As you sow, so shall you reap. (=Reap what you sow.)
뿌린 대로 거두리라.
※ [As S + V …, so …]는 '~처럼 그렇게'의 뜻을 갖고 있는 구문이다.

Day 36

Step 1 주제별 영단어! 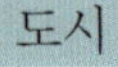 도시

What is the capital city of Canada?
캐나다의 수도가 어디인가요?

- ☐ capital [kǽpitl] 명 수도 형 으뜸가는, 수도의 ☼capital city 수도
- ☐ citizen [sítəzən] 명 시민 ☼Seoul citizen 서울 시민
- ☐ crowded [kráudid] 형 붐비는 ★crowd 명 군중 ☼be crowded with …로 붐비다
- ☐ downtown [dáuntáun] 명 시내, 중심가
- ☐ expensive [ikspénsiv] 형 비싼 *cf.* cheap 싼 reasonable 비싸지 않은, 적당한

- ☐ homeless [hóumlis] 형 집이 없는 ☼homeless people 집 없는 사람들
- ☐ lower [lóuər] 형 아래의, 하류의 ☼lower level 하위 수준 *cf.* upper 상위의, 상류의
- ☐ metropolitan city [mètrəpɑ́litən síti:] 명 대도시, 광역시 ☼Daegu metropolitan city 대구광역시
- ☐ noisy [nɔ́izi:] 형 시끄러운 ★noise 명 소음
- ☐ outskirts [àutskə̀:rts] 명 교외, 시외

- ☐ overcrowded [òuvərkráudid] 형 과밀한
- ☐ population [pɑ̀pjəléiʃən] 명 인구 *cf.* overpopulation 과잉 인구
- ☐ rush hour [rʌʃ áuər] 명 출퇴근 시간
- ☐ skyscraper [skàiskrèipər] 명 고층 건물
- ☐ suburb [sʌ́bə:rb] 명 교외 유 outskirts 교외 *cf.* urban 도시의 rural 시골의

- ☐ traffic jam [trǽfik dʒæm] 명 교통 체증
- ☐ upper [ʌ́pər] 형 상위의, 상류의 ☼upper class 상류 계층 *cf.* lower 아래의, 하류의
- ☐ urban [ə́:rbən] 형 도시의 *cf.* rural 시골의
- ☐ western-style [wéstərn stail] 형 서구 스타일의

Step 2 의미소통 영단어! 교통 표지판에 자주 쓰는 영단어

- ☐ avenue [ǽvənjùː] 명 길, 가 ☼5th Avenue 5번가
- ☐ bike lane [baik lein] 명 자전거 전용도로
- ☐ bridge [bridʒ] 명 다리
- ☐ exit [éksit] 명 출구 *cf.* entrance 입구
- ☐ freeway [fríːwèi] 명 고속도로 유 highway 고속도로

- ☐ main street [mein striːt] 명 번화가, 중심가
- ☐ parking [páːrkiŋ] 명 주차 ☼No Parking 주차금지 parking lot 주차장
- ☐ road [roud] 명 길, 도로 유 street 거리
- ☐ sidewalk [sáidwɔ̀ːk] 명 인도 *cf.* crosswalk 횡단보도
- ☐ signal [sígnəl] 명 신호

- ☐ speed limit [spiːd límit] 명 제한 속도
- ☐ terminal [tə́ːrmənəl] 명 터미널, 종착역, 종점 ☼bus terminal 버스 종점
- ☐ toll gate [toul geit] 명 톨게이트, 통행료 징수고
- ☐ traffic light [trǽfik lait] 명 교통 신호등
- ☐ yield [jiːld] 동 양보하다

Traffic jams are nothing new. In 45 BC, all vehicles, including horses, were not allowed in Rome because of traffic jams.

교통 체증은 새로운 것이 아니다. 기원전 45년에 말을 포함한 모든 운송 수단은 교통 체증 때문에 로마 시내에 허용되지 않았다.

Step 3 의사소통 영단어! 교통수단 말하기

A : How do you usually get to school?
B : I usually take the subway.

☐ **How do you get [go] to 명사?** 구 …에 어떻게 갑니까?

A : How do you usually get [go] to school[work]?
학교[직장]에 보통 어떻게 갑니까?

B : I usually take the subway. 대부분 지하철을 탑니다.

☐ **How long does it take …?** 구 …하는데 얼마나 걸립니까?

How long does it take from home to school?
집에서 학교까지 얼마나 걸립니까?

☐ **What is the best way to get to …?** 구 …까지 가는데 가장 좋은 방법은 무엇입니까?

What is the best way to get to the stadium?
경기장까지 가는데 가장 좋은 방법은 무엇입니까?

☐ **transfer / change trains** 구 갈아타다, 환승하다 / 기차를 갈아타다

At which station should I transfer? 어느 역에서 갈아타야 합니까?

POP QUIZ

1. How do you __________ to school? 학교에 어떻게 다니니?
2. What is the __________ way to get to the airport?
   공항으로 가는 가장 좋은 방법은 무엇이죠?
3. Please tell me where I should __________ .
   제가 어디에서 갈아타야 하는지 알려 주세요.

Answer 1. get [go] 2. best 3. transfer

Step 4 Myself 1일 체크

A 빈 칸에 들어갈 적절한 말을 쓰시오.

① Seoul, Tokyo, and Bangkok are the ________ cities of their countries.

② ________ is the number of people who live in one place.

B 서로 반대 의미를 가진 것끼리 연결하시오.

① cheap	• noisy
② rural	• expensive
③ lower	• upper
④ silent	• urban

C 서로 관련이 있는 것끼리 연결하시오.

① too many cars, slow speed	• exit
② a way out	• traffic jam
③ green, yellow, red	• sidewalk
④ the side of a street	• traffic light

A. ① capital 수도, 수도의 ② Population 인구
B. ① expensive 비싼 ② urban 도시의 ③ upper 상위의, 상류의 ④ noisy 시끄러운
C. ① traffic jam 교통 체증 ② exit 출구 ③ traffic light 신호등 ④ sidewalk 인도

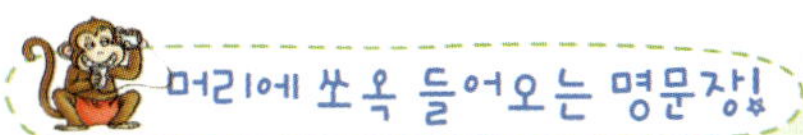

Words are the most powerful medicine used by people.
말은 사람에 의해 사용되는 것 중에 가장 강한 힘을 발휘하는 약이다.
※ used by people은 medicine을 수식하고 있다.

Day 37

Step 1 주제별 영단어! 화폐

Do you have change for a ten-dollar bill?
10달러짜리 지폐인데 거스름돈 있으세요?

- □ allowance [əláuəns] 명 (미국) 용돈
- □ bill [bil] 명 지폐 유 paper money 지폐
  ☼ ten dollar bill 10달러짜리 지폐
- □ cent [sent] 명 센트 유 penny 센트
- □ cash [kæʃ] 명 현금
- □ change [tʃeindʒ] 명 잔돈, 거스름돈

- □ check [tʃek] 명 수표, 계산서
  ☼ traveler's check 여행자 수표 checkbook 수표책
- □ coin [kɔin] 명 동전
- □ coupon [kjúːpɑn] 명 쿠폰, 회수권
- □ credit card [krédit kɑːrd] 명 신용카드
- □ currency [kə́ːrənsi] 명 통화 ☼ currency exchange 환전

- □ debit card [débit kɑːrd] 명 직불 카드
- □ dime [daim] 명 10센트
- □ dollar [dɑ́lər] 명 달러 유 buck 달러
- □ nickel [níkəl] 명 5센트
- □ note [nout] 명 지폐

- □ penny [péni] 명 1센트짜리 동전, 1페니
- □ pocket money [pɑ́kit mʌ́ni] 명 용돈 유 allowance 용돈
- □ quarter [kwɔ́ːrtər] 명 25센트
- □ traveler's check [trǽvlərs tʃek] 명 여행자 수표

Step 2 의미소통 영단어! 돈과 관련이 있는 영단어

- ☐ **borrow** [bɔ́(:)rou] 동 빌리다 *cf.* lend 빌려 주다
- ☐ **cost** [kɔ:st] 동 비용이 들다 명 비용, 경비
- ☐ **debt** [det] 명 빚, 부채 ★ debtor 명 채무자
- ☐ **deposit** [dipάzit] 동 예치하다 명 예치 ☼ deposit money 예치금
- ☐ **donate** [dóuneit] 동 기부하다 ★ donation 명 기부, 헌금

- ☐ **earn** [ə:rn] 동 벌다 ☼ earn [make] money 돈을 벌다
- ☐ **invest** [invést] 동 투자하다 ★ investment 명 투자
- ☐ **issue** [íʃu:] 동 발행하다 명 문제
- ☐ **lend** [lend] 동 빌려 주다
- ☐ **loan** [loun] 동 대출하다 명 대부, 대출 ☼ get a loan 돈을 빌리다

- ☐ **owe** [ou] 동 빚지다
- ☐ **pay** [pei] 동 지불하다 명 보수 ☼ monthly pay 월급
- ☐ **rent** [rent] 동 (돈을 주고) 빌리다 명 집세, 임대료
- ☐ **save** [seiv] 동 저금하다, 아끼다
- ☐ **send** [send] 동 보내다, 송금하다

- ☐ **spend** [spend] 동 소비하다
- ☐ **waste** [weist] 동 낭비하다
- ☐ **withdraw** [wiðdrɔ́:] 동 인출하다 ★ withdrawal 명 인출

One million dollars' worth of one-cent coins (100 million coins) weigh 246 tons.
백만 달러에 해당하는 1센트 동전(1억 개의 동전)은 246톤의 무게가 나간다.

Step 3 의사소통 영단어! 가능성 말하기

A : Which team do you think will win?
B : I bet our team will win.

☐ **may**[mei]

동 …일지 모른다, …해도 좋다

They may be able to help you.
그들이 너를 도와줄 수 있을지도 몰라.

☐ **maybe**[méibiː]
probably[prάbəbliː]

부 아마도

Maybe you should go first.
아마도 네가 먼저 가야 할 거 같아.

It will probably take more than 10 days.
아마도 10일 이상 걸릴 것이다.

☐ **be likely to …**

구 …할 것 같다

It is likely to rain this afternoon.
오늘 오후에 비가 올 것 같다.

☐ **I bet [guess] …**

구 나는 …라고 확신한다 [추측한다]

I bet[guess] our team will win.
나는 우리 팀이 이길 것이라고 확신한다[추측한다].

POP QUIZ

1. I __________ you had a great time.
   난 네가 즐거운 시간을 가졌을 것이라고 확신한다.
2. __________ I made a mistake. 아마도 내가 실수를 한 것 같아.
3. He is __________ to stay here for a week.
   그는 일주일 동안 이곳에 머물 것 같다.

Answer 1. bet 2. Maybe[Probably] 3. likely

Step 4 Myself 1일 체크

A 같은 의미를 가진 것끼리 연결하시오.

① 1 cent	• dime
② 5 cents	• quarter
③ 10 cents	• nickel
④ 25 cents	• penny

B 빈 칸에 적절한 말을 보기에서 찾아 쓰시오.

waste borrow lend earn

① Can I __________ some money from you?

② He worked very hard to __________ money for a living.

③ Could you __________ me some money?

④ Please don't __________ your time and money.

C 빈 칸에 적절한 말을 보기에서 찾아 쓰시오.

spend owe save pay

① I __________ him five dollars, so I said I could __________ him back in a week.

② Don't __________ a lot of money. You should __________ your money.

Answer A. ① penny 1센트 ② nickel 5센트 ③ dime 10센트 ④ quarter 25센트
B. ① borrow 빌리다 ② earn (돈을) 벌다 ③ lend 빌려 주다 ④ waste 낭비하다
C. ① owe 빚지다 – pay 지불하다 *pay back 갚다
② spend 소비하다 – save 절약하다, 저금하다

머리에 쏘옥 들어오는 명문장!

Kindness is the language which the deaf can hear and the blind can see.
친절은 귀먼 사람이 들을 수 있고 눈먼 사람이 볼 수 있는 언어이다.
※ the deaf, the blind처럼 'the 형용사'는 복수보통명사가 되어 '귀먼 사람들, 눈먼 사람들'이라는 뜻이 된다.

Day 38

은행

The bank teller asked me for my ID.
은행 직원은 나에게 신분증을 요구하였다.

- ☐ account number [əkáunt nʌ́mbər] 명 계좌번호
- ☐ accountant [əkáuntənt] 명 회계사
- ☐ ATM [eitiːem] 명 자동현금입출금기 (Automated-Teller Machine)
- ☐ bank account [bæŋk əkáunt] 명 은행 계좌
- ☐ bank balance [bæŋk bǽləns] 명 은행 잔고

- ☐ bank book [bæŋk buk] 명 은행 통장, 예금 통장
- ☐ bank teller [bæŋk télər] 명 (미국) 은행 금전출납원 유 cashier (영국) 은행 금전출납원
- ☐ cashier [kæʃíər] 명 (영국) 은행 금전출납원
- ☐ closing time [klóuziŋ taim] 명 폐점 시간 *cf.* opening hours 개점 시간
- ☐ credit [krédit] 명 신용 ☼credit card 신용 카드

- ☐ customer [kʌ́stəmər] 명 고객
- ☐ document [dákjəmənt] 명 서류, 문서
- ☐ ID [aidiː] 명 신분 ☼ID card 신분증 ⇨ 'identification'의 약어
- ☐ interest [íntərist] 명 이자
- ☐ piggy bank [pígi bæŋk] 명 돼지 저금통

- ☐ PIN [pin] 명 개인 식별 번호 (Personal Identification Number), 비밀번호
- ☐ signature [sígnətʃər] 명 서명
- ☐ stock [stak] 명 주식

Step 2 의미소통 영단어! 돈과 관련이 있는 명사

□ admission fee [ədmíʃən fiː] — 명 입장료 ★admit 동 인정하다 유 entrance fee 입장료

□ bribe [braib] — 명 뇌물

□ budget [bʌ́dʒit] — 명 예산

□ capital [kǽpitl] — 명 자본, 수도 형 으뜸가는 ★capitalism 명 자본주의

□ change [tʃeindʒ] — 명 거스름돈

□ charge [tʃɑːrdʒ] — 명 청구금, 수수료

□ expense [ikspéns] — 명 경비, 비용 ★expensive 형 비싼 유 cost 비용, 경비

□ fare [fɛər] — 명 운임 ☼bus fare 버스 운임

□ fee [fiː] — 명 보수, 사례금, 요금 유 pay 보수
☼school [tuition] fees 학비 service fee 수수료

□ fine [fain] — 명 벌금 ☼parking fine 주차 위반 벌금

□ fund [fʌnd] — 명 기금 ☼fund raising 기금 모금

□ income [ínkʌm] — 명 수입 ☼income tax 소득세

□ outgo [áutgóu] — 명 지출 유 expenses, expenditure 지출

□ tax [tæks] — 명 세금 ☼tax office 세무서

□ toll [toul] — 명 통행세, 사용료 ☼toll gate 통행세 징수소

□ wealth [welθ] — 명 부, 부유함 ★wealthy 형 부유한

Of the world's 6 billion people, more than 1.2 billion live on less than one dollar a day.
세계의 60억 인구 중에서 12억 이상이 하루에 1달러 미만으로 살고 있다.

Step 3 의사소통 영단어! 은행에서의 대화

A : May I help you?
B : I'd like to open an account.

□ open[close] an account 구 계좌를 열다 [폐쇄하다]

I'd like to open an account with this bank. 이 은행에 계좌를 열고 싶은데요.

□ deposit [withdraw] money / make a deposit [withdrawal] 구 예금하다 [출금하다]

I'd like to deposit some money into my account. 제 계좌로 돈을 좀 입금하고 싶습니다.

I'd like to withdraw some money. 통장에서 돈을 좀 찾고 싶습니다.

□ change money 구 돈을 바꾸다

Where can I change some money? 어디에서 돈을 바꿀 수 있지요?
Can I change this into smaller bills? 이걸 잔돈으로 바꿀 수 있을까요?

□ exchange rate 명 환율

What is the exchange rate today? 오늘 환율은 어떻게 되나요?

POP QUIZ

1. Where can I ________ a(n) ________ ? 어디에서 계좌를 열 수 있나요?
2. I want to ________ money into my account. 예금을 하고 싶은데요.
3. Could you tell me the ________ ________ today? 오늘 환율을 알려 주시겠습니까?

Answer 1. open - account 2. deposit 3. exchange rate

Step 4 Myself 1일 체크

A 다음 영어 정의에 해당하는 말을 쓰시오.

① __________ : a person who goes into a shop, bank, or office to do something

② __________ : a name that is written in your own way, often on a contract

B 빈 칸에 적절한 말을 찾아 쓰시오.

PIN	ATM	ID

① The bank is closed, so I have to use the ______________ to withdraw some money.

② Enter your __________ first.

③ Will you show me your __________?

C 제시된 어휘와 관련이 있는 것끼리 짝을 지으시오.

① When we ride from one place to another	• fare
② When we break the rule or law	• tax
③ When we make money	• fine

Answer A. ① customer 고객 ② signature 서명
B. ① ATM (Automated-Teller Machine) 자동현금입출금기
② PIN 비밀번호 ③ ID 신분
C. ① fare 운임 ② fine 벌금 ③ tax 세금

Yesterday is history. Tomorrow is a mystery. Today is a gift.
That is why it's called the present.
어제는 역사이고, 내일은 신비이다. 오늘은 선물이다. 그것이 우리가 오늘을 현재(선물)라고 부르는 이유이다.
※ present는 '현재의, 선물'이라는 뜻을 가지며, That is why는 '~하는 이유다'라고 해석하면 된다.

Day 39

Step I 주제별 영단어! 야외 활동

Oh, what a wonderful fireworks display!
오, 얼마나 멋진 불꽃놀이 쇼인가!

- □ activity [æktívəti:] 명 활동
- □ axe [æks] 명 도끼
- □ bonfire [bάnfàiər] 명 모닥불 유 campfire 모닥불
- □ campsite [kǽmpsàit] 명 야영지
- □ dew [dju:] 명 이슬

- □ fireworks [fáiərwə̀:rks] 명 불꽃, 불꽃놀이 ☼fireworks display 불꽃놀이
- □ flashlight [flǽʃlàit] 명 회중전등, 플래시, 손전등
- □ kite [kait] 명 연 ☼kite flying 연 날리기
- □ mat [mæt] 명 매트, 돗자리
- □ match [mætʃ] 명 성냥, 시합 *cf.* candle 양초

- □ outdoor [áutdɔ̀:r] 명 야외 *cf.* indoor 실내 ☼outdoor activity 야외활동
- □ paddle [pǽdl] 명 (카누 따위) 노, 탁구채 동 노를 젓다 유 oar 노 row 노를 젓다
- □ shade [ʃeid] 명 그늘
- □ shadow [ʃǽdou] 명 그림자
- □ sleeping bag [slí:piŋ bæg] 명 침낭
- □ tent [tent] 명 텐트
- □ torch [tɔ:rtʃ] 명 횃불

Step 2 의미소통 영단어! 취미를 나타내는 영단어

□ belly dance [béli dæns] 명 벨리댄스 *cf.* belly 배꼽

□ chess [tʃes] 명 체스, 서양장기

□ climbing [kláimiŋ] 명 등산하기 ☼mountain climbing 등산

□ collecting [kəléktiŋ] 명 수집 ☼collecting stamps 우표 수집

□ cooking [kúkiŋ] 명 요리하기

□ fishing [fíʃiŋ] 명 낚시

□ hiking [háikiŋ] 명 하이킹, 도보여행

□ hobby [hábi] 명 취미

□ horseback riding [hɔ́ːrsbæ̀k ráidiŋ] 명 승마

□ knitting [nítiŋ] 명 뜨개질

□ magic tricks [mǽdʒik tríks] 명 마술 *cf.* magician 마술사

□ martial arts [máːrʃəl ɑːrts] 명 무술
⇨ **taekwondo**(태권도), **kungfu**(쿵후), **karate**(가라테) 등을 말한다.

□ mountain biking [máuntən báikiŋ] 명 산악 자전거타기

□ painting [péintiŋ] 명 그림그리기

□ photography [fətágrəfi] 명 사진 유 picture 사진, 그림 ⇨ 줄여서 보통 '**photo**'로 쓴다.

□ rafting [rǽftiŋ] 명 급류타기, 래프팅 ☼whitewater rafting 급류타기

□ reading [ríːdiŋ] 명 독서, 읽기 ☼reading books 독서

Did You Know?

Ronald Reagan's favorite hobby was horseback riding.
레이건 대통령이 가장 좋아했던 여가 활동은 승마였다.

A : Could you please take our picture?
B : Sure.

☐ Please 동사	부 …해 주세요 Please help me. 저 좀 도와 주세요.
☐ Will [Can] you …?	구 …해 주실래요? Will you help me for a moment? 잠시 저 좀 도와 주실래요?
☐ Could [Would] you (please) …?	구 …해 주시겠습니까? Could you please take our picture? 사진 좀 찍어 주시겠습니까? Would you tell me your phone number? 전화번호 좀 알려 주시겠습니까?
☐ Let me 동사원형	구 제게 …하도록 해 주세요 Let me know by this time tomorrow. 내일 이 시간까지 알려 주세요. Let me ask you a question. 질문 하나 해도 괜찮겠지?

POP QUIZ

1. ________ me ________ when you come back.
   네가 언제 돌아올지 알려 줘.
2. ________ you help me for a moment? 잠시 도와주실래요?
3. ________ turn down that music. 음악 소리 좀 줄여 주세요.

Answer 1. Let - know 2. Would [Could, Will, Can] 3. Please

Step 4 Myself 1일 체크

A 영어 정의와 관련이 있는 것을 보기에서 찾아 쓰시오.

tent　　axe　　flashlight　　fireworks

① __________ : to cut down trees
② __________ : to light up the sky with multi-colored light
③ __________ : to sleep outside in a field
④ __________ : to light your way in the dark

B 제시된 어휘를 연관이 있는 것과 연결하시오.

① walking, some climbing　　• hiking
② taking pictures　　• martial arts
③ kungfu, karate, taekwondo　　• photography

C 다음 그림에 해당하는 취미를 영어로 쓰시오.

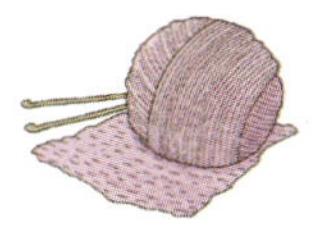

① __________ ② __________ ③ __________ ④ __________

Answer A. ① axe 도끼 ② fireworks 불꽃놀이 ③ tent 텐트 ④ flashlight 회중전등, 플래시
B. ① hiking 도보여행 ② photography 사진 ③ martial arts 무술
C. ① knitting 뜨개질 ② (mountain) climbing 등산
③ horseback riding 승마 ④ magic tricks 마술

Education is the passport to the future.
교육은 미래로 가는 여권이다.

Day 40

Step 1 주제별 영단어! 교통

Yesterday there was a traffic accident near our school.
어제 우리 학교 근처에서 교통사고가 있었다.

- ☐ **accident** [ǽksidənt] 명 사고 ☼traffic accident 교통사고
- ☐ **bike** [baik] 명 자전거 유 bicycle 자전거 ☼bike lane 자전거도로
- ☐ **fuel** [fjú:əl] 명 연료
- ☐ **intersection** [ìntərsékʃən] 명 교차로, 네거리
- ☐ **license** [láisəns] 명 면허, 면허증 ☼driver's license 운전면허증

- ☐ **motorcycle** [móutərsàikl] 명 오토바이 유 motorbike 오토바이
- ☐ **passenger** [pǽsəndʒər] 명 승객
- ☐ **railway station** [réilwèi stéiʃən] 명 기차역 유 railroad station 기차역
- ☐ **road** [roud] 명 길, 도로
- ☐ **street** [stri:t] 명 거리, 가로

- ☐ **subway** [sʌ́bwèi] 명 (미국) 지하철 유 tube (영국) 지하철 underground (영국) 지하철 metro (파리, 뉴욕 등의) 지하철
- ☐ **SUV** [esjuvi:] 명 스포츠용 차량 (Sports Utility Vehicle) *cf.* RV 레저용 차량 (Recreational Vehicle)
- ☐ **traffic rule** [trǽfik ru:l] 명 교통 법규
- ☐ **transportation** [trӕnspərtéiʃən] 명 교통수단 ★transport 동 운송하다, 수송하다 ☼public transportation 대중교통
- ☐ **vehicle** [ví:ikəl] 명 차량, 탈 것

Step 2 의미소통 영단어! 여행과 관련되어 자주 쓰는 동사

- ☐ **arrive** [əráiv] — 동 도착하다 ★arrival 명 도착
- ☐ **depart** [dipá:rt] — 동 출발하다 ★departure 명 출발
- ☐ **fly** [flai] — 동 비행하다, 날다 ★flight 명 비행
- ☐ **get on board** — 구 탑승하다, 승선하다
- ☐ **go camping** — 구 캠핑 가다

- ☐ **go hiking** — 구 하이킹을 가다, 도보 여행을 가다
- ☐ **go on a journey** — 구 여행을 가다
- ☐ **go on a voyage** — 구 항해하다
- ☐ **go sightseeing** — 구 관광 여행을 하다
- ☐ **land** [lænd] — 동 착륙하다 *cf.* take off 이륙하다

- ☐ **leave** [li:v] — 동 떠나다, 출발하다
- ☐ **sail** [seil] — 동 항해하다
- ☐ **see off** — 구 전송하다, 배웅하다 ☼go to see off 배웅하러 가다
- ☐ **take a bus [taxi, subway]** — 구 버스[택시, 지하철]를 타다
- ☐ **take a trip** — 구 여행을 하다

- ☐ **transfer** [trænsfə́:r] — 동 갈아타다
- ☐ **travel** [trǽvəl] — 동 여행하다

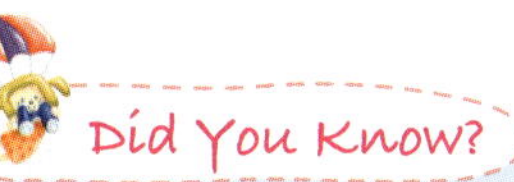

Captain Cook lost 41 of his 98 crew on his first voyage to the South Pacific in 1768. 쿠크 선장은 1768년 남태평양으로 향하던 첫 번째 항해에서 98명의 승무원 중 41명을 잃었다.

Step 3 의사소통 영단어! 경험 말하기

A : Which countries have you been to?
B : I've been to China and Japan.

□ **have been to**

구 …에 갔다 오다

A : Which countries have you been to?
어느 나라에 갔다 왔니?

B : I've been to China and Japan.
중국과 일본에 갔다 왔어.

□ **Have you ever 과거완료 …?**

구 너는 …한 적이 있니?

Have you ever met anyone famous?
너는 유명한 사람을 만나본 적이 있니?

□ **experience** [ikspíəriəns]

동 경험하다 명 경험

I had a very pleasant experience there.
나는 그 곳에서 아주 즐거운 경험을 하였다.

□ **I haven't 과거완료 … / I have never 과거완료 …**

구 …한 적이 없다 / …한 적이 결코 없다

I haven't seen him before.
나는 그를 전에 본 적이 없다.

POP QUIZ

1. ________ you________ to Mt. Geumgang? 금강산에 가본 적이 있니?
2. I had a wonderful ________ this summer.
   나는 이번 여름에 멋진 경험을 하였다.
3. ________ you________ him before? 그를 전에 만나본 적이 있니?

Answer 1. Have - been 2. experience 3. Have - met

Step 4 Myself 1일 체크

A 다음 정의에 해당하는 단어를 보기에서 찾아 쓰시오.

passenger accident vehicle

① __________ : It carries goods or people from place to place.

② __________ : It happens by chance and is always unexpected.

③ __________ : It means a person who travels in a plane, boat, train, car, etc.

B 빈 칸에 적절한 말을 보기에서 찾아 쓰시오.

license intersection fuel

① Cars can't run without __________.

② It is against the law to drive without a(n) __________.

③ The place where two or more roads meet is called a(n) __________ .

C 빈 칸에 들어갈 적절한 말을 보기에서 찾아 쓰시오.

travel
leave
arrive

① The bus will __________ at the airport.

② What time will the train __________ the station?

③ I like to __________ by car.

Answer A. ① vehicle 차량, 탈 것 ② accident 사고 *by chance 우연히 unexpected 예측되지 않은 ③ passenger 승객
B. ① fuel 연료 ② license 면허증 ③ intersection 교차로
C. ① arrive 도착하다 *arrive at …에 도착하다 ② leave 출발하다 ③ travel 여행하다

Respect others, and you'll be respected.
다른 사람을 존중하라. 그러면 존중받게 될 것이다.
※ [명령문, and S + V]는 '~하라, 그러면 ~할 것이다'의 뜻을 갖는다.

Jokes for Today

1

Patient	Doctor, I have a serious memory problem. I can't remember anything!
Doctor	How long have you had this problem?
Patient	What problem?

□serious 심각한

환자	의사 선생님, 제 기억력에 심각한 문제가 있어요. 어떤 것도 기억할 수가 없어요!
의사	얼마 동안 이런 문제를 갖고 있었습니까?
환자	무슨 문제 말입니까?

2

Daughter	Dad, can you write in the dark?
Dad	I think so. What is it you want me to write?
Daughter	Your name on this report card.

딸	아빠, 어두운 곳에서 글씨를 쓸 수 있어요?
아빠	그럴걸. 써 주기를 원하는 것이 무엇이지?
딸	이 성적표에 아빠 이름이요.

3

Christopher Columbus was the best dealer in history. He left not knowing where he was going, and arrived, not knowing where he was. He returned not knowing where he had been, and did it all on borrowed money.

□dealer 거래자, 상인 □borrow 빌리다

콜럼버스는 역사상 최고의 장사꾼이었다. 어디로 가는지 모르고 출발하여, 어디인지도 모르고 도착했다. 그는 어디에 있었는지 모르고 돌아왔고, 이 모든 것을 빌린 돈으로 해 냈다.

4 Customer Waiter, this lobster has only one claw.
Waiter I expect he's been in a fight, sir.
Customer Well, then, please bring me the winner!

□customer 손님, 고객 □lobster 가재 □claw 발, 발톱 □expect 기대하다

손님 웨이터, 이 가재는 발이 하나밖에 없는데.
웨이터 손님, 그 녀석이 싸운 것 같은데요.
손님 그러면 이긴 녀석으로 가져와요!

5 Patient How much to have this tooth pulled?
Dentist $90.00.
Patient $90.00 for just a few minutes work?
Dentist I can extract it very slowly if you like.

□dentist 치과 의사 □extract 뽑다

환자 이를 뽑는 데 비용이 얼마나 듭니까?
치과 의사 90달러요.
환자 단지 몇 분 동안에 90달러라고요?
치과 의사 당신이 원하신다면 아주 천천히 뽑아 드릴 수 있습니다.

6 Man My wife wants to lose weight. That's why she rides horseback all the time.
Friend And what's the result?
Man The horse lost 10 kilos last week.

□lose weight 살을 빼다 □result 결과

남자 내 아내는 살을 빼려고 해. 그것이 그녀가 항상 승마를 하는 이유이지.
친구 그러면 결과가 어떻게 되었는데?
남자 말이 지난 주에 10킬로그램이나 빠졌지.

Day 41

Step 1 주제별 영단어! 여행

Nowadays more and more people go abroad.
요즘에 점점 더 많은 사람들이 해외로 나간다.

- ☐ abroad [əbrɔ́:d] 부 해외에, 해외로 ☼go abroad 해외로 가다
- ☐ airfare [ɛərfɛ́ər] 명 항공요금
- ☐ airport [ɛ́ərpɔ̀:rt] 명 공항 ☼international airport 국제공항
- ☐ aisle [ail] 명 복도, 통로 ☼aisle seat 통로 측 좌석
- ☐ baggage claim [bǽgidʒ kleim] 명 수하물 찾는 곳

- ☐ boarding [bɔ́:rdiŋ] 명 탑승 ☼boarding gate 탑승 게이트 boarding pass 탑승권
- ☐ captain [kǽptin] 명 기장, 선장
- ☐ customs [kʌ́stəmz] 명 세관
- ☐ destination [dèstənéiʃən] 명 목적지, 도착지
- ☐ flight attendant [flait əténdənt] 명 승무원 유 steward 남자승무원 stewardess 여자승무원

- ☐ holiday [hάlədèi] 명 휴일
- ☐ information center [ìnfərméiʃən séntər] 명 안내소
- ☐ lost and found [lɔ(:)st ænd faund] 명 분실물 센터
- ☐ port [pɔ:rt] 명 항구
- ☐ tour [tuər] 명 여행 ★tourist 명 여행객 ☼tour guide 여행 안내원
- ☐ travel agent [trǽvəl éidʒənt] 명 여행사 직원 ★travel agency 명 여행사
- ☐ vacation [veikéiʃən] 명 방학, 휴가
- ☐ voyage [vɔ́iidʒ] 명 항해

Step 2 의미소통 영단어! 여행 소지품을 나타내는 명사

- ☐ air ticket [ɛər tíkit] 명 항공권 유 plane [flight] ticket 항공권
- ☐ backpack [bǽkpæ̀k] 명 배낭
- ☐ battery [bǽtəri] 명 건전지
- ☐ carry-on bag [kǽri ɔːn bæg] 명 기내용 가방 *cf.* luggage 큰 가방, 짐
- ☐ charger [tʃáːrdʒər] 명 충전기

- ☐ hair dryer [hɛər dráiər] 명 헤어 드라이기 유 blow dryer 헤어 드라이기
- ☐ luggage [lʌ́gidʒ] 명 (미국) 화물, 짐 유 baggage (영국) 화물, 짐
- ☐ passport [pǽspɔ̀ːrt] 명 여권
- ☐ phone card [foun kaːrd] 명 전화카드 ☼ international phone card 국제전화카드
- ☐ razor [réizər] 명 면도기

- ☐ sandals [sǽndlz] 명 샌들
- ☐ suitcase [súːtkèis] 명 가방, 여행용 가방, 서류가방
- ☐ sun glasses [sʌn glæsiz] 명 선글라스
- ☐ sun block [sʌn blɑk] 명 자외선 차단용 선크림 유 sun screen 선크림
- ☐ tripod [tráipɑd] 명 삼각대
- ☐ watch [wɑtʃ] 명 시계

Every year, more than 60 million tourists visit France, a country of only 60 million people. 매년 6천만 명 이상의 관광객이 6천만 인구를 가진 나라인 프랑스를 방문한다.

Step 3 의사소통 영단어! 공항 출국장에서의 대화

A : Would you like a window seat or an aisle seat?
B : An aisle seat, please.

☐ **make a reservation for a flight to** 구 …로 가는 항공권을 예약하다

Can I make a reservation for a flight to New York, please?
뉴욕으로 가는 항공권을 예약할 수 있습니까?

☐ **confirm** [kənfə́ːrm] 동 확인하다

I'd like to confirm my flight, please. 제 항공 예약 사항을 확인하고 싶은데요.

☐ **a window seat / an aisle seat** 구 창측 좌석 / 복도측 좌석

I'd like a window seat [an aisle seat]. 창측[복도측] 좌석을 원합니다.

☐ **boarding time / boarding gate / boarding pass** 구 탑승 시간 / 탑승구 / 탑승권

What is the boarding time? 탑승 시간은 언제입니까?

Where is the boarding gate? 탑승구가 어디입니까?

Please show your boarding pass at the gate. 출입구에서 탑승권을 보여 주세요.

POP QUIZ

1. I'd like to ________ my flight schedule. 제 항공 일정을 확인하고 싶은데요.
2. Can I make a ________ for a flight to Bangkok?
   방콕 가는 항공권을 예약할 수 있습니까?
3. Where can I find the ________ ________? 탑승구가 어디지요?

Answer 1. confirm 2. reservation 3. boarding gate

Step 4 Myself 1일 체크

A 서로 연결하여 쓸 수 있는 것끼리 짝을 지으시오.

① travel	• agent
② tour	• attendant
③ flight	• guide

B 제시된 용도와 관련이 있는 것끼리 연결하시오.

① to shave hair	• hair dryer
② to dry hair	• razor
③ to fill batteries	• charger

C 다음 그림에 해당하는 단어를 보기에서 쓰시오.

carry-on bag information center lost & found luggage

① ________ ② ________ ③ ________ ④ ________

Answer A. ① travel agent 여행사 직원 ② tour guide 여행 안내원
③ flight attendant 승무원
B. ① razor 면도기 ② hair dryer 헤어 드라이기 ③ charger 충전기 *fill 채우다
C. ① lost & found 분실물 센터 ② information center 안내소
③ carry-on bag 기내용 가방 ④ luggage [baggage] 짐, 화물

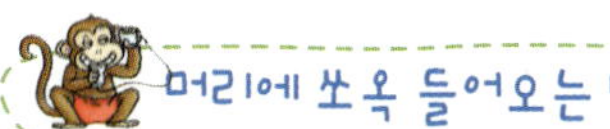

T · E · A · M: Together Everyone Achieves More.
팀: 모두가 함께하면 더 많은 것을 성취한다.
※ achieve는 '달성하다, 성취하다'의 뜻을 가진다.

Day 42

Step 1 주제별 영단어! 스포츠

The K-1 heavyweight title match will be held tonight.
K-1 헤비급 타이틀전이 오늘 밤에 개최될 것이다.

- ☐ amateur[ǽmətʃùər] 명 아마추어, 비전문가 *cf.* professional 프로 선수
- ☐ athlete[ǽθliːt] 명 운동선수
- ☐ gymnast[dʒímnæst] 명 체조선수
- ☐ horse-racing [hɔːrs réisiŋ] 명 경마 *cf.* horseback riding 승마
- ☐ marathon[mǽrəθàn] 명 마라톤 ★marathoner 명 마라톤 선수

- ☐ match[mætʃ] 명 시합, 경기 ☼title match 타이틀 전 soccer match 축구시합
- ☐ motor-racing [móutər réisiŋ] 명 자동차 경주
- ☐ MVP[emviːpiː] 명 최우수선수(Most Valuable Player)
- ☐ professional[prəféʃənəl] 명 직업 선수, 프로 선수
- ☐ record[rékərd] 명 기록 ☼world record 세계 기록

- ☐ referee[rèfəríː] 명 심판
- ☐ skill[skil] 명 기능, 기술
- ☐ spectator[spékteitər] 명 관중, 구경꾼 유 audience 관중
- ☐ televise[téləvàiz] 동 (TV) 중계를 하다 유 broadcast 방송하다
- ☐ uniform[júːnəfɔ̀ːrm] 명 제복 ☼school uniform 교복
- ☐ volleyball[válibɔ̀ːl] 명 배구 ☼beach volleyball 비치발리볼
- ☐ weight lifting [weit líftiŋ] 명 역도, 역기
- ☐ whistle[hwísəl] 명 호각, 휘파람 동 호각을 불다, 휘파람을 불다

Step 2 의미소통 영단어! 운동과 관련되어 자주 쓰는 동사

☐ beat [biːt] 동 때리다, 이기다

☐ climb [klaim] 동 오르다

☐ compete [kəmpíːt] 동 경쟁하다, 시합하다 ★competition 명 경쟁, 시합

☐ defeat [difíːt] 동 패배시키다, 이기다

☐ dive [daiv] 동 잠수하다, 다이빙하다 ★diving 명 잠수, 다이빙

☐ exercise [éksərsàiz] 동 운동하다, 연습하다 명 운동, 연습

☐ fight [fait] 동 싸우다

☐ hit [hit] 동 때리다, 치다

☐ jump [dʒʌmp] 동 뛰어 오르다

☐ kick [kik] 동 (발로) 차다

☐ miss [mis] 동 놓치다, 실수하다

☐ race [reis] 동 경주하다 명 경주

☐ receive [risíːv] 동 받다 *cf.* serve (테니스 등) 서브하다

☐ ride [raid] 동 (자전거, 말 등) 타다
☼ride a bike 자전거를 타다 ride a horse 말을 타다

☐ score [skɔːr] 동 기록하다, 득점하다
☼score a point [goal] 득점하다 [골을 넣다]

☐ shoot [ʃuːt] 동 사격하다, 총을 쏘다(shoot-shot-shot) ★shooting 명 사격

☐ throw [θrou] 동 던지다

☐ train [trein] 동 훈련시키다 ★training 명 훈련

The first modern Olympic Games were held in Athens, Greece in 1896. There were 311 male but no female athletes. 최초의 근대 올림픽 경기는 1896년 그리스의 아테네에서 열렸다. 311명의 남자 선수가 있었지만, 여자 선수는 없었다.

Step 3 의사소통 영단어! 공항 입국장에서의 대화

A : Where can I get my bags?
B : Right over there.

□ get my bags / pick up my bags 구 가방을 찾다

A : Where can I get my bags? 가방을 어디에서 찾을 수 있지요?
B : Right over there. 바로 저기에 있습니다.

□ declare [diklέər] 동 신고하다

A : Do you have anything to declare? 신고할 물건이 있습니까?
B : No, nothing. 아니오, 없습니다.

□ purpose [pə́ːrpəs] 명 목적

A : What's the purpose of your visit? 방문 목적이 무엇이지요?
B : I came here for a vacation. 휴가를 보내기 위해 이곳에 왔습니다.

□ Here it is. / Here you are. 문 여기에 있습니다.

A : Do you have a return ticket? 귀국 항공편이 있습니까?
B : Yes, here it is. 예, 여기 있습니다.

POP QUIZ

1. I have nothing to ________. 신고할 물건이 없습니다.
2. Where can I ________ my baggage? 제 짐을 어디에서 찾을 수 있나요?
3. A : Can I see your passport? 여권 좀 볼 수 있을까요?
   B : Yes, ________ ________ ________. 예, 여기 있습니다.

Answer 1. declare 2. get [pick up, find] 3. here it is [here you are]

Step 4 Myself 1일 체크

A 서로 연결하여 쓸 수 있는 것끼리 짝을 지으시오.

① amateur	• match
② school	• boxing
③ title	• uniform

B 빈 칸에 적절한 말을 보기에서 찾아 쓰시오.

beat shoot receive ride

① Jim did his best to ________ Sam in the race.

② Jane will ________ a trophy for winning the marathon.

③ Jack likes to ________ a bike.

④ Hunters ________ at wild animals with guns.

C 다음 그림에 해당하는 스포츠를 쓰시오.

① ________ ② ________ ③ ________ ④ ________

Answer A. ① amateur boxing 아마추어 권투 ② school uniform 교복
③ title match 타이틀 전
B. ① beat 이기다 ② receive 받다 ③ ride 타다 ④ shoot 사격하다
C. ① volleyball 배구 ② weight lifting 역도
③ horse-racing 경마 경기 ④ marathon 마라톤

Success is measured by effort.
성공은 노력에 의해 평가된다.
※ measure은 '측정하다, 평가하다, 재다'의 뜻을 갖고 있다.

Day 43

Step I 주제별 영단어! 종교

The temple of Emerald Buddha is one of the most famous places in Thailand.
에메랄드 부처 사원은 태국에서 가장 유명한 곳 중의 하나이다.

- □ Bible [báibəl] 명 성경
- □ cathedral [kəθíːdrəl] 명 (천주교) 성당
- □ chapel [tʃǽpəl] 명 예배당
- □ church [tʃəːrtʃ] 명 (기독교) 교회
- □ faith [feiθ] 명 믿음, 신앙 ★faithful 형 신앙심이 깊은, 충성스러운

- □ Heaven [hévən] 명 천국, 천당 *cf.* Hell 지옥 ☼Stairway to Heaven 천국의 계단
- □ Hell [hel] 명 지옥 *cf.* Heaven 천국
- □ hymn [him] 명 찬송가
- □ idol [áidl] 명 우상
- □ magic [mǽdʒik] 명 마력, 마술 ★magician 명 마술사

- □ mass [mæs] 명 (천주교) 미사
- □ pray [prei] 동 기도하다 ★prayer 명 기도, 기도문, 기도하는 사람
- □ religion [rilídʒən] 명 종교 ★religious 형 종교의
- □ sermon [səːrmən] 명 설교
- □ shrine [ʃrain] 명 사원

- □ soul [soul] 명 영혼
- □ temple [témpəl] 명 (불교) 절
- □ worship [wəːrʃip] 동 숭배하다 명 숭배, 예배

Step 2 의미소통 영단어! 종교와 관련되어 자주 쓰는 명사

- ☐ angel [éindʒəl] 명 천사
- ☐ bishop [bíʃəp] 명 주교
- ☐ Buddhist [bú:dist] 명 불교신자 ★Buddha 명 부처 Buddhism 명 불교
- ☐ clergy [klə́:rdʒi] 명 (집합적) 성직자
- ☐ devil [dévl] 명 악마 *cf.* evil 악

- ☐ ghost [goust] 명 유령
- ☐ god [gɑd] 명 신 *cf.* goddess 여신
- ☐ minister [mínistər] 명 목사
- ☐ monk [mʌŋk] 명 수도승
- ☐ nun [nʌn] 명 수녀

- ☐ pastor [pǽstər] 명 목사
- ☐ pilgrim [pílgrim] 명 순례자
- ☐ Pope [poup] 명 교황
- ☐ priest [pri:st] 명 (기독교) 성직자
- ☐ saint [séint] 명 성자, 성인 ☼Saint Paul 성 바울

- ☐ witch [witʃ] 명 마녀
- ☐ wizard [wízərd] 명 마법사 ☼The Wizard of Oz 오즈의 마법사

Dogs are mentioned 14 times in the Bible, and lions 55 times, but cats are not mentioned at all.
개는 성경에서 14번 언급되었고 사자는 55번 언급되었지만, 고양이는 전혀 언급되지 않았다.

Step 3 의사소통 영단어! 설명하기

A : Do you know why this happened?
B : Let me tell you why.

□ **Can [Could] you explain ...?** 구 …을 설명해 줄 수 있니?

Can you explain the difference between the two?
둘 사이의 차이점을 설명해 주겠니?

□ **Can you tell me why ... ?** 구 …한 이유를 말해 줄 수 있니?

Can you tell me why this happened?
왜 이런 일이 일어났는지 말해 줄 수 있니?

□ **Let me explain ... / Let me tell ...** 구 내가 …을 설명해 줄게. / 내가 …을 말해 줄게.

Let me explain what you should do. 네가 무엇을 해야 하는지 설명해 줄게.
Let me tell you why. 내가 너에게 왜 그런지 말해 줄게.

□ **The reason is that ...** 구 이유는 …이다

The reason is that I can't write English well.
이유는 내가 영어로 잘 쓸 수 없다는 것이다.

POP QUIZ

1. Can you ________ it in detail? 그것을 상세하게 설명해 줄 수 있겠니?
2. Can you tell me ________ you were late this morning?
   오늘 아침 왜 늦었는지 말해 줄래?
3. The ________ is that I have no time. 이유는 내게 시간이 없다는 것이다.

Answer 1. explain 2. why 3. reason

Step 4 Myself 1일 체크

A 다음 정의에 해당하는 단어를 보기에서 찾아 쓰시오.

hymn　　magic　　pray

① ________ : a power that makes the impossible happen

② ________ : to speak to God or make a wish

③ ________ : a religious song

B 서로 연관이 있는 것끼리 짝을 지으시오.

① Buddha	• church
② God	• heaven
③ sermon	• priest
④ angel	• temple

C 서로 반대 의미를 가진 것끼리 연결하시오.

① body	• devil
② Heaven	• Hell
③ angel	• soul
④ witch	• wizard

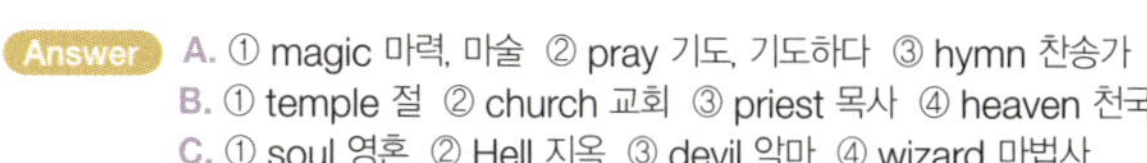

Winners are too busy to be sad and too positive to be doubtful.
승리자는 너무 바빠서 슬플 겨를이 없고, 너무나 긍정적이어서 의심을 할 수가 없다.
※「too 형용사 to 동사」는 '너무 ~해서 ~할 수 없다, ~하기에는 너무 ~하다'의 뜻이다.

Day 44

Step 1 주제별 영단어! 생각과 감정

What is your first impression of Korea?
한국에 대한 당신의 첫인상은 어떻습니까?

- ☐ affection [əfékʃən] 명 애정 ★affectionate 형 다정한
- ☐ belief [bilíːf] 명 믿음, 신념 ★believe 동 믿다
- ☐ desire [dizaiər] 명 욕망, 욕구 동 바라다, 원하다
- ☐ emotion [imóuʃən] 명 감정, 정서 ★emotional 형 정서적인
- ☐ feeling [fíːliŋ] 명 감정, 느낌

- ☐ hate [heit] 명 증오 동 증오하다 유 dislike 싫어하다
- ☐ hope [houp] 명 희망 동 바라다, 희망하다
- ☐ idea [aidíːə] 명 생각, 아이디어
- ☐ imagination [imæ̀dʒənéiʃən] 명 상상 ★imagine 동 상상하다
- ☐ impression [impréʃən] 명 인상 ☼first impression 첫인상

- ☐ jealousy [dʒéləsi] 명 시기, 질투 ★jealous 형 시기하는, 질투하는
- ☐ knowledge [nálidʒ] 명 지식
- ☐ memory [méməri] 명 기억 ★memorize 동 암기하다
- ☐ mind [maind] 명 생각
- ☐ mood [muːd] 명 분위기, 기분

- ☐ opinion [əpínjən] 명 의견
- ☐ passion [pǽʃən] 명 정열, 열정 ★passionate 형 열정적인
- ☐ thought [θɔːt] 명 생각, 사고 ★think 동 생각하다

Step 2 의미소통 영단어! 부정적인 의미를 가진 형용사

- ☐ afraid [əfréid] 형 두려워하는 ☼be afraid of …을 두려워하다
- ☐ angry [ǽŋgri] 형 화를 내는 ★anger 명 분노, 화
- ☐ anxious [ǽŋkʃəs] 형 걱정하는, 염려하는
- ☐ ashamed [əʃéimd] 형 부끄러워하는 ☼be ashamed of …을 부끄럽게 여기다
- ☐ bad [bæd] 형 나쁜

- ☐ bored [bɔ:rd] 형 지루한, 지겨운 *cf.* boring 재미없는
- ☐ crazy [kréizi] 형 미친 유 mad 미친, 제정신이 아닌, 화난
- ☐ foolish [fú:liʃ] 형 바보 같은, 어리석은 유 stupid, silly 어리석은, 바보 같은
- ☐ idle [áidl] 형 게으른 유 lazy 게으른, 나태한
- ☐ impossible [impάsəbəl] 형 불가능한 *cf.* possible 가능한

- ☐ lazy [léizi] 형 게으른 *cf.* diligent 근면한
- ☐ lonely [lóunli] 형 외로운
- ☐ sad [sæd] 형 슬픈 유 sorrowful 슬픈
- ☐ shocked [ʃɔkt] 형 충격을 받은
- ☐ strange [streindʒ] 형 이상한, 낯선 유 weird 이상한

- ☐ stupid [stjú:pid] 형 어리석은, 바보 같은
- ☐ tired [taiərd] 형 지친, 피곤한 유 exhausted 녹초가 된
- ☐ upset [ʌpsét] 형 못마땅한, 당황한, 짜증난
- ☐ worried [wə́:rid] 형 걱정하는 ☼be worried about …을 걱정하다

Did You Know?

Walt Disney was once fired by a newspaper editor for lack of imagination.
월트 디즈니는 상상력 부족을 이유로 한 신문 편집자에 의해 해고된 적이 있었다.

Step 3 의사소통 영단어! 발표하기

My topic today is Korean hiphop music and dance.

☐ My topic today is … 구 오늘 나의 주제는 …이다

My topic today is Korean hiphop music and dance.
오늘 나의 주제는 한국 힙합음악과 춤입니다.

☐ Let me tell you about … 구 …에 대하여 말하겠다

Let me tell you about the importance of our environment.
우리 환경의 중요성에 대하여 여러분에게 말씀드리겠습니다.

☐ for example / for instance 구 예를 들어

For example, people have their own opinions.
예를 들어, 사람들은 각자의 의견을 갖고 있습니다.

☐ in conclusion / in short / in a word 구 결론적으로 / 간단히 말해서 / 한 마디로

In short, we have to make choices carefully.
간단히 말해서, 우리는 선택을 신중히 해야 합니다.

POP QUIZ

1. ____________ ____________, there are three types of people.
예를 들어, 세 가지 유형의 사람들이 있다.

2. My ____________ today is school violence.
오늘 나의 주제는 학교 폭력입니다.

3. ____________ ____________ ____________, we have to respect each other. 한 마디로, 우리는 서로 존중해야 합니다.

Answer 1. For example [For instance] 2. topic 3. In a word [In short]

Step 4 Myself 1일 체크

A 제시된 어휘와 관련이 있는 것끼리 짝을 지으시오.

① happiness, anger, sadness • affection
② strong love • emotion
③ an idea about something • opinion

B 반대 의미를 가진 것끼리 연결하시오.

① happy • lazy
② clever • boring
③ diligent • sad
④ interesting • stupid

C 빈 칸에 적절한 단어를 보기에서 찾아 쓰시오.

afraid ashamed lonely upset

① When you are angry, you feel ________.
② When you are alone, you feel ________.
③ When you make a mistake, you feel ________.
④ When you are shocked, you feel ________.

Answer A. ① emotion 정서 ② affection 애정 ③ opinion 의견
B. ① sad 슬픈 ② stupid 어리석은 ③ lazy 게으른 ④ boring 재미없는
C. ① upset 못마땅한, 짜증난, 당황한 ② lonely 외로운
③ ashamed 수치스러운 ④ afraid 두려워하는

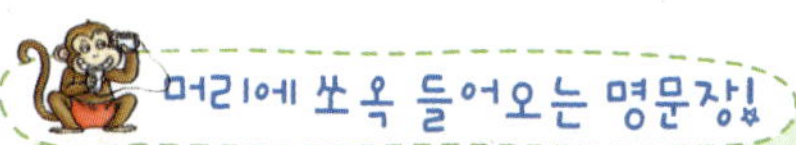

Be part of the solution, not part of the problem.
문제의 한 부분이 되지 말고, 해결의 한 부분이 되어라.

Day 45

Step 1 주제별 영단어! 발명품

Would you show me how to use the washing machine?
세탁기 사용법을 알려 주시겠습니까?

- ☐ automobile [ɔ́:təməbì:l] 명 자동차
- ☐ camcorder [kǽmkɔ̀:rdər] 명 캠코더 ⇨ camera+recorder가 합쳐져서 camcorder로 됨
- ☐ cell phone [selfoun] 명 휴대전화 유 mobile phone 이동전화
- ☐ electricity [ilèktrísəti] 명 전기 ★electric 형 전기의
- ☐ fax machine [fæks məʃí:n] 명 팩스기 유 facsimile 팩스기, 팩스밀리

- ☐ helicopter [hélikɑ̀ptər] 명 헬리콥터
- ☐ home theater [houm θí(:)ətər] 명 안방극장
- ☐ invention [invénʃən] 명 발명품, 발명 ★invent 동 발명하다
- ☐ magnet [mǽgnit] 명 자석 ★magnetic 형 자석의
- ☐ microphone [máikrəfòun] 명 마이크

- ☐ microwave oven [máikrouwèiv ʌ́vən] 명 전자레인지
- ☐ photocopier [fóutoukɑ̀piər] 명 복사기 유 copy machine 복사기 ⇨ 상표 이름을 따서 xerox라고 하기도 함
- ☐ sewing machine [sóuiŋ məʃí:n] 명 재봉틀
- ☐ telephone [téləfòun] 명 전화
- ☐ telescope [téləskòup] 명 망원경

- ☐ typewriter [táipràitər] 명 타자기
- ☐ vending machine [vendiŋ məʃí:n] 명 자동판매기
- ☐ washing machine [wɑ́ʃiŋ məʃí:n] 명 세탁기 *cf.* dishwasher 식기세척기

Step 2 의미소통 영단어! 과학과 관련해 자주 쓰는 동사와 형용사

- ☐ develop [divéləp] 동 개발하다, 발달하다 ★development 명 발전, 발달
- ☐ discover [diskʌ́vər] 동 발견하다 ★discovery 명 발견
- ☐ experiment [ikspérəmənt] 동 실험하다 명 실험
- ☐ invent [invént] 동 발명하다 ★invention 명 발명
- ☐ prevent [privént] 동 막다, 예방하다 ★prevention 명 예방
- ☐ prove [pru:v] 동 입증하다 ★proof 명 증거

- ☐ amazing [əméiziŋ] 형 놀라운
- ☐ brand-new [brǽndnjù:] 형 신상품의, 아주 새로운
- ☐ convenient [kənví:njənt] 형 편리한 ★convenience 명 편리 *cf.* inconvenient 불편한
- ☐ important [impɔ́:rtənt] 형 중요한
- ☐ outstanding [àutstǽndiŋ] 형 뛰어난, 눈에 띄는

- ☐ portable [pɔ́:rtəbl] 형 휴대용의, 간편한 ☼portable radio 휴대용 라디오
- ☐ powerful [páuərfəl] 형 강력한, 힘이 센
- ☐ scientific [sàiəntífik] 형 과학적인
- ☐ technical [téknikəl] 형 기술적인, 기술의

Leonardo da Vinci never built the inventions he designed.
레오나르도 다빈치는 자신이 고안해 낸 발명품들을 결코 만든 적이 없다.

Step 3 의사소통 영단어! 제안하기

A : Why not have lunch together now?
B : That sounds good.

□ How [What] about 동사 + ing [명사] …? 구 …하는 것이 어때?

How about going to a football game tonight?
오늘 밤에 축구경기 보러 가는 것이 어때?

□ Would you like …? 구 …하겠니?

Would you like something to drink? 마실 것 좀 드실래요?

□ What do you think of [about] …? 구 …에 대하여 어떻게 생각하니?

What do you think of asking Sue?
Sue에게 물어보는 것에 대하여 어떻게 생각하니?

□ Why not 동사원형 … ? 구 …하는 것이 어때?

Why not have lunch together now? = Why don't we have lunch together now? 지금 함께 점심 식사를 하는 것이 어때?

POP QUIZ

1. ________ ________ going to the movies tonight?
오늘 밤 영화 보러 가는 게 어때?

2. ________ do you think of his plan? 그의 계획에 대하여 어떻게 생각하니?

3. Why don't we have lunch together? = ________ ________ have lunch together? 함께 점심 식사를 하는 것이 어때?

Answer 1. How about[What about] 2. What 3. Why not

Step 4 Myself 1일 체크

A 빈 칸에 들어갈 말을 보기에서 찾아 쓰시오.

vending machine	cell phone	camcorder

① When you want to buy something to drink, you use a _____.

② When you want to make a home movie, you use a ________.

③ When you want to talk with your friend, you use a _______.

B 정의에 해당하는 말을 보기에서 찾아 쓰시오.

telescope	microphone	magnet

① __________ : It attracts things made of iron or steel.

② __________ : It makes sound louder.

③ __________ : It helps us to see things that are far away.

C 서로 연결하여 쓸 수 있는 것끼리 짝을 지으시오.

① portable • story

② convenient • radio

③ amazing • time

A. ① vending machine 자동판매기 ② camcorder 캠코더 ③ cell phone 휴대전화
B. ① magnet 자석 *iron 철, 쇠 steel 강철 ② microphone 마이크
③ telescope 망원경
C. ① portable radio 휴대용 라디오 ② convenient time 편리한 시간
③ amazing story 놀라운 이야기

Your actions speak louder than your words.
말보다는 행동이 더 많은 것을 말해 준다.

Day 46

Step 1 주제별 영단어! 대중매체와 컴퓨터

Where did you buy your laptop computer?
노트북을 어디에서 구입했니?

- ☐ access [ǽkses] 명 접근 ☼Internet access 인터넷 연결
- ☐ auction [ɔ́:kʃən] 명 경매 ☼Internet auction 인터넷 경매
- ☐ cartoon [kɑ:rtú:n] 명 만화 ★cartoonist 명 만화가
- ☐ comic strip [kámik strip] 명 연재만화
- ☐ commercials [kəmə́:rʃəls] 명 광고 ☼TV commercials TV 광고

- ☐ educational program [édʒukèiʃənəl próugræm] 명 교육 방송, 교육 프로그램
- ☐ function [fʌ́ŋkʃən] 명 기능 ☼function key 기능 키
- ☐ live [laiv] 형 생중계의 ☼live concert 현지 공연, 라이브 공연
- ☐ laptop [lǽptɑ̀p] 명 노트북 *cf.* desktop 데스크탑, 책상용 컴퓨터
- ☐ magazine [mæ̀gəzí:n] 명 잡지

- ☐ mass communication [mæs kəmjù:nəkéiʃən] 명 대중 전달, 대중 소통, 매스커뮤니케이션
- ☐ mass media [mæs mí:diə] 명 (TV, 라디오, 신문 등과 같은) 대중매체
- ☐ mobile phone [móubail foun] 명 이동 전화 유 cell phone 휴대 전화
- ☐ news article [nju:z ɑ́:rtikl] 명 신문 기사
- ☐ opinion poll [əpínjən poul] 명 여론 조사

- ☐ soap opera [soup ɑ́pərə] 명 연속극
- ☐ sports event [spɔ:rts ivént] 명 스포츠 행사

Step 2 의미소통 영단어! · 통신 매체와 관련해 자주 쓰는 동사

- ☐ advertise [ǽdvərtàiz] 동 광고하다 ★advertisement 명 광고
- ☐ broadcast [brɔ́:dkæ̀st] 동 방송하다 *cf.* forecast (날씨) 예보하다
- ☐ communicate [kəmjú:nəkèit] 동 소통하다 ★communication 명 소통, 의사소통
- ☐ connect [kənékt] 동 연결하다
- ☐ delete [dilí:t] 동 삭제하다

- ☐ edit [édit] 동 편집하다 ★edition 명 편집
- ☐ input [ínpùt] 동 입력하다 명 입력 *cf.* output 출력하다, 출력
- ☐ insert [insə́:rt] 동 삽입하다, 넣다
- ☐ install [instɔ́:l] 동 설치하다 ★installment 명 설치
- ☐ paste [peist] 동 붙이다 ☼cut and paste 잘라 붙이기

- ☐ publish [pʌ́bliʃ] 동 출판하다 ★publisher 명 출판사
- ☐ register [rédʒəstər] 동 등록하다 ★registration 명 등록
- ☐ restore [ristɔ́:r] 동 복구하다
- ☐ search [sə:rtʃ] 동 찾다, 검색하다 명 검색 ☼search engine 검색 엔진
- ☐ surf [sə:rf] 동 검색하다, 정보를 찾다 ☼surf the net 인터넷 상에서 검색을 하다
- ☐ upload [ʌ́plòud] 동 탑재하다, 올리다 *cf.* download 내려 받다

In 1982, Time magazine named the computer its "Man of the Year."
1982년 타임지는 컴퓨터를 "금년의 인물"로 명명하였다.

Step 3 의사소통 영단어! 전화 대화

A : Hello. Can I speak to Mr. Jones?
B : Just a moment, please.

☐ **This is ... speaking [calling]** 구 저는 ...입니다

This is Young-mi speaking. 저는 영미인데요.

☐ **speak to ...** 구 ...와 통화를 하다

Can [May] I speak to Mr. Jones? Jones씨와 통화를 할 수 있을까요?
I'd like to speak to Karen. Karen과 통화를 하고 싶은데요.

☐ **leave a message / take a message** 구 메시지를 남기다 / 메시지를 받다

Could I leave a message? 메시지를 남겨도 될까요?
Can I take a message? 제가 메시지를 받아도 될까요?

☐ **have the wrong number** 구 전화를 잘못 걸다

I'm sorry. You have the wrong number. 죄송합니다. 전화를 잘못 거셨네요.

POP QUIZ

1. This is Sue __________. 저는 Sue입니다.
2. Will you __________ me a message? 메시지를 남겨 주시겠습니까?
3. Sorry, you have the__________ number.
   죄송합니다만 전화를 잘못 거셨네요.

Answer 1. speaking [calling] 2. leave 3. wrong

Step 4 Myself 1일 체크

A 서로 연결하여 쓸 수 있는 것끼리 짝을 지으시오.

① news	• opera
② opinion	• poll
③ soap	• article
④ Internet	• auction

B 영어 정의에 해당되는 말을 보기에서 찾아 쓰시오.

cartoon　　magazine　　advertisement

① __________ : It tells you about something for sale.

② __________ : It is a funny drawing or a short film.

③ __________ : It has many stories and pictures.

C 빈 칸에 적절한 말을 보기에서 찾아 쓰시오.

communicate　　install　　broadcast

① We use languages to __________ with each other.

② I don't know how to __________ this program.

③ CNN will __________ the event to more than 50 countries.

Answer A. ① news article 신문기사 ② opinion poll 여론조사
③ soap opera 연속극 ④ Internet auction 인터넷 경매
B. ① advertisement 광고 ② cartoon 만화 ③ magazine 잡지
C. ① communicate 소통하다 ② install 설치하다
③ broadcast 방영하다

You'll never regret doing the right thing.
옳은 일을 한 것에 대해서는 결코 후회하지 않을 것이다.
※ regret는 '후회하다'의 뜻으로, 항상 [동사 + -ing] 형태인 동명사를 목적어로 취한다.

Day 47

Step 1 주제별 영단어! 시간

I have a tight schedule this afternoon.
나는 오늘 오후 일정이 꽉 짜여 있다.

☐ calendar [kǽlindər] 명 달력

☐ century [séntʃuri] 명 100년, 세기 ☼21st Century 21세기

☐ future [fjú:tʃər] 명 미래 ☼in the future 미래에

☐ half [hæf] 명 절반, 반 ☼half an hour 30분

☐ hour [áuər] 명 시간 ☼working hours 근무 시간

☐ midnight [mídnàit] 명 한밤중

☐ minute [mínit] 명 (시간의) 분

☐ moment [móumənt] 명 순간

☐ month [mʌnθ] 명 달, 개월 *cf.* year 년, 해

☐ past [pæst] 명 과거 형 지난, 과거의 ☼in the past 과거에

☐ period [píəriəd] 명 시기, 기간 ☼2nd period 제2교시

☐ present [prézənt] 명 현재 형 현재의 ☼at present 현재에

☐ quarter [kwɔ́:rtər] 명 4분의 1

☐ schedule [skédʒu(:)l] 명 일정, 스케줄 ☼tight schedule 꽉 짜여진 일정

☐ season [sí:zən] 명 계절 ☼four seasons 사계절

☐ second [sékənd] 명 (시간의) 초

☐ sunrise [sʌ́nràiz] 명 일출 *cf.* sunset 일몰

☐ timetable [táimtèibl] 명 시간표, 시각표

Step 2 의미소통 영단어! 시간을 나타낼 때 자주 쓰는 부사

☐ **ago** [əgóu] — 부 …전에, …이전에
☼a long time ago 오래 전에 5 years ago 5년 전에

☐ **all day long** — 구 하루 종일 *cf.* all night 밤새도록

☐ **at the same time** — 구 동시에

☐ **before long** — 구 머지않아 유 soon 곧

☐ **early** [ə́ːrli] — 부 일찍 *cf.* late 늦은, 늦게

☐ **for a long time** — 구 오랫동안

☐ **from time to time** — 구 때때로, 가끔 유 sometimes 가끔 occasionally 때때로

☐ **last night** — 구 어젯밤, 어젯밤에

☐ **lately** [léitli] — 부 최근에 유 recently 최근에

☐ **later** [léitər] — 부 나중에 ☼two days later 이틀 후에

☐ **punctually** [pʌ́ŋktʃuəli] — 부 정각에, 제시간에 유 on time 정각에 *cf.* in time 시간에 맞춰

☐ **recently** [ríːsəntli] — 부 최근에 유 lately 최근에

☐ **right now** — 구 당장에, 곧바로 유 right away 곧장

☐ **soon** [suːn] — 부 곧, 바로

☐ **still** [stil] — 부 아직도, 여전히

☐ **the day after tomorrow** — 구 모레

☐ **the day before yesterday** — 구 그저께, 엊그제

In the Arctic, the sun sometimes appears to be square.
북극에서는 태양이 가끔 사각형으로 보인다.

Step 3 의사소통 영단어! 시간 관련 대화

A : What time should we meet?
B : Let's meet at five o'clock.

□ **What's the date? / What day is it?** 뭔 며칠인가요? / 무슨 요일이지요?

What's the date today? = What date is it today? 오늘이 며칠이지요?
What day is it today? 오늘이 무슨 요일이지요?

□ **Do you have the time? / What time is it?** 뭔 지금 몇 시인가요?

Excuse me, do you have the time? 실례합니다. 지금 몇 시인가요?
cf. Do you have time? 시간 있어요?

□ **What time should we meet?** 뭔 우리 몇 시에 만날까?

A : What time should we meet? 우리 몇 시에 만날까?
B : Let's meet at five o'clock. 5시에 만나자.

□ **Let's meet ..., shall we?** 뭔 우리 …만나자, 그럴까?

Let's meet at five this afternoon, shall we? 우리 오후 5시에 만나자, 그럴까?

POP QUIZ

1. What time is it? = Do you have __________ __________ ?
   지금 몇 시인가요?
2. What __________ is it today? 오늘이 무슨 요일이지요?
3. Let's go swimming this afternoon, __________ __________?
   우리 오늘 오후에 수영하러 가자, 그럴까?

Answer 1. the time 2. day 3. shall we

Step 4 Myself 1일 체크

A 서로 관련이 있는 것끼리 짝을 지으시오.

① 100 years	• half
② $\frac{1}{2}$	• quarter
③ $\frac{1}{4}$	• century

B 빈 칸에 들어갈 말을 쓰시오.

① One hour has 60 __________ .

② There are four __________ : spring, summer, fall, and winter.

③ One minute has 60 __________ .

④ One year has 12 __________ .

C 다음 우리말과 같은 뜻이 되도록 쓰시오.

① 동시에 ⇨ __________ ② 하루 종일 ⇨ __________

③ 아직도, 여전히 ⇨ __________ ④ 최근에 ⇨ __________

⑤ 머지않아, 곧 ⇨ __________ ⑥ 당장에, 곧바로 ⇨ __________

D 논리적인 순서에 맞도록 빈 칸을 채우시오.

① past ⇨ __________ ⇨ future

② __________ ⇨ yesterday ⇨ today ⇨ tomorrow ⇨ __________

Answer A. ① century 세기 ② half 절반, 반 ③ quarter 4분의 1
B. ① minutes ② seasons ③ seconds ④ months
C. ① at the same time ② all day (long) ③ still
④ lately [recently] ⑤ before long [soon] ⑥ right now [right away]
D. ① present 현재
② the day before yesterday 그저께 the day after tomorrow 모레

Learning! It's not homework; it's lifework.
학문! 그것은 숙제가 아니라, 평생 동안 할 일이다.

Day 48

Step 1 주제별 영단어! 건강과 질병

I have a terrible stomachache.
배가 많이 아파요.

- ☐ addiction [ədíkʃən] 명 중독 ☼drug addiction 마약 중독, 약물 중독
- ☐ allergy [ǽlərdʒi] 명 알레르기 ★allergic 형 알레르기가 있는
- ☐ blood pressure [blʌd préʃər] 명 혈압 ☼high [low] blood pressure 고혈압 [저혈압]
- ☐ cancer [kǽnsər] 명 암 ☼stomach cancer 위암 lung cancer 폐암
- ☐ disease [dizí:z] 명 질병

- ☐ fever [fí:vər] 명 열 ☼slight fever 약간의 열, 미열
- ☐ flu [flu:] 명 독감 ☼bird flu 조류 독감 ⇨ influenza의 줄임말
- ☐ headache [hédèik] 명 두통 ☼have a headache 두통이 있다
- ☐ heart attack [hɑ:rt ətǽk] 명 심장마비
- ☐ hurt [hə:rt] 동 다치다, 다치게 하다

- ☐ infection [infékʃən] 명 감염 ★infect 동 감염시키다
- ☐ injury [índʒəri] 명 부상 ★injure 동 상처를 입히다
- ☐ motion sickness [móuʃən síknis] 명 멀미 *cf.* car sickness 차멀미 sea sickness 배멀미
- ☐ obesity [oubí:səti] 명 비만 유 overweight 비만, 과체중
- ☐ scar [skɑ:r] 명 상처
- ☐ stomachache [stʌ́məkèik] 명 복통
- ☐ suffer [sʌ́fər] 동 고통 받다 ★suffering 명 고통 ☼suffer from …로 고통을 받다
- ☐ symptom [símptəm] 명 증세
- ☐ toothache [tú:θèik] 명 치통 ☼terrible [serious] toothache 심한 치통

Step 2 의미소통 영단어! 건강 상태를 나타내는 영단어

- □ alive [əláiv] 형 살아있는 *cf.* dead 죽은
- □ bleeding [blí:diŋ] 형 피를 흘리는, 출혈하는 ★bleed 동 피를 흘리다 blood 명 피
- □ broken [bróukən] 형 부러진 ☼broken arms 팔 골절
- □ chronic [kránik] 형 만성적인 ☼chronic disease 만성병
- □ dangerous [déindʒərəs] 형 위험한, 위태로운 ★danger 명 위험

- □ dead [ded] 형 죽은, 사망한 *cf.* alive 살아있는
- □ emergency [imə́:rdʒənsi] 명 위급, 긴급 ☼emergency room 응급실(E.R.)
- □ exhausted [igzɔ́:stid] 형 녹초가 된
- □ healthy [hélθi] 형 건강한 ★health 명 건강 *cf.* unhealthy 건강이 좋지 않은
- □ ill [il] 형 아픈 ★illness 병 유 sick 병든, 아픈

- □ painful [péinfəl] 형 고통스러운, 통증이 있는 ★pain 명 고통
- □ serious [síəriəs] 형 심각한, 진지한 유 terrible 심각한
- □ sick [sik] 형 아픈 ★sickness 명 병 유 illness 병
- □ sore [sɔ:r] 형 통증이 있는, 아픈 ☼sore throat 목통증
- □ swollen [swóulən] 형 부어오른
- □ wounded [wú:ndid] 형 부상당한, 상처를 입은 ★wound 명 상처, 부상

Women, according to a U.S. National Health Survey team, have more headaches than men. 미국 국립 건강 조사 연구팀에 의하면 여자가 남자보다 두통이 더 많다.

Step 3 의사소통 영단어! 증세 말하기

A : What's the problem?
B : I have a terrible toothache.

□ **have a cold / have the flu** 구 감기에 걸리다 / 독감에 걸리다

I have a cold and a bad cough. 감기에 걸렸고 기침이 아주 심한데요.

□ **have a headache [stomachache, toothache]** 구 두통[복통, 치통]이 있다

I have a terrible toothache. 치통이 무척 심한데요.

□ **have a sore throat** 구 목에 통증이 있다

I have a sore throat and a runny nose. 목에 통증이 있고 콧물이 나는데요.

□ **have a high [slight] fever** 구 고열[미열]이 있다

I have a slight fever and my head hurts. 열이 약간 있고 머리가 아픈데요.

POP QUIZ

1. I have a ________ throat and a ________ fever.
   목에 통증이 있고 열이 많습니다.
2. I have a ________ and my body aches all over.
   감기에 걸렸고 온 몸이 쑤셔요.
3. I have a terrible ________ and ________. 두통과 치통이 심합니다.

Answer 1. sore - high 2. cold 3. headache - toothache

Step 4 Myself 1일 체크

A 서로 연결하여 쓸 수 있는 것끼리 짝을 지으시오.

① blood	• addiction
② drug	• flu
③ bird	• pressure
④ motion	• sickness

B 제시된 어휘와 의미가 비슷한 것끼리 연결하시오.

① sickness, illness	• fever
② a high body temperature	• symptom
③ a condition of illness	• disease
④ harm or damage	• injury

C 의미가 비슷한 것끼리 연결하시오.

① tired	• exhausted
② sore	• sick
③ ill	• painful

Answer A. ① blood pressure 혈압 ② drug addiction 약물 중독
③ bird flu 조류 독감 ④ motion sickness 멀미
B. ① disease 질병 ② fever 열 ③ symptom 증세 ④ injury 부상
C. ① exhausted 녹초가 된 ② painful 통증이 있는 ③ sick 아픈, 병든

Anger is only one letter short of DANGER.
분노(Anger)는 위험(Danger)이라는 단어에서 단지 철자 한 개만 부족하다.
※ 두 단어는 철자 한 개만이 다를 뿐이니 '화를 내면 위험하다'는 의미를 지닌다.

Day 49

Step 1 주제별 영단어! 의학

Take this medicine every 8 hours.
이 약을 여덟 시간마다 드세요.

- ☐ check-up [tʃékʌp] 명 검진, 검사 ☼health check-up 건강검진
- ☐ cure [kjuər] 동 치료하다 유 heal 치료하다 treat 처치하다, 치료하다
- ☐ diagnose [dáiəgnòus] 동 진단하다 ★diagnosis 명 진단
- ☐ drug [drʌg] 명 약, 마약 유 medicine 약 ☼drug store 약국
  ⇨ 보통 약국을 pharmacy라고 한다.
- ☐ heal [hiːl] 동 치료하다 유 cure 치료하다

- ☐ hospital [háspitl] 명 병원 *cf.* clinic 의원 ☼general hospital 종합병원
- ☐ ICU [aisiːjuː] 명 중환자실(Intensive Care Unit)
- ☐ inject [indʒékt] 동 주사하다 ★injection 명 주사
- ☐ medicine [médəsən] 명 약 ★medication 명 약물 처리, 투약
- ☐ nerve system [nəːrv sístəm] 명 신경 조직

- ☐ operate [ápərèit] 동 수술하다 ★operation 명 수술 유 surgery 수술
- ☐ painkiller [péinkìlər] 명 진통제
- ☐ pill [pil] 명 알약 유 tablet 정제, 알약 ☼sleeping pill 수면제
- ☐ prescribe [priskráib] 동 처방하다 ★prescription 명 처방, 처방전
- ☐ recover [rikʌ́vər] 동 회복하다 ★recovery 명 회복 유 get over 회복하다, 극복하다
- ☐ surgery [sə́ːrdʒəri] 명 외과 수술 ☼plastic surgery 성형수술
- ☐ treat [triːt] 동 치료하다 ★treatment 명 치료

Step 2 의미소통 영단어! 병원과 관련되어 자주 쓰는 영단어

- ☐ **animal doctor** [ǽnəməl dάktər] — 명 수의과 의사 ⇨ 의학용어로는 vet라고도 한다.
- ☐ **assistant** [əsístənt] — 명 조교 ☼lab assistant 실험실 조교
- ☐ **counselor** [káunsələr] — 명 상담자
- ☐ **dentist** [déntist] — 명 치과의사
- ☐ **lab tech** [læb tek] — 명 실험실 기술자

- ☐ **medical doctor** [médikəl dάktər] — 명 의사
- ☐ **nurse** [nəːrs] — 명 간호사
- ☐ **patient** [péiʃənt] — 명 환자
- ☐ **pharmacist** [fάːrməsist] — 명 약사 유 chemist (영국) 약사 ⇨ druggist는 잘 사용하지 않는다.
- ☐ **physician** [fizíʃən] — 명 내과의사 *cf.* surgeon 외과의사

- ☐ **receptionist** [risépʃənist] — 명 수납원
- ☐ **staff** [stæf] — 명 직원
- ☐ **surgeon** [sə́ːrdʒən] — 명 외과의사 *cf.* physician 내과의사
- ☐ **technologist** [tèknəlάdʒist] — 명 기술자
- ☐ **therapist** [θérəpist] — 명 치료사 ★therapy 명 치료

Adolf Hitler's mother seriously considered having an abortion but it was refused by her doctor. 히틀러의 어머니는 낙태를 진지하게 고려하였지만, 의사에 의해 거절되었다.

Step 3 의사소통 영단어! 과거 사실 묻기

A : What did you do after school?
B : I went home early.

□ **What happened …?** 구 … 무슨 일이 일어났니?
What happened next [last night]? 그 다음에[어젯밤에] 무슨 일이 일어났니?

□ **What were you doing when [while] …?**
구 …할 때[동안] 너는 무엇을 하고 있었니?
What were you doing while you were there?
너는 그곳에 있는 동안 무엇을 하고 있었니?

□ **Why didn't you …?** 구 너는 왜 …하지 않았니?
Why didn't you come to the party on Saturday?
토요일 파티에 왜 오지 않았니?

□ **What did you do after …?** 구 …다음에 무엇을 하였니?
What did you do after school? 학교가 끝난 다음에 무엇을 했니?
What did you do after lunch today? 오늘 점심 식사 후에 무엇을 했니?

POP QUIZ

1. What ________ to you? 너에게 무슨 일이 일어났니?
2. What ________ ________ ________ after the party?
   파티가 끝난 다음에 너는 무엇을 했니?
3. What ________ ________ ________ when I called you?
   내가 전화했을 때 너는 무엇을 하고 있었니?

Answer 1. happened 2. did you do 3. were you doing

Step 4 Myself 1일 체크

A 빈 칸에 적절한 말을 보기에서 찾아 쓰시오.

hospital	medicine	diagnose

① If you are ill, __________ will help you get well.

② If you are ill, you go to a __________.

③ If you are ill, a doctor will __________ your sickness.

B 서로 비슷한 의미를 가진 것끼리 연결하시오.

① get over	• recover
② heal, treat	• check-up
③ examination	• cure

C 빈 칸에 적절한 말을 보기에서 찾아 쓰시오.

dentist	pharmacist	patient

① If you are sick and go to see a doctor, you're a __________.

② If you have a toothache, you should go to see a __________.

③ If you want to buy some medicine, you can go to see a _______.

Answer
A. ① medicine 약 ② hospital 병원 ③ diagnose 진단하다
B. ① recover 회복하다 ② cure 치료하다 ③ check-up 검진, 검사
C. ① patient 환자 ② dentist 치과의사 ③ pharmacist [chemist] 약사

Decide what is right, instead of who is right.
누가 옳은가 대신에 무엇이 옳은가를 결정하라.
※ instead of는 '~대신에'라는 뜻을 지닌다.

Day 50

Step 1 주제별 영단어! 예술과 음악

What musical instruments can you play?
어떤 악기를 연주할 수 있니?

- ☐ architecture [ɑ́ːrkətèktʃər] 명 건축, 건축술 ★architect 명 건축가
- ☐ art [ɑːrt] 명 예술 ★artist 명 예술가 ☼fine art 미술
- ☐ concert [kɑ́nsə(ː)rt] 명 연주회 ☼live concert 라이브 공연 concert hall 연주회장
- ☐ creative [kriːéitiv] 형 창조적인 ★create 동 창조하다
- ☐ fine art [fain ɑːrt] 명 미술

- ☐ gallery [gǽləri] 명 화랑 ☼art gallery 화랑, 미술관
- ☐ masterpiece [mǽstərpìːs] 명 걸작
- ☐ musical instrument [mjúːzikəl ínstrəmənt] 명 악기
- ☐ orchestra [ɔ́ːrkəstrə] 명 오케스트라
- ☐ original [ərídʒənəl] 형 독창적인, 기원이 되는 ★origin 명 기원, 시초

- ☐ perform [pərfɔ́ːrm] 동 공연하다, 수행하다 ★performance 명 공연
- ☐ portrait [pɔ́ːrtrit] 명 초상화
- ☐ scene [siːn] 명 (영화 등의) 장면 ★scenery 명 경치
☼last scene 마지막 장면
- ☐ statue [stǽtʃuː] 명 조상, 상 유 sculpture 조각품
☼The Statue of Liberty 자유의 여신상
- ☐ symphony [símfəni] 명 교향곡, 심포니
- ☐ talent [tǽlənt] 명 재능 ★talented 형 재능이 있는 유 gift (천부적인) 재능
- ☐ technique [tekníːk] 명 기법
- ☐ works of art [wəːrks ʌv ɑːrt] 명 예술품 유 artwork 예술품

Step 2 의미소통 영단어! 예술인을 나타내는 영단어

- □ actor [ǽktər] 명 배우 *cf.* actress 여배우
- □ architect [ɑ́:rkitèkt] 명 건축가
- □ artist [ɑ́:rtist] 명 예술가
- □ cartoonist [kɑ:rtú:nist] 명 만화가
- □ composer [kəmpóuzər] 명 작곡가

- □ conductor [kəndʌ́ktər] 명 지휘자
- □ dancer [dǽnsər] 명 댄서, 무용수
- □ designer [dizáinər] 명 디자이너 ☼fashion designer 의상 디자이너
- □ entertainer [èntərtéinər] 명 연예인 *cf.* celebrity 유명인사, 연예인
- □ film director [film direktər] 명 영화감독 유 movie director 영화감독

- □ illustrator [íləstrèitər] 명 삽화가 ★illustration 명 삽화
- □ movie star [mú:vi stɑ:r] 명 영화배우 유 film star 영화배우
- □ musician [mju:zíʃən] 명 음악가
- □ painter [péintər] 명 화가
- □ poet [póuit] 명 시인 ★poem 명 시
- □ photographer [fətɑ́grəfər] 명 사진작가
- □ sculptor [skʌ́lptər] 명 조각가

Did You Know?

Indian actress Manorama has played the most roles in movie history. She began her career in 1958 and in 1985 had appeared in her 1,000th movie.

인도의 배우인 Manorama는 영화사에서 가장 선도적인 역할을 해왔다. 그녀는 1958년에 배우 직업을 시작하여 1985년에는 그녀의 1,000번째 영화에 출연을 하였다.

Step 3 의사소통 영단어! 지시하기

A : What's next?
B : The next step is to press the OK button.

□ **Before you begin [start], you should ...** 구 시작하기 전에 …을 해야 한다

Before you begin, you should check the system.
시작하기 전에 시스템을 점검해야 한다.

□ **The first [next] thing you do is ...** 구 네가 제일 먼저[그 다음에] 할 일은 …이다

The first thing you do is log in. 제일 먼저 할 일은 로그인을 하는 것이다.

□ **The next step is ...** 구 다음 단계는 …이다

The next step is to press the OK button.
다음 단계는 OK 버튼을 누르는 일이다.

□ **Don't forget to 동사 ...** 구 …하는 것을 잊지 마라

Don't forget to turn off the switch. 스위치 끄는 것을 잊지 마라.

POP QUIZ

1. __________ you start, please read this page.
시작하기 전에 이 페이지를 읽어 보세요.

2. The __________ __________ you do is log in.
제일 먼저 할 일은 로그인을 하는 것이다.

3. Don't forget __________ __________ the door.
문 잠그는 것을 잊지 마라.

Answer 1. Before 2. first thing 3. to lock

Step 4 Myself 1일 체크

A 빈 칸에 적절한 말을 보기에서 찾아 쓰시오.

gallery	masterpiece	portrait

① A __________ is a picture of a person.

② You go to a __________ to see works of art.

③ The Mona Lisa is Leonardo Da Vinch's most famous _____.

B 다음 제시된 단어의 주제어를 쓰시오.

__________ : piano, cello, flute, trumpet, drum, etc.

C 다음 제시된 어휘와 연관이 있는 것끼리 짝을 지으시오.

① beautiful, building, design • statue

② sculpture, a person or thing • architecture

D 정의에 해당하는 단어를 보기에서 찾아 쓰시오.

actor	poet	composer

① someone who performs in a movie or a play
⇨ __________

② someone who writes music such as Beethoven or Bach ⇨ __________

③ someone who writes poems ⇨ __________

Answer A. ① portrait 초상화 ② gallery 화랑 ③ masterpiece 걸작
B. musical instrument 악기
C. ① architecture 건축 ② statue 조상, 상
D. ① actor 배우 ② composer 작곡가 ③ poet 시인

머리에 쏘옥 들어오는 명문장!

Success! Don't just wish for it. Work for it.
성공! 단순히 그것을 바라지 마라. 그것을 위해 노력하라.

Fun Word Definitions

☐ adult [ədʌ́lt] 성인 ㈜ grown-up

a person who has stopped growing at both ends and is now growing in the middle

「양쪽 끝의 성장이 멈추고 가운데가 자라기 시작하는 사람」

☐ antique [æntíːk] 골동품

an item your grandparents bought, your parents got rid of, and you're buying again

「조부모가 사들이고, 부모가 버리고(get rid of), 여러분이 다시 사들이는 물건(item)」

☐ banker [bæŋkər] 은행원

one who lends you his umbrella when the sun is shining and wants it back when it begins to rain

「태양이 빛날 때 우산을 빌려 주고, 비가 올 때는 회수하려는 사람」

☐ boss [bɔ(ː)s] 사장, 우두머리

someone who is early when you are late and late when you are early

「네가 늦게 오면 일찍 오고, 네가 일찍 오면 늦게 오는 사람」

☐ classic [klǽsik] 고전

a book which people praise, but do not read

「사람들이 칭찬은 하지만 읽지 않는 책」

☐ coward [káuərd] 겁쟁이

one who, in case of danger, thinks with his legs

「위험한 경우에 다리로 생각하는 사람」

☐ dictionary [díkʃənèri] 사전

a book where success comes before work

「성공이 일보다 앞에 오는 책 – success가 work라는 단어보다 알파벳순으로 앞에 오기 때문에」

☐ doctor [dáktər] 의사

a person who kills your ills by pills, and kills you with his bills

「알약(pill)으로 병을 고쳐 주고, 계산서(bill)로 죽이는 사람」

☐ experience [ikspíəriəns] 경험

the name men give to their mistakes

「사람들이 자신의 실수에 붙이는 명칭」

☐ kiss [kis] 키스

to get two people so close together that they can't see anything wrong with each other

「서로 잘못된 점을 볼 수 없도록 두 사람을 매우 가깝게 하는 것」

☐ miser [máizər] 수전노

a person who lives poor so that he can die rich

「부자로 죽을 수 있도록 가난하게 살아가는 사람」

☐ mosquito [məskí:tou] 모기

an insect that makes you like flies better

「파리를 더 좋아하게 만드는 곤충(insect)」

☐ rumor [rʌ́mər] 소문

news that travels faster than the speed of sound

「소리 속도보다 더 빨리 전달되는 소식」

Day 51

Step 1 주제별 영단어! 문학

Do you know who is the author of Harry Potter?
너는 해리포터의 저자가 누구인지 알고 있니?

- ☐ author [ɔ́:θər] 명 저자, 글쓴이 유 writer 작가, 글쓴이
- ☐ background [bǽkgràund] 명 배경
- ☐ bestseller [béstsélər] 명 베스트셀러
- ☐ biography [baiɑ́grəfi] 명 전기 ★ autobiography 명 자서전
- ☐ character [kǽriktər] 명 등장인물, 성격

- ☐ copyright [kɑ́piràit] 명 저작권
- ☐ diary [dáiəri] 명 일기 유 journal 일기, 일지
- ☐ fairy tale [fέəri teil] 명 동화 *cf.* fable 우화
- ☐ folk tale [fóuk teil] 명 민담
- ☐ legend [lédʒənd] 명 전설

- ☐ literature [lítərətʃər] 명 문학 ☼ Korean literature 한국문학
- ☐ lyric [lírik] 명 서정시 ★ lyrics 명 (복수형) 가사
- ☐ myth [miθ] 명 신화
- ☐ novel [nɑ́vəl] 명 소설 ★ novelist 명 소설가
- ☐ plot [plɑt] 명 (이야기, 소설 등의) 구성, 플롯, 줄거리

- ☐ poem [póuim] 명 시 ★ poet 명 시인 유 poetry (집합적) 시, 시가, 시집
- ☐ short story [ʃɔ:rt stɔ́:ri] 명 단편 소설
- ☐ story [stɔ́:ri] 명 이야기
- ☐ tale [teil] 명 이야기 ☼ folk tale 민담

Step 2 의미소통 영단어! 비유 표현에 자주 쓰는 형용사

☐ alike [əláik]	형 비슷한 ☼as alike as two peas in a pod 콩깍지에 있는 두 개의 콩처럼 같은
☐ brave [breiv]	형 용감한 ☼as brave as a lion 사자처럼 용감한
☐ bright [brait]	형 밝은, 똑똑한 ☼as bright as day 대낮처럼 밝은
☐ busy [bízi]	형 바쁜, 부지런한 ☼as busy as a bee 꿀벌처럼 부지런한
☐ cunning [kʌ́niŋ]	형 교활한 ☼as cunning as a fox 여우처럼 교활한
☐ happy [hǽpi]	형 행복한 ☼as happy as a lark 종달새처럼 행복한
☐ hard [hɑːrd]	형 단단한 ☼as hard as nails 못처럼 단단한
☐ heavy [hévi]	형 무거운 ☼as heavy as a rock 바위처럼 무거운
☐ huge [hjuːdʒ]	형 거대한 ☼as huge as an elephant 코끼리처럼 거대한
☐ light [lait]	형 가벼운 ☼as light as a feather 깃털처럼 가벼운
☐ poor [puər]	형 가난한 ☼as poor as a church mouse 교회의 쥐처럼 가난한
☐ sharp [ʃɑːrp]	형 예리한, 날카로운 ☼as sharp as a razor 면도날처럼 예리한
☐ slippery [slípəri]	형 미끄러운 ☼as slippery as an eel 뱀장어처럼 미끄러운
☐ slow [slou]	형 느린 ☼as slow as a snail 달팽이처럼 느린
☐ smooth [smuːð]	형 평탄한, 매끄러운 ☼as smooth as glass 유리처럼 매끄러운
☐ solid [sɔ́lid]	형 단단한 ☼as solid as a rock 바위처럼 단단한
☐ wise [waiz]	형 현명한 ☼as wise as an owl 올빼미처럼 현명한

William B. Yeats wrote his most important poems between the age of 50 and 75.
예이츠는 자신의 중요한 대부분의 시를 50세와 75세 사이에 썼다.

Step 3 의사소통 영단어! 말을 분명히 하기

A : What do you mean?
B : What I mean is that I can't believe him.

☐ **In other words** 구 다시 말해서, 다른 말로 하면

In other words, you should be very careful.
다시 말해서, 너는 무척 조심을 해야 한다.

☐ **What I mean is that …** 구 내가 의미하는 것은[내 말은] …이다

What I mean is that I can't believe him.
내 말은 내가 그를 믿을 수 없다는 거야.

☐ **What I'm trying to say is that …** 구 내가 말하려고 하는 것은 …이다

What I'm trying to say is that we should not waste our time.
내가 말하려고 하는 것은 우리가 시간을 낭비해서는 안 된다는 것이다.

☐ **What I wanted to say was …** 구 내가 말하려고 했던 것은 …이었다

What I wanted to say was that it was my fault.
내가 말하려고 했던 것은 그것이 나의 잘못이었다는 것이었다.

POP QUIZ

1. ________ ________ ________ is that we don't have enough time.
   내 말은 우리에겐 충분한 시간이 없다는 거야.

2. ________ ________ ________ , he is very impatient.
   다시 말해서, 그는 무척 성급한 편이야.

3. What I'm ________ ________ ________ is that it's not my fault.
   내가 말하려는 것은 그게 내 잘못이 아니라는 점이야.

Answer 1. What I mean 2. In other words 3. trying to say

Step 4 Myself 1일 체크

A 빈 칸에 적절한 말을 보기에서 찾아 쓰시오.

biography　　author　　diary

① A(n) __________ writes books, plays, and stories.

② A(n) __________ is the story of a person's life.

③ A(n) __________ is a daily record written by a person.

B 제시된 어휘 중에서 주제어에 해당되는 것을 찾아 쓰시오.

__________ : folk tale, novel, short story, literature, poem

C 서로 연관이 있는 것끼리 짝을 지으시오.

① Greek, Rome, God, Goddess	• legend
② a piece of writing, rhythm	• myth
③ Cinderella, not real, story	• poem

D 빈 칸에 적절한 말을 보기에서 찾아 쓰시오.

cunning　sharp　brave　huge

① as __________ as a lion

② as __________ as a fox

③ as __________ as an elephant

④ as __________ as a razor

Answer A. ① author 저자 ② biography 전기 ③ diary 일기
B. literature 문학
C. ① myth 신화 ② poem 시 ③ legend 전설
D. ① brave 용감한 ② cunning 교활한 ③ huge 거대한 ④ sharp 날카로운

To be a winner, give all you've got.
승리자가 되기 위해서는 갖고 있는 모든 것을 주어라(발휘하라).
※ all you've got은 all that you've got에서 목적격 관계대명사인 'that'이 생략된 것이다.

Day 52

Step 1 주제별 영단어! 도구와 장비

I need a ladder in order to install the curtains.
나는 커튼을 설치하기 위해 사다리가 필요하다.

☐ cable [kéibəl] 명 케이블, 전선 ☼LAN cable 인터넷 전용선

☐ compass [kʌ́mpəs] 명 나침반

☐ drill [dril] 명 드릴, 송곳

☐ equipment [ikwípmənt] 명 장비 *cf.* tool 도구

☐ hammer [hǽmər] 명 망치

☐ hardware [hɑ́ːrdwὲər] 명 철물 ☼hardware store 철물점

☐ helmet [hélmit] 명 헬멧, (안전용) 모자

☐ instrument [ínstrəmənt] 명 도구 ☼musical instrument 악기

☐ ladder [lǽdər] 명 사다리

☐ lamp [læmp] 명 램프, 등 *cf.* flashlight 손전등

☐ map [mæp] 명 지도 ☼world map 세계지도

☐ nail [neil] 명 못

☐ punch [pʌntʃ] 명 펀치, (구멍을 뚫는) 천공기 ☼hole punch 구멍을 뚫는 펀치

☐ saw [sɔː] 명 톱

☐ screwdriver [skrúːdràivər] 명 드라이버

☐ tool [tuːl] 명 도구 ☼tool box 도구상자

☐ wire [waiər] 명 전선, 선 ★wireless 형 무선(의)

Step 2 의미소통 영단어! · 사용과 개선을 나타내는 동사 ·

- build [bild] 동 (집을) 짓다, 건축하다 ★building 명 건물
- construct [kənstrʌ́kt] 동 건설하다 ★construction 명 건설 *cf.* destroy 파괴하다
- decorate [dékərèit] 동 장식하다 ★decoration 명 장식
- design [dizáin] 동 고안하다, 설계하다 ★designer 명 디자이너
- devise [diváiz] 동 (장치를) 고안하다 ★device 명 장치, 고안

- fasten [fǽsn] 동 (단단히) 동여매다
  ☼ Fasten your seatbelt. 안전벨트를 매세요.
- fix [fiks] 동 수리하다, 고정하다, 고치다
- improve [imprúːv] 동 개선하다 ★improvement 명 개선
- maintain [meintéin] 동 유지하다, 지탱하다
- measure [méʒər] 동 측정하다, 재다 ★measurement 명 측정

- polish [pɑ́liʃ] 동 연마하다, 갈다
- rebuild [riːbíld] 동 재건하다, 개축하다
- remodel [riːmɑ́dl] 동 개조하다 유 renovate 개조하다, 개보수하다
- renew [rinjúː] 동 새롭게 하다
- repair [ripέər] 동 고치다, 수선하다 유 mend 고치다, 수선하다
- use [juːs] 동 사용하다 ★usage 명 사용, 용법
- wind [waind] 동 감다(wind-wound-wound)
  ★rewind 동 되감다, 되돌려 감다

The Ancient Chinese made magnetic compasses for telling fortunes as well as for finding directions.
고대 중국인들은 방향을 찾는 것뿐만 아니라 행운을 점치기 위하여 자석 나침반을 만들었다.

Step 3 의사소통 영단어! 토론하기

A : Where do we start?
B : Let's start by talking about the book.

☐ **Let's start by 동사 + ing …** 구 …로 시작해 보자

Let's start by talking about the book.
이 책에 대하여 이야기를 함으로써 시작해 보자.

☐ **to begin with / first of all** 구 우선, 먼저

To begin with, I'd like to thank all of you.
먼저 여러분 모두에게 감사드리고 싶습니다.

☐ **The problem [question, issue] here is …** 구 여기서 문제[질문, 문제]는 …이다

The problem here is our attitude. 여기서 문제는 우리의 태도이다.

☐ **The important thing (here) is …** 구 (여기서) 중요한 것은 …이다

The important thing here is our willingness.
중요한 것은 우리의 의지이다.

POP QUIZ

1. Let's start _________ using this as an example.
   이것을 예로 사용하여 시작해보자.
2. The _________ here is that we don't have enough money.
   여기서 문제는 우리에게 충분한 돈이 없다는 것이다.
3. _________ _________ _________, I want to point out two things.
   우선 나는 두 가지를 지적하고 싶다.

Answer 1. by 2. problem [issue] 3. To begin with [First of all]

Step 4 Myself 1일 체크

A 다음 사용 목적과 관련이 있는 것을 보기에서 찾아 쓰시오.

drill ladder helmet saw

① ____________ : to make a hole
② ____________ : to protect our heads
③ ____________ : to cut a tree or wood
④ ____________ : to catch or reach something in a higher place

B 다음 그림에 해당하는 단어를 보기에서 찾아 쓰시오.

nail	screwdriver	hammer	compass

① ____________ ② ____________ ③ ____________ ④ ____________

C 다음 정의에 해당하는 단어를 보기에서 찾아 쓰시오.

improve repair polish

① ____________ : to shine something or make something smooth
② ____________ : to fix or mend
③ ____________ : to make something better

Answer
A. ① drill 송곳 ② helmet 헬멧, 모자 ③ saw 톱 ④ ladder 사다리
B. ① compass 나침반 ② screwdriver 드라이버 ③ hammer 망치 ④ nail 못
C. ① polish 연마하다, 갈다 ② repair 수리하다, 고치다 ③ improve 개선하다

Success starts with believing in yourself.
성공은 자신에 대한 믿음에서 시작된다.
※ believe in은 '~을 믿다'의 뜻이고, 전치사 다음에는 동명사 형태인 「동사 + -ing」가 목적어로 온다.

Day 53

Step 1 주제별 영단어! 군사

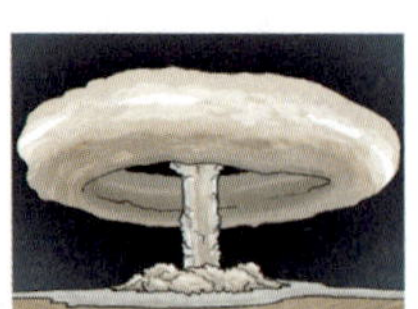

On August 6, 1945, an atomic bomb was dropped on Hiroshima.
1945년 8월 6일에 원자폭탄이 히로시마에 투하되었다.

- ☐ air force[εər fɔ:rs] 명 공군 ☼Air Force Academy 공군사관학교
- ☐ army[á:rmi] 명 육군 ☼Korean Army 한국군
- ☐ battle[bǽtl] 명 전투
- ☐ bomb[bɑm] 명 폭탄 ★bomber 명 폭격기 ☼atomic bomb 원자폭탄
- ☐ bullet[búlit] 명 총알, 총탄 ☼bullet train 초고속 열차, 탄환 열차

- ☐ cannon[kǽnən] 명 대포 ☼cannon ball 대포알
- ☐ gun[gʌn] 명 총, 장총 ☼hand gun 권총
- ☐ invade[invéid] 동 침입하다 ★invasion 명 침입, 침략
- ☐ military[mílitèri] 명 군대 형 군대의 ☼military band 군악대
- ☐ missile[mísəl] 명 미사일

- ☐ navy[néivi] 명 해군 *cf.* marines 해병대
- ☐ nuclear[njú:kliər] 명 핵무기 형 핵무기의, 핵의 ☼nuclear war 핵전쟁
- ☐ rifle[ráifəl] 명 소총
- ☐ soldier[sóuldʒər] 명 군인, 병사
- ☐ submarine[sʌ́bmərì:n] 명 잠수함

- ☐ troop[tru:p] 명 군대 ★trooper 명 기병, 용사
- ☐ war[wɔ:r] 명 전쟁 ☼World War II 2차 세계대전
- ☐ weapon[wépən] 명 무기 ☼nuclear weapon 핵무기

Step 2 의미소통 영단어! 정도를 나타내는 부사

- ☐ absolutely [æbsəlú:tli] 부 절대적으로
- ☐ almost [ɔ́:lmoust] 부 거의, 대부분
- ☐ badly [bǽdli] 부 나쁘게, 몹시
- ☐ carefully [kɛ́ərfəli] 부 조심스럽게 *cf.* carelessly 부주의하게
- ☐ equally [í:kwəli] 부 똑같이, 동등하게

- ☐ exactly [igzǽktli] 부 정확하게
- ☐ extremely [ikstrí:mli] 부 극히, 극도로
- ☐ gladly [glǽdli] 부 기꺼이, 즐겁게 유 with pleasure 기꺼이
- ☐ hardly [há:rdli] 부 거의 …아닌 유 scarcely, rarely, seldom 거의 …아닌
- ☐ loudly [láudli] 부 크게, 시끄럽게 유 in a loud voice 큰 소리로

- ☐ mostly [móustli] 부 대부분
- ☐ nearly [níərli] 부 거의
- ☐ perfectly [pə́rfektli] 부 완벽하게
- ☐ quickly [kwíkli] 부 재빨리
- ☐ successfully [səksésfəli] 부 성공적으로
- ☐ suddenly [sʌ́dnli] 부 갑자기 유 all of a sudden 갑자기

The shortest war on record took place in 1896 when Zanzibar surrendered to Britain after 38 minutes.
기록된 것 중에서 가장 짧은 전쟁은 Zanzibar가 영국에게 38분 만에 항복했던 1896년에 일어났다.

Step 3 의사소통 영단어! 의견 제시하기

A : What do you think of Jason?
B : In my opinion, he is a very good player with great skills.

☐ **I think [believe] that …** 구 나는 …라고 생각한다 [믿는다]

I think that we should discuss it.
나는 우리가 그것에 대하여 토론해야 한다고 생각한다.

☐ **in my opinion** 구 내 의견으로, 내 견해로는

In my opinion, he is a very good player with great skills.
내 의견으로, 그는 대단한 기술을 가진 매우 훌륭한 선수이다.

☐ **It seems [appears] that …** 구 …처럼 보인다

It seems that he doesn't like our ideas.
그는 우리의 생각을 좋아하지 않는 것처럼 보인다.

☐ **I feel that …** 구 나는 …라고 느낀다

I feel that it's a great idea. 나는 그것이 참 좋은 생각이라고 느낀다.

POP QUIZ

1. ________ ________ ________, she is very talented.
   내 의견으로, 그녀는 아주 재능이 많다.
2. It ____________ that he told a lie. 그가 거짓말을 한 것처럼 보인다.
3. I ____________ that all of us need to look inside of ourselves.
   나는 우리 모두가 자신을 들여다 볼 필요가 있다고 느낀다.

Answer 1. In my opinion 2. seems [appears] 3. feel

Step 4 Myself 1일 체크

A 서로 연결하여 쓸 수 있는 것끼리 짝을 지으시오.

① cannon • train
② bullet • ball
③ nuclear • war

B 제시된 어휘의 주제어에 해당되는 것을 보기에서 찾아 쓰시오.

military weapon

① ________ : air force, navy, army, marines
② ________ : gun, cannon, rifle, missile

C 다음의 정의에 해당되는 어휘와 연결하시오.

① a person in the army • bomb
② a weapon that can explode • soldier
③ a long fight • war

D 유사한 의미를 가진 것끼리 연결하시오.

① with pleasure • loudly
② all of a sudden • suddenly
③ in a loud voice • gladly

A. ① cannon ball 대포알 ② bullet train 초고속 열차 ③ nuclear war 핵전쟁
B. ① military 군대 ② weapon 무기
C. ① soldier 군인 ② bomb 폭탄 *explode 폭발하다 ③ war 전쟁
D. ① gladly 기꺼이 ② suddenly 갑자기 ③ loudly 크게

You can't get anywhere unless you start.
시작하지 않으면 어디에도 갈 수 없다. (어떤 것도 이룰 수 없다)
※ unless는 '만약 ~하지 않으면'이라는 의미로 쓰인 접속사이다.

Day 54

Step 1 주제별 영단어! 법과 질서

The detectives are looking into the crime.
형사들이 그 범죄 사건을 조사하고 있다.

☐ court [kɔːrt] 명 법원 ☼Supreme court 대법원

☐ crime [kraim] 명 범죄 ★criminal 명 범인 형 범죄의
☼commit a crime 범죄를 저지르다(행하다)

☐ detective [ditéktiv] 명 형사 ☼detective story 탐정소설

☐ guilty [gílti] 형 유죄의 *cf.* innocent 결백한, 죄가 없는

☐ hostage [hástidʒ] 명 인질

☐ innocent [ínəsnt] 형 결백한, 순진한, 무죄의

☐ judge [dʒʌdʒ] 명 재판관, 판사 동 판단하다, 재판하다

☐ justice [dʒʌ́stis] 명 정의 *cf.* injustice 부정

☐ law [lɔː] 명 법

☐ lawyer [lɔ́ːjər] 명 변호사 유 attorney 변호사

☐ legal [líːgəl] 형 법적인, 합법의 ★illegal 형 불법의

☐ order [ɔ́ːrdər] 명 질서, 순서, 명령

☐ prison [prízn] 명 감옥, 교도소 ★prisoner 명 죄수 유 jail 감옥

☐ rule [ruːl] 명 규칙, 규정 ☼traffic rule 교통법규 school rule 교칙

☐ thief [θiːf] 명 도둑 ★theft 명 절도

☐ vice [vais] 명 악덕 *cf.* virtue 미덕

☐ witness [wítnis] 명 증인, 목격자

Step 2 의미소통 영단어! 범죄와 관련해 자주 쓰는 동사

- ☐ accuse [əkjúːz] 동 고소하다, 비난하다 ★accuser 명 고소인, 원고
- ☐ arrest [ərést] 동 체포하다
- ☐ attack [ətǽk] 동 공격하다 명 공격 ☼back attack 후위 공격
- ☐ break [breik] 동 깨다, 위반하다 유 violate 위반하다
  ☼break the law 법을 위반하다
- ☐ commit [kəmít] 동 범하다, 저지르다 ☼commit a crime 범죄를 저지르다

- ☐ escape [iskéip] 동 도망가다
- ☐ investigate [invéstəgèit] 동 조사하다 ★investigation 명 조사 유 look into 조사하다
- ☐ kidnap [kídnæ̀p] 동 납치하다 명 납치범, 유괴범
- ☐ murder [mə́ːrdər] 동 살인하다 ★murderer 명 살인자
- ☐ observe [əbzə́ːrv] 동 준수하다, 관찰하다 유 obey 준수하다, 복종하다

- ☐ offend [əfénd] 동 위배하다, 공격하다 ★offence 명 공격 *cf.* defence 방어
- ☐ punish [pʌ́niʃ] 동 처벌하다 ★punishment 명 처벌
- ☐ rob [rab] 동 강탈하다 ★robber 명 강도
- ☐ sentence [séntəns] 동 선고하다, 판결을 내리다
- ☐ steal [stiːl] 동 훔치다 *cf.* pickpocket 소매치기(하다)
- ☐ violate [váiəlèit] 동 위반하다 ★violation 명 위반, 위배

In ancient Egypt, killing a cat was a crime punishable by death.
고대 이집트에서는 고양이를 죽이는 것이 사형까지 처벌할 수 있는 범죄였다.

A : If I were rich, I would help the poor.
B : Me, too.

□ **If I were …, I would 동사원형 …** 구 만일 내가 …라면, …할 텐데

If I were you, I would not do that. 만일 내가 너라면 그렇게 하지 않을 텐데.
If I were rich, I would help the poor.
만일 내가 부자라면 가난한 사람들을 도울 텐데.

□ **If I 동사의 과거형 …, I would 동사원형 …** 구 만일 내가 …하다면, …할 텐데

If I had enough money, I would help them.
내게 충분한 돈이 있다면, 그들을 도울 텐데.

□ **What would you do if …?** 구 만일 …라면 너는 어떻게 하겠니?

What would you do if you were in my place?
만일 네가 내 입장이라면 어떻게 하겠니?

□ **Imagine [suppose] that …** 구 …라고 상상해 봐[가정해 봐]

Imagine that you are not healthy. 네가 건강하지 않다고 상상해 봐.

POP QUIZ

1. If I ________ ________, I would read this book.
   만일 내가 너라면 이 책을 읽을 텐데.
2. If I ____________ more time, I would travel a lot.
   만일 내게 시간이 좀 더 있다면, 더 많이 여행을 할 텐데.
3. ____________ that you are locked in a small room.
   네가 작은 방에 갇혀 있다고 상상해 보라.

Answer 1. were you 2. had 3. Imagine[Suppose]

Step 4 Myself 1일 체크

A 다음 정의에 해당하는 말을 보기에서 찾아 쓰시오.

prison	witness	crime	detective

① __________ : an act that is against the law

② __________ : someone who tries to solve crimes

③ __________ : a place where criminals are kept

④ __________ : someone who heard or saw something happen

B 다음 빈 칸에 적절한 말을 보기에서 찾아 쓰시오.

guilty	sentenced	judge	jail

The __________ said that he was __________ of the crime and __________ him to one year in __________.

C 다음의 정의에 해당되는 어휘와 연결하시오.

① break the law • obey

② look into the accident • investigate

③ follow the rule • violate

A. ① crime 범죄 *against the law 법에 위반되는 ② detective 탐정, 형사
③ prison 감옥, 교도소 *criminal 범인 ④ witness 증인
B. judge 판사 – guilty 죄가 있는 – sentenced 선고하였다 – jail 감옥
C. ① violate 위반하다 ② investigate 조사하다 ③ obey 준수하다, 복종하다

Today is a great day to learn something new.
오늘은 새로운 것을 배울 수 있는 최고의 날이다.
※ something의 경우에는 이를 수식하는 형용사가 뒤에 온다.

Day 55

정치와 사회

Global poverty is a serious issue.
지구상의 가난은 심각한 문제이다.

- ☐ communism [kάmjənìzəm] 명 공산주의 ★communist 명 공산주의자
- ☐ community [kəmjú:nəti] 명 공동체, 사회
- ☐ conference [kάnfərəns] 명 회의 ☼conference room 회의실
- ☐ democracy [dimάkrəsi] 명 민주주의
- ☐ election [ilékʃən] 명 선거 ★elect 동 선출하다 ☼general election 총선

- ☐ employment [emplɔ́imənt] 명 고용 *cf.* unemployment 실업
- ☐ government [gʌ́vərnmənt] 명 정부 ★govern 동 통치하다, 지배하다
- ☐ housing [háuziŋ] 명 주택 ☼housing problem 주택난, 주택문제
- ☐ international [ìntərnǽʃənəl] 형 국제적인 *cf.* domestic 국내의
- ☐ issue [íʃu:] 명 문제 ☼hot issue 뜨거운 문제, 쟁점

- ☐ nation [néiʃən] 명 국가, 나라, 민족 ★national 형 국가의, 국가적인
- ☐ policy [pάləsi] 명 정책 ☼national policy 국가 정책
- ☐ poverty [pάvərti] 명 가난 ★poor 형 가난한
- ☐ problem [prάbləm] 명 문제
- ☐ society [səsáiəti] 명 사회 ★social 형 사회적인, 사회의

- ☐ survey [sə́:rvei] 명 조사 ☼market survey 시장 조사
- ☐ vote [vout] 명 투표 동 투표하다

Step 2 의미소통 영단어! 정치와 관련해 자주 쓰는 영단어

☐ candidate [kǽndədèit] 명 후보자

☐ chairperson [tʃέərpə̀ːrsn] 명 의장, 위원장

☐ congressperson [kάŋgris pəːrsn] 명 (미국) 국회의원, 하원의원 유 lawmaker 국회의원, 입법자

☐ dictator [díkteitər] 명 독재자

☐ diplomat [dípləmæ̀t] 명 외교관

☐ expert [ékspəːrt] 명 전문가

☐ ex-president [eks-prézidənt] 명 전직 대통령 유 former president 전 대통령

☐ governor [gʌ́vərnər] 명 주지사, 도지사

☐ mayor [méiər] 명 시장

☐ political leader [pάlitikəl líːdər] 명 정치 지도자

☐ politician [pὰlitíʃən] 명 정치가 유 statesman 정치가

☐ president [prézidənt] 명 대통령

☐ prime minister [praim mínistər] 명 수상

☐ representative [rèprizéntətiv] 명 대표자

☐ senator [sénətər] 명 상원의원

☐ spokesperson [spóukspəːrsn] 명 대변인

Did You Know?

Franklin D. Roosevelt was elected President of the United States four times - in 1932, 1936, 1940, and 1944.
루스벨트는 1932, 1936, 1940, 1944년에 걸쳐 네 차례나 미국 대통령으로 선출되었다.

Step 3 의사소통 영단어! 거절하기

A : Do you want to go there?
B : No, I'd rather not.

□ would rather not 동사원형 구 …하지 않는 것이 좋다

I would rather not go there.
그 곳에 가지 않는 것이 좋겠어.

□ I'm sorry, but … 구 미안하지만, …

I'm sorry, but I have a lot of work to do.
미안하지만 내가 할 일이 너무 많아.

□ Thanks, anyway. / No, thanks. 문 하여튼 고마워. / 고맙지만 사양하겠어.

I'm really full. Thanks, anyway.
정말 배가 불러. 하여튼 고마워.

□ I am(feel) sorry that I can't … 구 …할 수 없어 미안해

I am very sorry that I can't help you.
너를 도와줄 수가 없어서 정말 미안해.

POP QUIZ

1. I would ________ ________ answer your question.
   너의 질문에 답하지 않는 것이 좋겠어.
2. I feel ________ that I can't keep my promise.
   약속을 지킬 수 없어 미안해.
3. Thanks, ________. 하여튼 고마워.

Answer 1. rather not 2. sorry 3. anyway

Step 4 Myself 1일 체크

A 제시된 어휘와 연관이 있는 것끼리 짝을 지으시오.

① a meeting, a discussion	• issue
② vote, choosing the right person	• conference
③ a problem or difficulty	• democracy
④ equal right, chance, freedom	• election

B 제시된 단어를 활용하여 빈 칸을 쓰시오.

① __________ is a serious problem. (poor)

② The economy is growing and the __________ rate is increasing. (employ)

③ The General __________ Day is only two weeks away. (elect)

C 다음 정의에 해당되는 단어를 보기에서 찾아 쓰시오.

candidate　　mayor　　president

① __________ : someone who runs for an office or an award

② __________ : the person at the head of a city government

③ __________ : the head of a government, group, or company

A. ① conference 회의 ② election 선거 ③ issue 문제 ④ democracy 민주주의
B. ① Poverty 가난 ② employment 고용 ③ Election 선거
C. ① candidate 후보자 *run for ~에 출마하다 award 상, 시상 ② mayor 시장
③ president 대통령, 회장 *company 회사

It takes only one person to change your life: YOU.
여러분의 인생을 바꾸는 데는 단 한 사람만이 필요합니다. 바로 '당신'입니다.
※ It은 가주어이고, 'to change your life'가 진주어로 쓰인 문장이다.

Day 56

Step 1 주제별 영단어! 경제

The world economy is expected to continue to grow.
세계 경제는 계속 성장할 것으로 예측된다.

- ☐ consume [kənsúːm] 동 소비하다 ★consumption 명 소비 consumer 명 소비자
- ☐ decline [dikláin] 동 쇠퇴하다, 감소하다
- ☐ decrease [díːkriːs] 명 감소 동 감소하다 *cf.* increase 증가하다, 증가
- ☐ demand [dimǽnd] 명 수요, 요구 동 요구하다 ☼supply and demand 공급과 수요
- ☐ depression [dipréʃən] 명 침체, 불경기 ☼the Great Depression 세계 대공황

- ☐ developed country [divéləpt kʌ́ntri] 명 개발국, 선진국
- ☐ developing country [divéləpiŋ kʌ́ntri] 명 개발도상국
- ☐ economy [ikɑ́nəmi] 명 경제 ★economic 형 경제의
- ☐ export [ékspɔːrt] 명 수출 동 수출하다 *cf.* import 수입, 수입하다
- ☐ factory [fǽktəri] 명 공장

- ☐ finance [finǽns] 명 재정 ★financial 형 재정(상)의
- ☐ goods [gudz] 명 상품
- ☐ import [ímpɔːrt] 명 수입 동 수입하다
- ☐ increase [ínkriːs] 명 증가 동 증가하다 ☼sudden increase 급증
- ☐ stock market [stɑk mɑ́ːrkit] 명 증권 시장
- ☐ supply [səplái] 명 공급 동 공급하다
- ☐ underdeveloped country [ʌ̀ndərdivéləpt kʌ́ntri] 명 후진국

Step 2 의미소통 영단어! 빈도를 나타내는 부사(구)

- □ **all the time** 구 항상 유 always 항상
- □ **daily** [déili] 부 날마다 유 every day 매일, 날마다
- □ **every other day** 구 이틀마다 유 every two days, every second day 이틀마다
- □ **frequently** [frí:kwəntli] 부 자주, 빈번하게 *cf.* often 자주, 종종
- □ **from time to time** 구 가끔, 때때로 유 sometimes 가끔, 때때로

- □ **generally** [dʒénərəli] 부 일반적으로
- □ **occasionally** [əkéiʒənəli] 부 가끔, 때때로 유 once in a while 가끔, 때때로
- □ **often** [ɔ́(:)ftən] 부 자주
- □ **once in a while** 구 가끔, 이따금
- □ **regularly** [régjələrli] 부 규칙적으로 *cf.* ★irregularly 부 불규칙적으로

- □ **repeatedly** [ripí:tidli] 부 반복적으로
- □ **seldom** [séldəm] 부 거의 … 않는 유 hardly, scarcely, rarely 거의 … 않는
- □ **sometimes** [sʌ́mtàimz] 부 가끔, 때때로
- □ **usually** [jú:ʒuəli] 부 대개, 대부분, 보통
- □ **yearly** [jíərli] 부 해마다, 매년 유 every year 매년 annually 매년, 해마다

If California was a country, it would be the 5th largest economy in the world.
만약 캘리포니아가 국가라면, 세계에서 다섯 번째 경제 대국일 것이다.

Step 3 의사소통 영단어! 대화 시작하기

A : May I interrupt you for a moment?
B : Sure. What is it?

□ **interrupt** [ìntərʌ́pt]

통 방해하다 유 disturb 방해하다

May I interrupt you for a moment?
잠시 시간 좀 내 주시겠어요?

□ **bother** [bɑ́ðər]

통 괴롭히다, 귀찮게 하다 유 trouble 괴롭히다 폐를 끼치다

May I bother you for a moment?
잠시 폐를 끼쳐도 될까요?

Sorry to bother you. 귀찮게 하여 죄송합니다.

□ **have time**

구 시간이 있다

Do you have time? 시간 있어요?

□ **talk to ...**

구 …에게 말을 걸다

Can I talk to you for a second?
잠시 이야기해도 되겠습니까?

POP QUIZ

1. Can I _________ to you for a moment? 잠시 이야기해도 되겠습니까?
2. May I _________ you for just a minute? 잠시 시간 좀 내 주시겠습니까?
3. Do you have _________ for a moment? 시간 있으세요?

Answer 1. talk 2. interrupt [bother, disturb, trouble] 3. time

Step 4 Myself 1일 체크

A 반대 의미를 가진 것끼리 연결하시오.

① supply	• decrease
② increase	• import
③ export	• demand

B 정의에 해당되는 말을 보기에서 찾아 쓰시오.

goods　　depression　　factory

① ___________ : a place where things are made

② ___________ : things made for buying and selling

③ ___________ : poor economic conditions

C 비슷한 의미를 가진 부사(구)끼리 연결하시오.

① hardly	• frequently
② sometimes	• from time to time
③ very often	• all the time
④ always	• seldom

A. ① supply 공급, 공급하다 ↔ demand 요구, 요구하다
② increase 증가, 증가하다 ↔ decrease 감소, 감소하다
③ export 수출, 수출하다 ↔ import 수입, 수입하다
B. ① factory 공장 ② goods 상품 ③ depression 경기 침체
C. ① seldom 거의 …않는 ② from time to time 가끔, 때때로
③ frequently 자주, 빈번하게 ④ all the time 항상

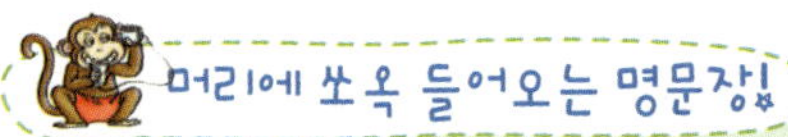

Attitude is a little thing that makes a BIG difference.
태도는 커다란 차이를 만들어낼 수 있는 작은 것이다.
※ make a difference는 '차이를 만들다, 중요하다'의 뜻을 가진다.

Day 57

Step 1 주제별 영단어! 오락

How do you spend your spare time?
여가 시간을 어떻게 보내니?

- ☐ amusement [əmjúːzmənt] 명 오락 ☼amusement park 놀이공원
- ☐ boring [bɔ́ːriŋ] 형 지루한, 싫증나는
- ☐ comedy [kɑ́mədi] 명 희극, 코미디 *cf.* tragedy 비극
- ☐ enjoy [endʒɔ́i] 동 즐기다
- ☐ entertainment [èntərtéinmənt] 명 오락, 즐거움 ★entertainer 명 연예인

- ☐ freedom [fríːdəm] 명 자유
- ☐ fun [fʌn] 명 재미 형 재미나는, 유쾌한 ★funny 형 재미있는, 웃기는
- ☐ indoor sports [índɔ̀ːr spɔːrts] 명 실내운동
- ☐ leisure [líːʒər] 명 여가 *cf.* pastime 기분전환, 오락, 놀이
- ☐ outdoor sports [áutdɔ̀ːr spɔːrts] 명 실외운동

- ☐ overwork [óuvərwə̀ːrk] 명 과로 동 과로하다
- ☐ pastime [pǽstàim] 명 오락, 취미 유 hobby 취미
- ☐ rafting [ræftiŋ] 명 래프팅, 뗏목타기 ☼whitewater rafting 급류타기
- ☐ recreation [rèkriéiʃən] 명 오락, 기분전환, 레크리에이션
- ☐ relax [rilǽks] 동 긴장을 풀다 ★relaxation 명 기분 전환, 오락

- ☐ spare time [spɛər taim] 명 여가 시간 유 free time 자유 시간
- ☐ thrilled [θrild] 형 흥분된, 설레는 유 excited 흥분된

Step 2 의미소통 영단어! 여가 활동 장소를 나타내는 영단어

☐ arena [əríːnə] 명 경기장 ☼sports arena 운동 경기장

☐ art gallery [ɑːrt gǽləri] 명 화랑

☐ cinema [sínəmə] 명 영화관 유 theater 극장

☐ concert hall [kάnsə(ː)rt hɔːl] 명 공연장

☐ fitness center [fítnis séntər] 명 헬스클럽

☐ library [láibrèri] 명 도서관

☐ museum [mjuːzíːəm] 명 박물관 ☼science museum 과학박물관

☐ national park [nǽʃənəl pɑːrk] 명 국립공원

☐ resort [rizɔ́ːrt] 명 휴양지 ☼winter resort 겨울 휴양지

☐ spa [spɑː] 명 온천 유 hot springs 온천 ☼spa water 온천수

☐ sports center [spɔːrts séntər] 명 스포츠 센터

☐ stadium [stéidiəm] 명 경기장

☐ swimming pool [swímiŋ puːl] 명 수영장

☐ theater [θí(ː)ətər] 명 극장 유 cinema 극장

☐ theme park [θiːm pɑːrk] 명 주제 공원, 테마 파크

☐ zoo [zuː] 명 동물원

Did You Know?

Yellowstone National Park became the world's first national park on March 1, 1872. Yellowstone 국립공원은 1872년 3월 1일에 세계 최초의 국립공원이 되었다.

Step 3 의사소통 영단어! 확인하기

A : Can you hear me?
B : Sorry, I can't hear you.

☐ **be clear**

구 분명하다, 확실하다

Is that clear? 분명한가요? (이제 알아 들으셨죠?)

☐ **make sure of**

구 …을 확실하게 하다

I want to make sure of that.
난 그것을 확실하게 하고 싶습니다.

☐ **Can you hear me?**

문 내 말 들리지?

It's too loud in here. Can you hear me?
이곳이 너무 시끄러워. 내 말 들리니?

☐ **Is that okay? / Is that alright?**

문 그거 괜찮겠니?

I think I'll be late. Is that okay?
내가 늦을 것 같은데, 괜찮을까요?

Is that okay with you? 그렇게 해도 괜찮겠니?

POP QUIZ

1. Please, ________ ________ of your departure time.
   출발 시간을 확실하게 해 두세요.
2. It's too noisy. I can't ________ you. 너무 시끄러워. 네 말을 들을 수가 없어.
3. Is that ________ with you? 그렇게 해도 괜찮겠니?

Answer 1. make sure 2. hear 3. okay [alright, fine]

Step 4 Myself 1일 체크

A 다음 정의에 해당되는 어휘와 연결하시오.

① to work too much	• enjoy
② to take a rest or do nothing	• relax
③ to have a great time	• overwork

B 관련 있는 장소를 보기에서 찾아 쓰시오.

museum　　gallery　　arena　　library

① ___________ : a place for keeping many books
② ___________ : a place for sporting events
③ ___________ : a place for displaying paintings
④ ___________ : a place for displaying old things

C 비슷한 의미를 지닌 것끼리 연결하시오.

① hobby	• amusement
② entertainment	• cinema
③ theater	• pastime

A. ① overwork 과로하다 ② relax 휴식을 취하다, 긴장을 풀다 ③ enjoy 즐기다
B. ① library 도서관 ② arena 경기장 ③ gallery 화랑 ④ museum 박물관
C. ① pastime 취미 ② amusement 오락 ③ cinema 영화관

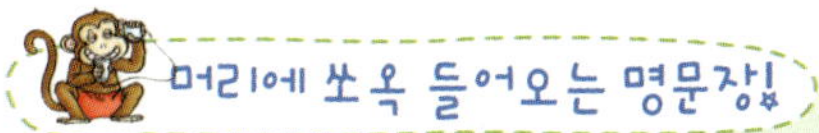

It's hard to beat someone who never gives up.
결코 포기하지 않는 사람을 이기기는 어렵다.
※ beat는 '물리치다, 이기다'의 뜻이며, give up은 '포기하다'의 뜻을 갖는다.

Day 58

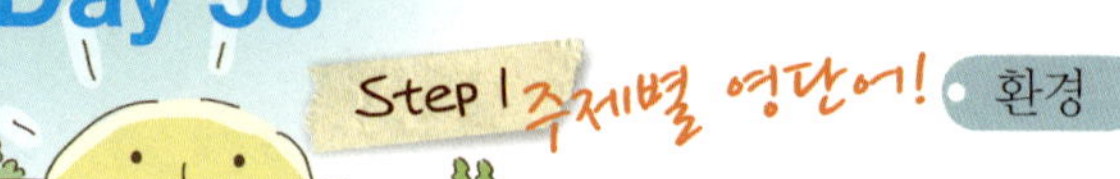

What can we do for the environment?
우리가 환경을 위해서 무엇을 할 수 있을까?

- ☐ acid rain [ǽsid rein] 명 산성비
- ☐ atmosphere [ǽtməsfìər] 명 대기
- ☐ chemical [kémikəl] 형 화학의 ★chemicals 명 (복수형) 화학제품
- ☐ energy [énərdʒi] 명 에너지 ☼solar energy 태양열 에너지
- ☐ environment [inváiərənmənt] 명 환경

- ☐ garbage [gáːrbidʒ] 명 쓰레기 유 trash, rubbish 쓰레기 ☼garbage truck 쓰레기 수거차
- ☐ greenhouse effect [gríːnhàus ifékt] 명 온실효과 *cf.* global warming 지구온난화
- ☐ hydrogen [háidrədʒən] 명 수소
- ☐ oxygen [áksidʒən] 명 산소
- ☐ ozone [óuzoun] 명 오존 ☼ozone depletion 오존 파괴

- ☐ ozone layer [óuzoun léiər] 명 오존층
- ☐ pollution [pəlúːʃən] 명 오염 ☼air pollution 대기오염 water pollution 수질 오염
- ☐ resource [ríːsɔːrs] 명 자원 ☼natural resources 천연 자원
- ☐ shortage [ʃɔ́ːrtidʒ] 명 부족
- ☐ solar energy [sóulər énərdʒi] 명 태양 에너지
- ☐ source [sɔːrs] 명 원천 ☼energy source 에너지 원천
- ☐ species [spíːʃi(ː)z] 명 종 ☼endangered species 멸종 위기의 동물(종)
- ☐ wildlife [wáildlàif] 명 야생(동물)

Step 2 의미소통 영단어! 환경과 관련해 자주 쓰는 동사

- ☐ affect [əfékt] 동 영향을 미치다 유 influence 영향을 미치다
- ☐ cause [kɔːz] 동 일으키다, 야기하다 명 원인 ☼cause and effect 원인과 결과
- ☐ conserve [kənsə́ːrv] 동 보존하다 유 preserve 보존하다, 유지하다
- ☐ dump [dʌmp] 동 버리다 ☼garbage dump 쓰레기장
- ☐ dispose [dispóuz] 동 버리다 ★disposable 형 1회용의, 사용 후 버릴 수 있는

- ☐ endanger [endéindʒər] 동 위험하게 하다, 위태롭게 하다 ★danger 명 위험
- ☐ influence [ínfluəns] 동 영향을 미치다 명 영향 유 affect 영향을 미치다
- ☐ pollute [pəlúːt] 동 오염시키다 ★pollution 명 오염 pollutant 명 오염물질
- ☐ protect [prətékt] 동 보호하다 ★protection 명 보호
- ☐ recycle [riːsáikəl] 동 재활용하다 명 재활용 ☼recycle bin 휴지통

- ☐ reduce [ridjúːs] 동 줄이다
- ☐ release [rilíːs] 동 방출하다, 풀어주다
- ☐ reuse [riːjúːz] 동 다시 사용하다
- ☐ separate [sépərèit] 동 분리하다, 떼어 놓다
- ☐ solve [sɑlv] 동 해결하다, 풀다 ★solution 명 해결

- ☐ survive [sərváiv] 동 살아남다, 생존하다 ★survival 명 생존 survivor 명 생존자
- ☐ threaten [θrétn] 동 위협하다, 협박하다 ★threat 명 협박, 위협
- ☐ waste [weist] 동 낭비하다 명 쓰레기

If the energy from the sun were to decrease by just one-tenth, the entire Earth would be covered in ice one mile (1.6km) thick.
만일 태양 에너지가 10분의 1정도만 줄어들어도, 지구전체는 1마일(1.6km) 두께의 얼음으로 덮일 것이다.

Step 3 의사소통 영단어! 대화 마치기

A : I really enjoyed talking to you.
B : Nice talking to you, too.

□ **enjoy 동사 + -ing ...** 구 …을 즐기다

I really enjoyed meeting you. 당신을 만난 것 정말 즐거웠습니다.

I enjoyed talking to you. 당신과 이야기한 것 즐거웠습니다.

□ **(It's been) Nice talking to [with] ...** 구 …와 즐거운 대화를 가지다

Nice talking to you. E-mail me.
당신과 이야기한 것 즐거웠습니다. 이메일 보내 주세요.

□ **get in touch with / contact / reach ...** 구 …와 접촉하다, 연락하다

How can I get in touch with you? 당신과 어떻게 연락할 수 있지요?

How can I reach [contact] you? 어떻게 연락하면 되나요?

□ **look forward to 동사 + -ing** 구 …할 것을 고대하다, 기대하다

I look forward to seeing you again. 다시 만날 것을 기대합니다.

POP QUIZ

1. I really enjoyed _________ you. 당신을 만난 것 정말 즐거웠습니다.
2. How can I _________ you? 당신과 어떻게 연락할 수 있지요?
3. I'm looking forward to _________ you again soon.
   곧 다시 만나길 기대할게요.

Answer 1. meeting 2. contact [reach, get in touch with] 3. meeting [seeing]

Step 4 Myself 1일 체크

A 서로 짝을 지어 쓸 수 있는 것끼리 연결하시오.

① acid	• energy
② solar	• resources
③ natural	• rain

B 빈 칸에 공통으로 들어갈 수 있는 단어를 보기에서 찾아 쓰시오.

ozone　pollution　garbage

① __________ truck, __________ can, __________ collector

② __________ layer, __________ depletion

③ water __________, air __________, noise __________

C 비슷한 의미를 가진 단어끼리 연결하시오.

① conserve	• influence
② affect	• recycle
③ use carelessly	• waste
④ reuse	• protect

Answer A. ① acid rain 산성비 ② solar energy 태양 에너지
③ natural resources 천연 자원
B. ① garbage 쓰레기 *garbage collector 환경미화원 ② ozone 오존
③ pollution 오염 *noise pollution 소음
C. ① protect 보호하다 ② influence 영향을 주다
③ waste 낭비하다 ④ recycle 재활용하다

머리에 쏘옥 들어오는 명문장!

Wherever you go, you leave a footprint.
네가 가는 곳이면 어디든지 너는 너의 발자국을 남긴다.
※ wherever는 '어디로 가든지, 어디에나'의 뜻을 갖는다.

Day 59

Step 1 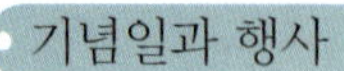 기념일과 행사

Let's have a surprise party for Young-mi!
영미를 위해서 깜짝 파티를 하자!

- ☐ **anniversary** [ӕnəvə́ːrsəri] 명 기념일 ☼wedding anniversary 결혼기념일
- ☐ **birthday** [bə́ːrθdèi] 명 생일 ☼birthday party 생일파티
- ☐ **ceremony** [sérəmòuni] 명 의식, 식 ☼opening ceremony 개막식, 개회식
- ☐ **culture** [kʌ́ltʃər] 명 문화 ☼western culture 서양 문화
- ☐ **engagement** [engéidʒmənt] 명 약혼 ☼engagement ring 약혼반지

- ☐ **event** [ivént] 명 행사, 일
- ☐ **family gathering** [fǽməli gǽðəriŋ] 명 가족 모임
- ☐ **farewell party** [fέərwèl páːrti] 명 송별회 *cf.* welcoming party 환영회
- ☐ **festival** [féstəvəl] 명 축제
- ☐ **funeral** [fjúːnərəl] 명 장례식 ☼funeral hall 장례식장

- ☐ **gift** [gift] 명 선물 유 present 선물
- ☐ **marriage** [mǽridʒ] 명 결혼 ★marry 동 결혼하다 *cf.* divorce 이혼, 이혼하다
- ☐ **outing** [áutiŋ] 명 외식 *cf.* dine [eat] out 외식하다
- ☐ **parade** [pəréid] 명 행진, 퍼레이드
- ☐ **surprise party** [sərpráiz páːrti] 명 깜짝 파티
- ☐ **tradition** [trədíʃən] 명 전통 ★traditional 형 전통적인
- ☐ **wedding** [wédiŋ] 명 결혼 ☼wedding ring 결혼반지 wedding ceremony 결혼식

Step 2 의미소통 영단어! 성공과 실패를 나타내는 동사

- ☐ **applaud** [əplɔ́ːd] 동 박수를 치다, 갈채를 보내다 유 clap 손뼉을 치다
- ☐ **blame** [bleim] 동 비난하다
- ☐ **celebrate** [séləbrèit] 동 축하하다 ★celebration 명 축하 유 congratulate 축하하다
- ☐ **complete** [kəmplíːt] 동 마무리하다, 완성하다 유 finish 마치다
- ☐ **deserve** [dizə́ːrv] 동 …할 가치가 있다

- ☐ **enter** [éntər] 동 입학하다, 들어가다 ★entrance 명 입학, 입장
- ☐ **fail** [feil] 동 실패하다, 떨어지다 ★failure 명 실패
- ☐ **finish** [fíniʃ] 동 끝내다, 마치다
- ☐ **graduate** [grǽdʒuèit] 동 졸업하다 ☼graduate from …를 졸업하다
- ☐ **lose** [luːz] 동 잃다, 지다(lose-lost-lost) ★loss 명 손실, 손해

- ☐ **pass** [pæs] 동 통과하다
- ☐ **praise** [preiz] 동 칭찬하다
- ☐ **succeed** [səksíːd] 동 성공하다 ★success 명 성공
- ☐ **try** [trai] 동 시도하다 ★trial 명 시도
- ☐ **welcome** [wélkəm] 동 환영하다
  ☼welcoming party 환영회 welcoming address 환영사
- ☐ **win** [win] 동 승리하다(win-won-won) ★winner 명 승리자
- ☐ **wish** [wiʃ] 동 바라다, 소망하다 유 hope 바라다, 원하다

The average wedding feast in Yemen lasts 21 days.
예멘에서 결혼 축제는 평균 21일간 지속된다.

Step 3 의사소통 영단어! 격려나 소망 말하기

A : Do your best. Good luck to you.
B : Thank you very much.

□ **take it easy** 구 마음을 편히 먹다

Don't worry too much. Take it easy. 너무 걱정하지 마. 마음 편히 가져.

□ **do one's best** 구 최선을 다하다

Don't give up. Please, do your best. 포기하지 마. 너의 최선을 다해 줘.

□ **good luck to[on] …** 구 …에 행운을 빌다

Good luck to you. 너의 행운을 빈다. ⇨ to 다음에는 사람이 옴
Good luck on your test. 너의 시험에 행운을 빈다. ⇨ on 다음에는 행위가 옴

□ **keep my fingers crossed** 구 행운을 빌다

I'll keep my fingers crossed for you. 너를 위해 행운을 빌어줄 게.

POP QUIZ

1. I'll _________ my best for our team.
   나는 우리 팀을 위해서 최선을 다할 것이다.
2. I'll keep my fingers _________ for you. 너의 행운을 빌게.
3. Take it _________. 마음 편히 가져.

Answer 1. do 2. crossed 3. easy

Step 4 Myself 1일 체크

A 서로 연결하여 쓸 수 있는 것끼리 짝을 지으시오.

① surprise	• ceremony
② opening	• gathering
③ family	• party

B 빈 칸에 들어갈 적절한 말을 쓰시오.

① A __________ is a present, something that is given.

② When a man and a woman __________, they become husband and wife.

C 빈 칸에 들어갈 적절한 말을 보기에서 찾아 쓰시오.

finish　　blame　　win

① It's not my fault. Don't __________ me, please.

② When can you __________ your homework?

③ I think Tom will __________ the race.

D 비슷한 의미를 가진 단어와 연결하시오.

① to clap hands	• celebrate
② to congratulate	• praise
③ to speak well of	• applaud

Answer A. ① surprise party 깜짝 파티 ② opening ceremony 개막식, 개회식 ③ family gathering 가족 모임
B. ① gift 선물 ② marry 결혼하다
C. ① blame 비난하다 ② finish 끝마치다 ③ win 승리하다
D. ① applaud 박수를 치다 ② celebrate 축하하다 ③ praise 칭찬하다

머리에 쏘옥 들어오는 명문장!

He who has health has hope and he who has hope has everything.
건강한 사람은 희망이 있으며, 희망이 있는 사람은 모든 것을 가지고 있다.
※ 「He who …」는 '~하는 사람'이라는 뜻으로 「The man who …」로도 쓸 수 있다.

Day 60

축약어

UCC means on-line content produced by Internet users.
UCC는 인터넷 사용자들에 의해 제작된 온라인 콘텐츠를 말한다.

- ☐ AIDS 후천성 면역 결핍증(Acquired Immune Deficiency Syndrome)
- ☐ BOD 생물학적 산소 요구량(Biological Oxygen Demand)
- ☐ CEO 최고경영자(Chief Executive Officer)
- ☐ DMB 디지털 멀티미디어 방송(Digital Multimedia Broadcasting)
- ☐ FAQ 자주 묻는 질문(Frequently Asked Questions)

- ☐ FTA 자유 무역 협정(Free Trade Agreement)
- ☐ ILO 국제노동기구(International Labor Organization)
- ☐ LPGA 여자 프로 골프 협회(Ladies Professional Golf Association)
- ☐ PS 추신(Post Script)
- ☐ ROK 대한민국(Republic of Korea)

- ☐ UCC 이용자가 만드는 콘텐츠(User Created Content)
  ⇨ UCC는 아직 실제 영어 표현으로 되지는 않았으며, 외국에서는 UGC(User Generated Content)로 사용한다.
- ☐ VIP 귀빈(Very Important Person)
- ☐ VOD 주문형 비디오(Video On Demand)
- ☐ WHO 세계 보건 기구(World Health Organization)
- ☐ WTO 세계 무역 기구(World Trade Organization)

Step 2 의미소통 영단어! 이메일에 자주 사용되는 약어

- □ ASAP 가능한 빨리(As Soon As Possible)
- □ b4 전에(Before)
- □ bf 남자친구(Boyfriend)
- □ BTW 그런데(By The Way)
- □ cu 이제 그만, 나중에 보자(See You)
- □ cul 다음에 만나자(See You Later) ⇨ cul8r로 쓰기도 한다.
- □ cuz 왜냐하면(Because)
- □ gf 여자친구(Girlfriend) *cf.* bf 남자친구(boyfriend)
- □ ic 알았어(I See)
- □ jam 잠깐만(Just A Moment)

- □ TGIF 고마워라. 금요일이다. (Thank Goodness It's Friday)
- □ TNX 고마워(Thanks) ⇨ Thx로 쓰기도 한다.
- □ U2 너도 마찬가지야(You, Too)
- □ W/ …와 함께(With) ⇨ 보통 소문자로 표기
- □ W/O …없이(Without) ⇨ 보통 소문자로 표기
- □ XOXO 포옹과 키스(Hugs and Kisses)
- □ ZZZ 졸려(Sleeping)

The longest English acronym is a u.s. Navy term that contains 22 letters.
가장 긴 영어 축약어는 22개의 글자로 구성되어 있는 미해군 용어이다.
※ 여기서 acronym은 '축약어'라는 뜻이고, term은 '용어'의 의미를 갖는다.

Step 3 의사소통 영단어! 작별하기

A : Have a good time on your trip!
B : Thank you. Take care!

☐ **say goodbye** 구 작별 인사하다

It's time to say goodbye. 이제 헤어질 시간이야.

I have to say goodbye. 이제 작별 인사를 해야겠어.

☐ **say hello to … / give my best wishes [regards] to …**
구 …에게 안부 인사하다

Say hello to your parents. 너의 부모님께 내 안부 좀 전해 주라.

Please give my best wishes to your mother. 너의 어머님께 내 안부 좀 전해줘.

☐ **have a good time [day, trip, weekend]** 구 좋은 시간[하루, 여행, 주말]을 가지다

Have a good time on your trip! 여행을 하는 동안 좋은 시간 보내세요!

Have a great holiday! 멋진 휴가가 되길!

☐ **take care / take it easy** 구 조심하다

I have to go now. Take care! 지금 가야겠어. 조심해 가!

POP QUIZ

1. I have to go now. = I have to say ________. 이제 가야겠어.
2. Say hello to your parents. = Give my best ________ to your parents. 너희 부모님께 안부 전해 줘.
3. Take it easy! = Take ________! 조심해 가!(잘 지내!)

Answer 1. goodbye 2. wishes [regards] 3. care

Step 4 Myself 1일 체크

A 다음 축약어가 무엇을 뜻하는지 영어로 쓰시오.

① DMB = ____________________

② UCC = ____________________

③ VIP = ____________________

④ FAQ = ____________________

B 다음 국제기구가 무엇을 뜻하는지 영어로 쓰시오.

① LPGA = ____________________

② ILO = ____________________

③ WHO = ____________________

④ WTO = ____________________

C 메일에서 주로 사용되는 아래 약어의 의미를 영어로 쓰시오.

① ASAP = ____________________

② BTW = ____________________

③ TGIF = ____________________

A. ① Digital Multimedia Broadcasting 디지털 멀티미디어 방송
② User Created Content 이용자가 만드는 콘텐츠
③ Very Important Person 귀빈
④ Frequently Asked Questions 자주 묻는 질문

B. ① Ladies Professional Golf Association 여자 프로 골프 협회
② International Labor Organization 국제 노동 기구
③ World Health Organization 세계 보건 기구
④ World Trade Organization 세계 무역 기구

C. ① As Soon As Possible 가능한 빨리 ② By The Way 그런데
③ Thank Goodness It's Friday! 고마워라. 금요일이다!

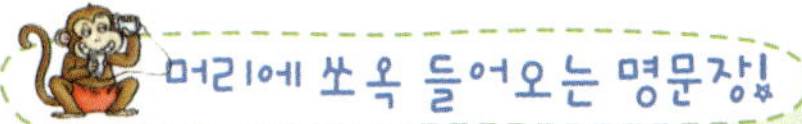

Computers are useless. They can only give you answers. - *Pablo Picasso*
컴퓨터는 소용이 없다. 단지 여러분에게 답만 줄 뿐이다. – 파블로 피카소

The Body

1. The adult heart beats about 40,000,000 times a year.
2. It takes 17 muscles to smile and 43 to frown.
3. The surface area of a human lung is equal to that of a tennis court.
4. The human body makes about two million red blood cells every second.
5. The heart is about the size of a fist and weighs less than a pound(500g).
6. It takes four to eight seconds for food to travel from your mouth to your stomach.
7. The left lung is smaller than the right lung to make room for the heart.
8. One cigarette shortens your life by 14 minutes.
9. You're born with 300 bones, but when you are an adult, you only have 206.
10. Three hundred million cells in the human body die and are replaced every minute.

□beat 때리다, 치다 □frown 찡그리다 □surface 표면 □fist 주먹 □shorten 줄이다
□replace 대치하다

인체의 신비

1 성인의 심장은 1년에 약 4천만 번 뛴다.

2 웃는 데는 17개의 근육이 필요하고 찡그리는 데는 43개의 근육이 필요하다.

3 사람 폐의 표면 면적은 테니스장 면적과 같다.

4 인체는 매초마다 약 2백만 개의 적혈 세포를 만든다.

5 심장은 대략 주먹만 한 크기이며 무게가 1파운드(500g) 미만이다.

6 음식물이 입에서 위까지 가는 데 4에서 8초가 걸린다.

7 왼쪽 폐는 심장을 위한 공간을 만들기 위해 오른쪽 폐보다 더 작다.

8 담배 한 개피는 여러분의 생명을 14분 정도 단축시킨다.

9 여러분은 300개의 뼈를 갖고 태어나지만, 성인이 되면 206개밖에 되지 않는다.

10 인체에서는 매분마다 3억 개의 세포가 죽고 대치된다.

Part 3

도전! 중학 영단어 마스터

Words of Wisdom

ജ A real friend is one who walks in when the rest of the world walks out. *- Walter Winchell*

진정한 친구는 세상의 나머지 사람들이 걸어 나갈 때 걸어 들어오는 사람이다.

ജ If you can imagine, you can achieve it. If you can dream it, you can become it.

네가 상상할 수 있다면 그것을 성취할 수 있고, 꿈을 꿀 수 있다면 그렇게 될 수 있다.

ജ Years wrinkle the skin, but to give up enthusiasm wrinkles the soul. *-Samuel Ullma*

세월은 피부를 주름지게 하지만 열정을 포기하는 것은 영혼을 주름지게 한다.

Check ___월___일___점

빈도순 명사

1	government	정부
2	area	지역
3	company	동료, 회사
4	state	주, 국가, 상태
5	information	정보
6	interest	흥미
7	development	발달, 발전
8	council	의회
9	policy	정책
10	court	법정, 뜰
11	effect	효과
12	result	결과
13	law	법
14	authority	권위, 당국
15	minister	장관, 목사
16	rate	비율
17	right	권리
18	person	사람, 인간
19	reason	이유, 이성
20	view	견해, 생각
21	term	용어, 기간, 학기
22	period	기간
23	society	사회
24	figure	모습, 인물, 숫자
25	million	백만
26	community	공동체, 지역사회
27	kind	종류
28	price	가격
29	process	과정
30	issue	문제
31	cost	경비, 비용
32	position	위치, 장소
33	course	경로, 길
34	minute	분, 1분
35	education	교육
36	research	연구
37	subject	과목, 제목, 주제
38	moment	순간
39	value	가치
40	force	힘, 무력
41	order	순서, 질서, 주문
42	matter	문제, 일
43	decision	결정
44	patient	환자
45	industry	산업
46	century	1세기, 100년
47	section	면, 구역
48	activity	활동
49	death	죽음
50	sort	종류

Check ____월 ____일 ____점

빈도순 명사

1 staff 직원
2 experience 경험
3 language 언어
4 department 부문, 부서
5 management 관리

6 product 제품
7 committee 위원회
8 practice 연습, 실천
9 ground 땅, 지면, 근거
10 evidence 증거

11 union 조합, 결합
12 role 역할
13 land 땅, 육지
14 support 지지, 후원
15 voice 목소리

16 stage 무대
17 trade 거래, 무역
18 history 역사
19 parents 부모, 양친
20 material 재료, 물질

21 situation 상황
22 care 주의, 걱정
23 training 훈련
24 difference 차이
25 relationship 관계

26 quality 질, 품질
27 tax 세금
28 nature 자연, 본질
29 officer 장교, 경찰관
30 structure 구조

31 method 방법
32 movement 이동
33 detail 세부사항
34 approach 접근
35 amount 양

36 award 상, 시상
37 president 대통령, 회장
38 chapter (책, 논문의) 장
39 theory 이론
40 property 재산

41 director 감독
42 secretary 비서
43 board 판, 널빤지
44 production 생산
45 share 몫, 배당몫

46 opportunity 기회
47 agreement 동의
48 contract 계약
49 security 안전, 안정
50 source 근원, 원천

빈도순 명사

1	election	선거
2	site	위치, 장소
3	loss	손실
4	purpose	목적
5	benefit	혜택, 이익
6	factor	요인
7	pattern	유형, 패턴
8	population	인구
9	plant	식물, 공장
10	performance	공연
11	pressure	압력
12	knowledge	지식
13	environment	환경
14	success	성공
15	rest	휴식
16	analysis	분석
17	thought	생각, 사고
18	region	지역
19	relation	관련, 관계
20	statement	진술
21	space	우주, 공간
22	attention	주의, 관심
23	labor	노동
24	demand	수요
25	principle	원리
26	player	선수
27	couple	쌍, 부부
28	choice	선택
29	capital	수도, 자본
30	village	마을
31	film	필름, 영화
32	attempt	시도
33	income	수입
34	individual	개인
35	feature	특징, 특집
36	organization	조직, 기구
37	effort	노력
38	technology	기술, 공학
39	machine	기계
40	difficulty	어려움, 난관
41	cell	세포
42	treatment	취급, 치료
43	degree	학위, 정도
44	growth	성장
45	risk	위험
46	task	과업, 과제
47	function	기능
48	county	군, 주
49	behavior	행동
50	defence	방어

Check ____월 ____일 ____점

빈도순 명사

1 resource 자원
2 floor 층, 마루
3 college 대학, 단과대학
4 response 응답, 반응
5 character 인물, 성격
6 army 군대
7 investment 투자
8 economy 경제
9 argument 논쟁
10 responsibility 책임감
11 concern 관심
12 bill 지폐, 계산서, 법안
13 element 요소
14 duty 의무
15 increase 증가
16 claim 요구, 청구
17 fund 자금, 기금
18 discussion 토의
19 chairperson 의장
20 customer 고객, 손님
21 profit 이익, 이윤
22 conference 회의
23 division 구분, 분할
24 measure 측정, 조치
25 procedure 절차
26 proposal 제안
27 image 이미지, 상
28 circumstance 환경
29 client 고객, 손님
30 direction 방향, 지시
31 attack 공격
32 attitude 태도
33 disease 질병
34 employment 고용
35 appeal 간청, 애원
36 affair 일, 사건
37 technique 기술
38 item 품목, 물건
39 medium 중간 정도의 것
40 ability 능력
41 pupil 학생, 눈동자
42 press 신문, 압착기
43 library 도서관
44 drug 약, 마약
45 surface 표면
46 advantage 이익, 장점
47 variety 다양성
48 culture 문화
49 island 섬
50 blood 피

빈도순 명사

1 majority 다수
2 speaker 말하는 사람, 스피커
3 goods 상품
4 competition 경쟁
5 parliament (영국의) 의회
6 access 접근
7 payment 지불, 보수
8 cause 원인
9 context 문맥, 상황
10 survey 조사
11 facility 시설
12 object 목적어, 사물
13 importance 중요함
14 Earth 지구, 흙
15 collection 수집
16 public 대중, 공공
17 species 종
18 communication 소통, 의사소통
19 means 수단, 방법
20 possibility 가능성
21 document 문서
22 supply 공급
23 budget 예산
24 solution 해결
25 influence 영향
26 weight 무게, 중량
27 career 경력
28 fear 두려움
29 opinion 의견
30 damage 손상, 피해
31 district 구역, 지역
32 quarter 4분의 1
33 stock 주식
34 exchange 교환
35 opposition 반대
36 option 선택
37 whole 전체
38 railway 철길
39 occasion 경우, 때
40 concept 개념
41 arrangement 정리, 정돈
42 lack 부족, 결함
43 forest 숲
44 equipment 장비
45 crime 범죄
46 employee 고용인, 직원
47 review 복습, 재검토
48 scale 저울, 비늘, 규모
49 strategy 전략, 전술
50 kitchen 부엌

0300

Check ____월 ____일 ____점

빈도순 명사

1	failure	실패
2	shoulder	어깨
3	hill	언덕
4	reader	독자
5	expression	표현, 표정
6	owner	주인
7	trust	신뢰, 믿음
8	truth	사실
9	marriage	결혼
10	sentence	문장
11	past	과거
12	safety	안전
13	trial	시도, 시행
14	nation	국가
15	branch	가지
16	length	길이
17	doubt	의심
18	pain	고통
19	accident	사고
20	spirit	정신, 영혼
21	contact	접촉
22	strength	힘, 강인함
23	contribution	공헌, 기여
24	museum	박물관
25	cash	현금
26	shape	모양
27	pair	짝
28	protection	보호
29	presence	출석
30	agent	대리인
31	meaning	의미
32	master	주인, 숙련자
33	candidate	후보자
34	vote	투표
35	adult	성인
36	route	길, 경로
37	understanding	이해
38	impact	영향, 충격
39	credit	신용
40	track	궤도, 흔적
41	danger	위험
42	progress	진보
43	reaction	반응, 반작용
44	path	길, 경로
45	distance	거리
46	belief	믿음, 신념
46	comment	언급, 논평
48	content	내용, 목차
49	conclusion	결론
50	aim	목적, 목표

Check ____월 ____일 ____점

빈도순 명사

1	justice	정의
2	politics	정치학
3	estate	토지, 땅
4	sight	시야
5	prison	감옥, 교도소
6	reality	현실
7	writer	작가, 글쓴이
8	clothes	옷
9	vehicle	탈 것, 차량
10	debt	부채, 빚
11	employer	고용주
12	colleague	동료
13	battle	전투
14	hole	구멍
15	expert	전문가
16	package	꾸러미, 짐
17	injury	부상
18	insurance	보험
19	confidence	자신감
20	generation	세대
21	threat	협박, 위협
22	judge	재판관, 판사
23	conflict	갈등
24	visitor	방문객
25	volume	(책) 권, 부피, 양
26	yard	뜰, 마당
27	stuff	재료, 물건
28	introduction	소개, 도입
29	background	배경
30	victim	희생자
31	author	저자, 작가
32	investigation	조사
33	relief	안심, 구제
34	wage	임금
35	row	열, 줄
36	tradition	전통
37	wood	나무
38	exhibition	전시
39	category	범주
40	traffic	교통
41	consumer	소비자
42	meal	식사, 끼니
43	construction	건설
44	housing	주택, 주거
45	improvement	개선
46	existence	존재
47	appearance	외모, 출현
48	flat	아파트
49	discipline	규율, 훈련
50	sheet	종이 한 장

Check ___ 월 ___ 일 ___ 점

빈도순 명사

1 session 회기
2 contrast 대조
3 loan 대부
4 representative 대표자
5 conversation 회화, 대화
6 prince 왕자
7 audience 청중
8 crisis 위기
9 respect 존경, 존중
10 unemployment 실업
11 freedom 자유
12 plate 접시
13 magazine 잡지
14 explanation 설명
15 flight 비행
16 pension 연금
17 youth 젊음, 청춘
18 challenge 도전
19 capacity 용량, 능력
20 factory 공장
21 selection 선택
22 finance 재정
23 intention 의도
24 aircraft 항공기
25 decade 10년
26 notice 통지
27 definition 정의
28 reduction 감축, 감소
29 will 의지
30 offence 공격
31 address 주소, 연설
32 murder 살인
33 bottom 바닥
34 appointment 약속
35 concentration 집중
36 weapon 무기
37 absence 결석, 부재
38 criticism 비판, 비평
39 acid 산성, 산
40 instruction 지시
41 settlement 정착, 해결
42 wave 파도, 물결
43 pleasure 기쁨, 즐거움
44 lead 납
45 temperature 온도, 기온
46 recognition 인정
47 fee 수수료
48 republic 공화국
49 waste 낭비, 쓰레기
50 desire 욕망, 욕구

빈도순 명사

1	institute	기관, 연구소
2	photograph	사진
3	silence	침묵
4	household	가구, 세대
5	block	구역, 블럭
6	brain	두뇌
7	publication	출판
8	guest	손님
9	treaty	조약
10	experiment	실험
11	crowd	군중, 무리
12	captain	선장, 기장
13	metal	금속
14	trip	여행
15	pool	웅덩이
16	connection	연결
17	violence	폭력
18	scientist	과학자
19	search	검색
20	noise	소음
21	Congress	(미국) 의회
22	journey	여행
23	ministry	(행정부의) 부, 부처
24	instrument	도구
25	location	위치
26	display	전시
27	theme	주제, 테마
28	gun	총
29	gallery	화랑
30	professor	교수
31	emphasis	강조
32	hell	지옥
33	prospect	전망
34	priority	우선권
35	tool	도구
36	troop	군대
37	faith	신앙, 믿음
38	soldier	군인
39	spot	점
40	lane	길, 좁은 길
41	coal	석탄
42	castle	성, 성곽
43	membership	회원권
44	flow	흐름
45	mistake	실수
46	breath	호흡, 숨
47	release	해방, 출시
48	literature	문학
49	wing	날개
50	ring	반지

0500

Check ____월____일____점

빈도순 명사

1	incident	사건
2	index	색인
3	suggestion	제안
4	border	국경, 경계
5	valley	골짜기, 계곡
6	passage	단락, 통로
7	religion	종교
8	leaf	나뭇잎, 잎
9	square	사각형
10	surprise	놀람
11	characteristic	특징
12	lake	호수
13	request	요청, 신청
14	foundation	기초
15	tone	어조
16	engineering	공학, 기술
17	device	장치, 고안
18	billion	10억
19	specialist	전문가
20	observation	관찰, 준수
21	shot	주사, 사격
22	circle	원
23	present	선물
24	strike	파업
25	creation	창조
26	God	신
27	impression	인상
28	coast	해안
29	atmosphere	대기, 분위기
30	neighbor	이웃
31	revolution	혁명
32	mass	덩어리
33	championship	선수권, 우승
34	enemy	적
35	leadership	지도력
36	tear	눈물
37	negotiation	협상
38	iron	(금속) 철
39	roof	지붕
40	welfare	복지
41	fan	팬, 부채
42	advance	진보
43	drawing	그리기
44	motor	원동기, 엔진
45	soil	흙
46	beach	해변
47	servant	하인
48	potential	잠재력
49	origin	기원, 시초
50	vision	시야, 시각

Check ____월 ____일 ____점

빈도순 명사

1 palace 궁전
2 height 높이
3 expense 비용, 경비
4 trend 경향
5 editor 편집자
6 general 장군
7 warning 경고
8 chief 우두머리
9 cancer 암
10 convention 회의
11 bone 뼈
12 fuel 연료
13 gift 선물
14 prisoner 죄수
15 cross 십자가
16 living 생계
17 achievement 달성, 성취
18 signal 신호
19 outcome 결과
20 knee 무릎
21 rail 철길, 철로
22 comparison 비교
23 expectation 기대
24 lawyer 변호사, 법률가
25 democracy 민주주의
26 being 존재
27 passenger 승객
28 root 뿌리
29 manufacturer 제조업자
30 complaint 불평
31 shadow 그림자
32 gap 격차, 간격
33 pay 보수
34 independence 독립
35 charity 자비, 자선
36 finding 발견
37 boundary 경계
38 supporter 지지자, 후원자
39 accommodation 시설, 수용 시설
40 politician 정치가
41 male 남성
42 exception 예외
43 struggle 투쟁, 몸부림
44 identity 정체
45 license 면허
46 buyer 구입자, 구매자
47 dispute 논쟁
48 assistance 도움
49 novel 소설
50 preparation 준비

0600

Check ______ 월 ______ 일 ______ 점

빈도순 명사

1	mirror	거울
2	emergency	비상, 긴급
3	break	휴식 시간
4	thinking	사고, 생각
5	tension	긴장
6	quantity	양
7	taste	취미, 맛
8	fault	잘못, 결함
9	minority	소수
10	spokesperson	대변인
11	prize	상
12	pollution	오염
13	gene	유전자
14	mill	물레방아
15	wheel	바퀴
16	string	끈, 줄
17	depth	깊이
18	delivery	배달
19	obligation	의무
20	decline	쇠퇴
21	framework	틀, 테두리
22	protein	단백질
23	female	여성
24	advertising	광고
25	saving	저축
26	poem	시
27	port	항구
28	approval	찬성, 시인
29	load	짐
30	bishop	주교
31	cottage	오두막집
32	cycle	순환
33	governor	주지사
34	stairs	계단, 층계
35	crew	승무원
36	maintenance	유지, 지탱
37	chest	가슴, 수납장
38	protest	항의, 주장
39	restriction	제한
40	profession	전문직
41	export	수출
42	recommendation	추천
43	habit	습관
44	reputation	명성, 평판
45	countryside	시골
46	creature	피조물, 생물체
47	suit	양복
48	landscape	풍경, 경치
49	bomb	폭탄
50	recovery	회복

Check ____월 ____일 ____점

빈도순 명사

1 layer 층
2 agriculture 농업
3 purchase 구매, 구입
4 average 평균
5 empire 제국

6 inspector 검사관, 조사자
7 critic 비평가, 비판가
8 judgment 판단
9 wealth 부, 재산
10 presentation 발표

11 muscle 근육
12 soul 영혼
13 arrival 도착
14 penalty 처벌, 벌금
15 electricity 전기

16 illness 병
17 resistance 저항
18 peak 봉우리, 꼭대기
19 efficiency 효율성, 능률
20 steel 강철

21 laboratory 실험실
22 promotion 승진, 도모
23 lifespan 평균 수명
24 certificate 증명서
25 possession 소유

26 custom 풍습
27 philosophy 철학
28 zone 구역, 지역
29 angle 각, 각도
30 symptom 증세, 징후

31 personality 인성
32 producer 제작자, 생산자
33 wedding 결혼
34 tendency 경향
35 deposit 예치

36 researcher 연구자
37 qualification 자격
38 reply 응답
39 core 핵
40 frequency 빈도

41 rent 집세, 임대료
42 honor 영광, 영예
43 dozen 12개, 1다스
44 relative 친척
45 furniture 가구

46 intelligence 지성, 지능
47 investor 투자자
48 mixture 혼합
49 cooperation 협동, 협력
50 cheek 뺨

Check ___ 월 ___ 일 ___ 점

빈도순 명사

1	discovery	발견
2	throat	목구멍
3	routine	일과, 틀에 박힌 일
4	tourist	여행자, 관광객
5	landlord	주인
6	instance	보기, 예
7	retirement	은퇴, 퇴직
8	emotion	정서, 감정
9	promise	약속
10	scope	영역
11	infection	감염
12	entrance	입장, 입구
13	hero	영웅
14	medicine	약
15	rank	순위, 서열
16	judgement	판단
17	journal	일지
18	permission	허락, 허가
19	anger	분노
20	interaction	상호작용
21	tale	이야기
22	witness	증인, 목격자
23	stream	시내, 개울
24	cricket	귀뚜라미, 크리켓
25	disaster	재앙
26	delay	지연, 지체
27	province	지방
28	defeat	패배
29	salt	소금
30	demonstration	시위, 전시
31	chemical	화학물질
32	human	인간
33	host	주인
34	adviser	조언자
35	edition	편집, 판
36	priest	목사
37	consumption	소비
38	pack	꾸러미, 짐
39	journalist	언론인
40	tail	꼬리
41	compensation	보상
42	seed	씨앗, 씨
43	statistics	통계
44	earnings	수입
45	survival	생존
46	occupation	직업, 점유
47	consultant	상담자
48	lecture	강의
49	anxiety	근심, 걱정
50	remark	언급

Check ____월 ____일 ____점

빈도순 명사

1	poet	시인
2	preference	선호, 더 좋아함
3	stomach	위, 위장
4	ownership	소유권
5	prayer	기도
6	poverty	가난
7	mine	탄광
8	fortune	행운, 재산
9	opponent	상대, 적
10	crop	농작물
11	climate	기후
12	measurement	측정, 측량
13	heaven	천국
14	barrier	장애
15	pitch	주전자
16	catalogue	목록
17	princess	공주
18	enthusiasm	열의, 열정
19	summary	요약
20	wish	소망, 소원
21	architecture	건축, 건축술
22	burden	부담
23	confusion	혼란, 혼돈
24	publisher	출판사, 출판업자
25	professional	프로, 전문가
26	democrat	민주주의자
27	historian	역사가
28	dimension	차원
29	storage	저장
30	bowl	그릇, 사발
31	satisfaction	만족
32	shell	(조개) 껍질
33	conduct	행위
34	vessel	배
35	breast	가슴
36	poetry	시, 시가
37	proof	증거, 증명
38	pot	항아리
39	import	수입
40	admission	입장
41	determination	결정
42	tissue	(생물) 조직
43	leisure	여가
44	economics	경제, 경제학
45	check	수표
46	merchant	상인
47	unity	통일
48	steam	수증기
49	childhood	어린시절
50	comfort	위로, 위안

Check ___월___일___점

빈도순 명사

1 participant 참가자
2 corridor 복도, 통로
3 surgery 수술
4 conviction 확신
5 addition 더하기

6 reward 보답, 보상
7 brick 벽돌
8 vegetable 야채, 채소
9 mystery 신비
10 imagination 상상, 상상력

11 favor 호의, 부탁
12 grade 등급, 학년
13 announcement 발표
14 refugee 피난자, 난민
15 twin 쌍둥이

16 composition 작문
17 acceptance 허락, 수락
18 limitation 제한, 한계
19 pride 자부심, 자존심
20 storm 폭풍

21 participation 참가, 참석
22 ceiling 천정
23 weakness 나약함
24 architect 건축가
25 universe 우주

26 detective 형사, 탐정
27 departure 출발
28 cathedral 성당
29 excitement 흥분
30 summit 정상

31 assistant 보조자
32 local 지방
33 treasure 보물
34 stick 막대기
35 mummy 미이라

36 canal 운하
37 psychology 심리학
38 leather 가죽
39 repair 수리, 수선
40 uncertainty 불확실

41 dust 먼지
42 tin 주석
43 shelf 선반
44 passion 열정
45 consciousness 의식

46 coin 동전
47 trousers 바지
48 objection 반대
49 guideline 지침, 안내
50 timber 목재

빈도순 명사

1 virtue 미덕
2 clerk 점원
3 folk 민속, 민족
4 cattle 가축, 소
5 fellow 동료, 친구

6 horror 공포
7 infant 유아
8 reception 영접
9 grammar 문법
10 flesh 살, 육신

11 privilege 특권
12 conservation 보호
13 nerve 신경
14 completion 마무리, 완성
15 reflection 반성, 반사

16 punishment 처벌
17 portrait 초상화
18 carbon 탄소
19 volunteer 자원봉사자
20 jury 배심원

21 ocean 대양
22 kingdom 왕국
23 disorder 무질서
24 funeral 장례식
25 innovation 혁신, 기술혁신

26 applicant 지원자
27 machinery 기계류
28 planet 행성
29 exposure 노출
30 slope 경사

31 blow 타격
32 lock 자물쇠
33 carriage 마차
34 resignation 사직, 사임
35 essay 에세이, 수필, 논술

36 sympathy 동감, 동정
37 attraction 매력
38 garage 차고
39 petrol 가솔린, 석유
40 emperor 황제

41 registration 등록
42 wonder 경이, 놀람
43 depression 불경기, 우울
44 destruction 파괴
45 plot 구성, 플롯

46 organ 신체 기관, 오르간
47 remedy 치료, 구제
48 ambition 야망
49 grain 곡식, 낟알
50 harm 피해, 해

Check ______월 ______일 ______점

빈도순 명사

1 needle 바늘
2 fiber 섬유
3 resort 휴양지
4 incentive 유인책, 포상금
5 inspection 조사, 검사

6 disposal 처리, 처분
7 declaration 선언, 선포
8 dose (약의) 1회 복용량
9 flame 불꽃, 화염
10 pile 쌓아 올린 것

11 identification 신분증
12 shade 그늘
13 stranger 낯선 사람
14 invitation 초대
15 calculation 계산

16 withdrawal 철수, 인출
17 mayor 시장
18 mineral 광물, 미네랄
19 youngster 젊은이
20 rubbish 쓰레기

21 collapse 붕괴
22 cotton 면, 목화
23 crash 충돌, 추락
24 suspicion 의심
25 entertainment 오락, 연예

26 dictionary 사전
27 fence 담
28 competitor 경쟁자
29 laughter 웃음
30 clinic 진료소, 진찰실

31 guarantee 보증
32 isle 섬
33 pond 연못
34 accountant 회계사
35 insight 통찰력

36 disability 무력, 무능
37 arrest 체포
38 advertisement 광고
39 ceremony 의식, 식
40 removal 제거

41 explosion 폭발
42 acre 에이커(면적단위)
43 tide 조류, 조수
44 satellite 위성
45 miner 광부

46 angel 천사
47 stability 안정
48 illustration 삽화, 예시
49 anniversary 기념일
50 shortage 부족

0950

Check ___월 ___일 ___점

빈도순 명사

1	clothing	의류, 의복
2	delight	기쁨
3	monopoly	독점, 전매
4	worth	가치
5	wound	부상
6	desert	사막
7	fat	지방
8	insect	곤충
9	minimum	최소
10	celebration	축하
11	fiction	허구, 소설
12	escape	도망, 탈출
13	Bible	성경
14	rhythm	리듬
15	therapy	치료, 요법
16	hardware	하드웨어, 철물
17	navy	해군
18	effectiveness	효과성
19	temple	사원, 절
20	invasion	침입, 침략
21	myth	신화, 신비
22	mess	어수선함, 혼잡
23	necessity	필요
24	warmth	따스함, 온기
25	adventure	모험
26	chemistry	화학
27	disadvantage	불이익
28	ghost	유령
29	Pope	교황
30	gender	성, 성별
31	widow	미망인
32	clue	단서
33	cliff	절벽
34	shore	해안
35	rumor	소문
36	tragedy	비극
37	leaflet	전단, 낱장 인쇄물
38	dock	부두, 선창
39	harbor	항구
40	ease	편안, 쉬움
41	wildlife	야생
42	airline	정기 항공로
43	nail	손톱, 못
44	heel	발뒤꿈치
45	devil	악마
46	theft	절도
47	flexibility	융통성
48	heritage	유산, 상속 재산
49	attendance	출석, 참석
50	mathematics	수학

Check ____월 ____일 ____점

빈도순 명사

1	sociology	사회학
2	mud	진흙
3	refusal	거절
4	essence	본질, 정수
5	triumph	승리
6	apartment	아파트
7	cupboard	찬장
8	continent	대륙
9	graduate	졸업생
10	oak	참나무
11	palm	손바닥
12	oxygen	산소
13	shame	수치, 부끄러움
14	courage	용기
15	suicide	자살
16	missile	미사일
17	avenue	거리, 가
18	density	밀도
19	receipt	영수증
20	merit	장점
21	compromise	타협
22	duck	오리
23	appendix	부록, 맹장
24	sword	검, 칼
25	liberty	자유
26	sculpture	조각
27	midnight	한밤중
28	grave	무덤, 묘
29	isolation	고립
30	fantasy	상상, 공상
31	recipe	조리법
32	rod	막대기, 장대
33	physics	물리학
34	dialogue	대화
35	diagnosis	진단
36	musician	음악가
37	collector	수집가
38	envelope	봉투
39	inn	여관
40	pavement	포장도로
41	ingredient	(요리) 재료, 성분
42	scholar	학자
43	glory	영광
44	tray	쟁반
45	horizon	수평선
46	clash	충돌
47	organism	유기체, 미생물
48	wool	양털
49	nest	둥지, 새집
50	tutor	가정 교사

1050

Check ＿＿ 월 ＿＿ 일 ＿＿ 점

빈도순 명사

1	pause	(일시) 멈춤, 중지
2	lung	폐, 허파
3	instinct	본능
4	sphere	구, 구면
5	guilt	죄, 유죄
6	divorce	이혼
7	bean	콩
8	incidence	사건
9	nightmare	악몽
10	motivation	동기
11	assignment	과제, 숙제
12	pity	연민, 동정
13	photographer	사진작가
14	translation	번역
15	jaw	턱
16	flavor	향, 맛
17	casualty	희생자
18	liver	간
19	trap	덫, 함정
20	disappointment	실망
21	accuracy	정확성
22	thief	도둑
23	rescue	구출, 구조
24	bush	덤불, 관목숲
25	questionnaire	설문, 설문지
26	similarity	유사점, 유사성
27	blanket	담요
28	neighborhood	이웃
29	toe	발가락
30	cab	택시
31	forecast	일기예보
32	bronze	청동
33	clay	진흙
34	memorial	기념물, 기념일
35	slave	노예
36	deck	갑판
37	surgeon	외과의사
38	frustration	좌절
39	legend	전설
40	geography	지리학
41	exploration	탐험
42	chin	턱
43	horn	뿔
44	owl	올빼미
45	echo	메아리
46	pursuit	추구, 추적
47	reservation	예약
48	sauce	양념
49	giant	거인
50	criminal	범인

빈도순 명사

1	dot	점
2	arrow	화살
3	sleeve	소매
4	elbow	팔꿈치
5	grace	우아함
6	cave	동굴
7	affection	애정
8	hut	오두막
9	broadcasting	방송
10	dolphin	돌고래
11	miracle	기적
12	atom	원자
13	evil	사악함, 악
14	drawer	서랍
15	economist	경제학자
16	fist	주먹
17	lamb	새끼양
18	candle	양초
19	shield	방패
20	supper	저녁
21	flood	홍수
22	container	용기
23	founder	설립자
24	ruler	자, 통치자
25	barn	헛간, 창고
26	utility	쓸모 있는 것
27	lap	무릎
28	prey	먹이
29	shelter	쉴 곳, 은신처
30	fitness	적당, 적합
31	prejudice	편견
32	prediction	예측
33	ladder	사다리
34	marble	대리석
35	equality	평등, 동등
36	nut	견과류, (호두) 열매
37	embassy	대사관
38	vein	정맥
39	prevention	예방, 방해
40	signature	서명
41	liquid	액체
42	charm	매력
43	wisdom	지혜
44	log	통나무
45	pan	납작한 냄비
46	seal	인장, 물개
47	wrist	손목
48	ad	광고
49	encouragement	격려
50	hook	고리

빈도순 명사

1 lump 덩어리
2 destination 목적지
3 pulse 맥박
4 tobacco 담배
5 composer 작곡가
6 rejection 거절
7 soap 비누
8 swing 그네
9 electronics 전자제품
10 straw 짚, 밀짚
11 ankle 발목
12 dawn 새벽, 동
13 handicap 장애
14 auction 경매
15 waist 허리
16 conscience 양심
17 spine 척추
18 slice (얇게 썬) 조각
19 remains 유물, 유해
20 tourism 관광
21 single 한 사람, 한 개
22 grief 슬픔
23 breeze 미풍
24 fare 운임
25 fossil 화석
26 statue 조각상, 조상
27 suffering 고통
28 ferry 나룻배
29 lecturer 강사
30 motorway 자동차 전용도로
31 rug 양탄자, 깔개
32 highway 고속도로
33 diversity 다양성
34 lawn 잔디(밭)
35 thumb 엄지손가락
36 obstacle 장애물
37 dioxide 이산화물
38 ambassador 대사
39 psychologist 심리학자
40 manufacture 제조업
41 stem 줄기
42 librarian 도서관원, 사서
43 injection 주사
44 verb 동사
45 bunch 다발, 묶음
46 forehead 이마
47 skull 두개골
48 bow 활, 인사
49 embarrassment 당황, 당혹
50 eyebrow 눈썹

Check ＿＿월＿＿일＿＿점

빈도순 명사

1	timetable	시간표
2	diameter	직경
3	lid	뚜껑
4	lifestyle	생활양식
5	tribe	종족
6	worship	숭배
7	clergy	성직자
8	beast	야수
9	popularity	인기
10	monument	기념비, 기념물
11	steward	남자 승무원
12	temper	성질, 기질
13	offering	제공
14	donation	기증
15	whale	고래
16	cage	새장
17	appreciation	감사, 감상
18	gardener	정원사
19	counselling	상담
20	misery	비참
21	learner	학습자
22	ash	재
23	caution	주의
24	brochure	브로슈어, 책자
25	despair	실망, 낙담
26	dignity	위엄, 존엄
27	invention	발명
28	usage	사용
29	width	너비, 폭
30	actress	여배우
31	syndrome	증후군
32	salmon	연어
33	mist	안개
34	garment	의류, 옷
35	cabin	통나무집
36	sink	(부엌, 욕실) 싱크
37	textile	직물
38	dependence	의존
39	trainee	훈련생, 교육생
40	contempt	경멸
41	vocabulary	어휘
42	arch	활, 아치
43	negligence	소홀, 무시
44	lab	실험실
45	tablet	알약
46	throne	왕좌, 옥좌
47	feather	깃털
48	relaxation	이완, 휴식
49	bullet	총알
50	jewelery	보석류

빈도순 명사

1	dragon	용
2	monk	수도승
3	ancestor	조상, 선조
4	bat	박쥐, 방망이
5	temptation	유혹
6	philosopher	철학자
7	illusion	환상, 착각
8	bee	벌
9	foreigner	외국인
10	knot	매듭
11	surroundings	환경
12	emergence	위급, 긴급
13	thread	실
14	major	전공, 장조
15	herb	약초
16	worm	벌레
17	follower	추종자
18	booklet	책자
19	parcel	소포, 짐
20	chemist	화학자
21	knight	기사
22	sickness	병
23	onion	양파
24	gravity	중력
25	suspect	용의자
26	spectacle	장관, 광경
27	crossing	횡단
28	corn	옥수수
29	bargain	거래, 매매
30	hydrogen	수소
31	mammal	포유류
32	cart	마차, 수레
33	apology	사과
34	curiosity	호기심
35	gathering	집합, 모임
36	snake	뱀
37	fame	명성
38	patience	인내
39	slip	(종이) 한 조각
40	bride	신부
41	jail	감옥, 교도소
42	telegraph	전보, 전신
43	brow	이마
44	census	인구조사
45	willingness	의지
46	pine	소나무
47	mechanic	기술지
48	fur	털
49	spectator	구경꾼, 관중
50	sigh	한숨

Check ____ 월 ____ 일 ____ 점

빈도순 명사

1	sack	자루
2	maid	하녀
3	torch	횃불
4	pill	알약
5	principal	교장
6	costume	의상
7	disagreement	반대, 불일치
8	headache	두통
9	viewpoint	견해, 관점
10	vice-president	부통령
11	genius	천재
12	exit	출구
13	sweat	땀
14	trunk	가방, 나무 등걸
15	murderer	살인자
16	fever	열
17	opposite	반대, 반대말
18	impulse	충동
19	ignorance	무지, 무식
20	quotation	인용
21	stool	의자
22	suburb	교외
23	butterfly	나비
24	pillow	베개
25	scent	냄새, 향기
26	patrol	순찰
27	photography	사진술
28	hostage	인질
29	prosperity	번영
30	sacrifice	희생
31	pepper	후추, 고추
32	hunger	굶주림, 배고픔
33	warrior	무사
34	preservation	보호, 보존
35	luxury	사치, 호화
36	listener	청자, 듣는 사람
37	courtesy	정중, 예의
38	scholarship	장학금
39	deadline	마감일
40	inability	무능력
41	majesty	폐하, 각하
42	survivor	생존자
43	bomber	폭격기
44	performer	공연자
45	cure	치료
46	reservoir	저수지
47	fisherman	어부
48	harvest	추수, 수확
49	chorus	합창
50	passport	여권

빈도순 명사

1 investigator 조사자
2 immigration 이민
3 ruin 폐허
4 bombing 폭격
5 calf 송아지
6 biology 생물, 생물학
7 bin 통, 상자
8 express 급행, 특급
9 privacy 사생활
10 greenhouse 온실
11 hatred 증오
12 pony 조랑말
13 appetite 식욕
14 donor 기증자
15 flour 밀가루
16 triangle 삼각형
17 flock 떼, 무리
18 rifle 소총
19 amusement 오락
20 copyright 저작권
21 repetition 반복
22 burial 매장
23 fog 안개
24 refuge 피난
25 fridge 냉장고
26 mug 머그 잔
27 prescription 처방
28 jar 병, 단지
29 knitting 뜨개질
30 hemisphere 반구
31 balloon 풍선
32 heap 더미
33 bulb 전구
34 fine 벌금
35 semi-final 준결승
36 irony 아이러니, 풍자
37 poison 독약
38 biography 전기
39 herd 짐승의 떼, 무리
40 magnitude 자석
41 rehearsal 리허설, 총연습
42 coral 산호
43 nationality 국적
44 adjective 형용사
45 dirt 먼지
46 housewife 가정주부
47 wheat 밀
48 monarch 군주

Check 월 일 점

빈도순 동사

1	seem	…처럼 보이다
2	provide	제공하다
3	hold	잡다, 붙잡다
4	bring	가져오다
5	include	포함하다
6	allow	허락하다
7	lead	이끌다, 인도하다
8	happen	일어나다, 발생하다
9	carry	운반하다
10	appear	나타나다
11	produce	생산하다
12	offer	제공하다
13	consider	고려하다
14	suggest	제안하다
15	expect	기대하다. 예상하다
16	let	…하게 하다
17	require	필요로 하다
18	continue	계속하다
19	lose	잃다
20	add	더하다
21	remember	기억하다
22	remain	남다
23	receive	받다
24	decide	결정하다, 결심하다
25	develop	발전하다
26	describe	묘사하다
27	agree	동의하다
28	reach	도달하다
29	involve	포함하다
30	spend	소비하다
31	draw	당기다
32	create	창조하다
33	cause	야기하다
34	lie	눕다
35	accept	받아들이다
36	watch	바라보다, 지켜보다
37	raise	들어 올리다, 올리다
38	apply	지원하다, 적용하다
39	explain	설명하다
40	increase	증가하다
41	grow	성장하다, 재배하다
42	claim	요구하다, 주장하다
43	support	지지하다, 후원하다
44	contain	포함하다
45	reduce	줄이다
46	establish	설립하다, 세우다
47	seek	추구하다, 찾다
48	achieve	성취하다, 달성하다
49	choose	선택하다
50	fail	실패하다

빈도순 동사

1	occur	일어나다
2	represent	대표하다, 나타내다
3	rise	뜨다, 오르다
4	discuss	토론하다
5	pick	고르다, 집다
6	prove	증명하다
7	argue	주장하다
8	introduce	소개하다, 도입하다
9	present	증정하다, 제공하다
10	affect	영향을 미치다
11	manage	관리하다
12	identify	밝히다, 확인하다
13	compare	비교하다
14	obtain	얻다, 획득하다
15	announce	발표하다
16	forget	잊어버리다
17	wonder	궁금히 여기다
18	maintain	유지하다, 지탱하다
19	suffer	시달리다, 고통 받다
20	publish	출판하다
21	express	표현하다
22	avoid	피하다
23	suppose	가정하다
24	determine	결정하다
25	tend	…하는 경향이 있다
26	save	구하다, 저축하다
27	treat	다루다, 취급하다
28	share	나누다, 함께하다
29	remove	제거하다
30	exist	존재하다
31	encourage	격려하다
32	force	강제로 …하게 하다
33	reflect	반성하다, 반영하다
34	admit	인정하다
35	assume	가정하다
36	replace	대치하다
37	prepare	준비하다
38	improve	개선하다
39	fill	채우다
40	mention	언급하다
41	miss	놓치다, 그리워하다
42	intend	…할 작정이다
43	discover	발견하다
44	refuse	거절하다
45	prevent	예방하다, 막다
46	regard	간주하다
47	lay	놓다, 두다
48	reveal	밝히다
49	depend	의존하다
50	enable	…을 가능하게 하다

빈도순 동사

1	complete	마무리하다
2	cost	비용이 들다
3	sound	…로 들리다
4	realize	깨닫다, 실현하다
5	define	정의하다
6	examine	시험보다
7	recognize	인정하다
8	bear	참다, 견디다
9	hang	걸다, 매달다
10	attend	출석하다, 참석하다
11	gain	얻다
12	perform	수행하다, 공연하다
13	result	초래하다
14	protect	보호하다
15	confirm	확인하다
16	stare	응시하다
17	demand	요구하다
18	imagine	상상하다
19	attempt	시도하다
20	marry	결혼하다
21	collect	수집하다
22	employ	고용하다
23	release	풀어주다
24	mind	꺼리다
25	deny	부정하다
26	aim	겨냥하다
27	appoint	임명하다, 지정하다
28	supply	공급하다
29	order	주문하다
30	observe	관찰하다, 준수하다
31	reply	응답하다
32	settle	정착하다, 해결하다
33	propose	제안하다
34	ignore	무시하다
35	respond	응답하다
36	survive	생존하다, 살아남다
37	arrange	정돈하다
38	concentrate	집중하다
39	lift	들어 올리다
40	cross	횡단하다
41	approach	접근하다
42	experience	경험하다
43	prefer	더 좋아하다, 선호하다
44	commit	범하다, 저지르다
45	threaten	협박하다
46	feed	먹이를 주다
47	insist	주장하다, 고집하다
48	deliver	배달하다
49	own	소유하다
50	consist	구성하다, 존재하다

빈도순 동사

1	attract	매력을 끌다
2	promise	약속하다
3	hide	감추다, 숨다
4	reject	거절하다
5	belong	속하다
6	warn	경고하다
7	declare	선언하다, 선포하다
8	destroy	파괴하다
9	divide	나누다
10	nod	끄덕이다
11	recognize	인정하다
12	combine	결합하다
13	spread	퍼지다
14	attack	공격하다
15	recommend	추천하다
16	influence	영향을 미치다
17	select	선택하다
18	transfer	갈아타다, 이동하다
19	contact	접촉하다
20	conclude	결론짓다
21	organize	조직하다
22	display	전시하다
23	disappear	사라지다
24	investigate	조사하다
25	escape	도망가다, 피하다
26	remind	기억나게 하다
27	rely	의존하다
28	succeed	성공하다, 계승하다
29	advise	충고하다
30	inform	알려주다
31	afford	…할 여유가 있다
32	earn	벌다
33	fear	두려워하다
34	approve	인정하다, 승인하다
35	burn	태우다
36	matter	문제가 되다
37	last	지속하다
38	gather	모으다, 모이다
39	derive	유래하다, 파생하다
40	elect	선출하다
41	persuade	설득하다
42	recover	회복하다
43	blow	(바람이) 불다
44	hate	증오하다, 싫어하다
45	lean	기대서다
46	explore	탐험하다
47	rest	휴식을 취하다
48	accuse	비난하다
49	judge	판단하다, 재판하다
50	steal	훔치다

Check ______ 월 ______ 일 ______ 점

빈도순 동사

1	comment	언급하다, 논평하다
2	focus	초점을 맞추다
3	hurt	상하게 하다
4	pursue	추구하다
4	fix	수리하다, 고치다
6	justify	정당화하다
7	permit	허락하다
8	occupy	차지하다, 점유하다
9	lack	부족하다
10	appreciate	감사하다, 감상하다
11	connect	연결하다
12	abandon	포기하다, 버리다
13	construct	건설하다
14	complain	불평하다
15	dismiss	해고하다
16	search	찾다
17	interpret	해석하다
18	defend	방어하다, 옹호하다
19	arrest	체포하다
20	possess	소유하다
21	bother	괴롭히다
22	review	다시보다, 복습하다
23	mix	혼합하다, 섞다
24	calculate	계산하다
25	assist	돕다
26	suspect	의심하다
27	guess	추측하다
28	damage	피해를 주다
29	challenge	도전하다
30	distinguish	구분하다
31	submit	제출하다, 복종하다
32	land	착륙하다
33	solve	해결하다, 풀다
34	predict	예측하다
35	struggle	투쟁하다
36	preserve	보존하다, 보호하다
37	owe	빚지다
38	pour	퍼붓다
39	invest	투자하다
40	purchase	구매하다
41	retire	은퇴하다, 퇴직하다
42	breathe	호흡하다
43	bend	구부리다
44	register	등록하다
45	celebrate	축하하다
46	resist	저항하다
47	fire	해고하다
48	swing	흔들다
49	overcome	극복하다
50	decline	쇠퇴하다

빈도순 동사

1	behave	행동하다, 처신하다
2	differ	다르다, 차이가 나다
3	guarantee	보증하다
4	relax	휴식을 하다
5	store	저장하다
6	oppose	반대하다
7	resign	사직하다
8	waste	낭비하다
9	drag	끌어당기다
10	pause	잠시 멈추다
11	pack	짐을 싸다
12	install	설치하다
13	compete	경쟁하다, 시합하다
14	sink	가라앉다
15	whisper	속삭이다
16	split	나누다, 쪼개다
17	negotiate	협상하다
18	mount	오르다
19	found	설립하다, 세우다
20	sweep	쓸다, 청소하다
21	doubt	의심하다
22	deserve	…할 가치가 있다
23	award	상을 주다
24	bury	매장하다
25	emphasize	강조하다
26	transform	변형하다
27	strengthen	강하게 하다
28	practice	실천하다, 연습하다
29	tear	찢다
30	scream	비명을 지르다
31	participate	참가하다
32	lend	빌려주다
33	satisfy	만족시키다
34	grab	잡다
35	shrug	어깨를 으쓱이다
36	dig	파다
37	pretend	…하는 척하다
38	wave	흔들다
39	request	요청하다, 신청하다
40	delay	지체시키다
41	plant	심다
42	react	반응하다
43	flow	흐르다
44	communicate	소통하다
45	govern	지배하다
46	defeat	패배시키다
47	injure	상처를 입히다
48	stir	휘젓다
49	wander	방랑하다, 배회하다
50	burst	터트리다

빈도순 동사

1 pray 기도하다
2 sigh 한숨짓다
3 ease 완화시키다
4 wipe 씻다, 닦다
5 evaluate 평가하다

6 wrap 싸다, 포장하다
7 weigh 무게가 나가다
8 murder 살인하다
9 dare 감히 …하다
10 cancel 취소하다

11 wind 감다
12 swear 맹세하다
13 bet 내기를 걸다
14 devise 고안하다
15 rub 문지르다

16 bite 물어 뜯다
17 crash 충돌하다
18 hesitate 망설이다, 주저하다
19 swallow 삼키다
20 murmur 중얼거리다

21 load (짐을) 싣다
22 translate 번역하다
23 knit 뜨개질을 하다
24 yield 굴복하다, 양보하다
25 admire 칭찬하다, 찬양하다

26 disturb 방해하다
27 interrupt 방해하다, 간섭하다
28 chase 추적하다, 뒤쫓다
29 leap 도약하다
30 devote 헌신하다

31 witness 목격하다
32 accommodate 수용하다
33 book 예약하다
34 await 기다리다
35 criticize 비난하다, 비평하다

36 spell 철자로 쓰다
37 trap 덫을 놓다
38 forgive 용서하다
39 squeeze 짜다, 쥐어 짜다
40 research 연구하다

41 freeze 얼리다, 얼다
42 exchange 교환하다
43 hire 고용하다
44 object 반대하다
45 float (물에) 뜨다

46 consume 소비하다
47 equip 장비를 갖추다
48 reserve 예약하다
49 convey 전달하다
50 respect 존경하다, 존중하다

빈도순 동사

1	command	명령하다
2	educate	교육시키다
3	invent	발명하다
4	abolish	폐지하다
5	correct	수정하다, 고치다
6	frown	찡그리다
7	march	행진하다
8	resemble	닮다
9	repair	수리하다
10	exhibit	전시하다
11	insert	삽입하다
12	export	수출하다
13	update	새롭게 하다
14	assign	할당하다
15	persist	고집하다
16	spin	회전하다
17	spring	튀어 오르다
18	interfere	방해하다, 간섭하다
19	regret	후회하다
20	extract	추출하다
21	fold	접다
22	please	기쁘게 하다
23	conceal	감추다
24	explode	폭파하다
25	upset	마음 상하게 하다
26	embrace	포옹하다
27	rescue	구조하다, 구출하다
28	confess	고백하다
29	contract	계약하다
30	decrease	감소하다
31	spare	아끼다
32	dump	버리다
33	import	수입하다
34	classify	분류하다
35	advertize	광고하다
36	impress	인상을 주다
37	omit	생략하다
38	praise	칭찬하다
39	tremble	떨다
40	tighten	단단히 동여매다
41	inspect	검사하다, 조사하다
42	spoil	망치다
43	reward	보답하다
44	relieve	편하게 하다
45	contrast	대조하다
46	originate	유래하다
47	melt	녹다
48	widen	넓히다
49	desire	바라다, 욕구하다
50	depart	출발하다

빈도순 동사

1 surprise 놀라게 하다
2 weaken 약하게 하다
3 manufacture 제조하다
4 bang 쾅 닫다, 치다
5 slam 쾅 닫다, 치다

6 rent 세를 놓다
7 neglect 무시하다
8 entertain 즐겁게 하다
9 spill 엎지르다
10 transport 운송하다, 수송하다

11 bow 구부리다, 인사하다
12 forbid 금지하다
13 chat 잡담하다
14 punish 처벌하다
15 disagree 반대하다

16 dictate 받아쓰다
17 confuse 혼란시키다
18 grip 잡다
19 prescribe 처방하다
20 attain 달성하다, 성취하다

21 cheer 갈채를 보내다
22 frighten 놀라게 하다
23 shiver 떨다
24 dislike 싫어하다
25 boast 자랑하다

26 weep 울다
27 boil 끓이다
28 exhaust 녹초로 만들다
29 motivate 동기를 주다
30 yell 소리치다

31 deposit 예치하다
32 dip 담그다
33 wound 상처를 주다
34 surrender 굴복하다
35 summarize 요약하다

36 crawl 기어가다
37 tolerate 참다, 관용하다
38 pronounce 발음하다
39 survey 조사하다
40 obey 준수하다, 복종하다

41 quit 그만두다
42 discourage 실망시키다
43 cure 치료하다
44 apologize 사과하다
45 bless 축복하다

46 endure 견디다
47 sniff 냄새를 맡다
48 desert 버리다
49 empty 비우다
50 host 주최하다

Check ____ 월 ____ 일 ____ 점

빈도순 동사

1 spit 침을 뱉다
2 kneel 무릎을 꿇다
3 postpone 연기하다
4 comfort 위로하다
5 roar 으르렁대다
6 swell 부어오르다
7 donate 기증하다
8 prohibit 금하다
9 harm 해를 입히다
10 invade 침략하다, 침입하다
11 diagnose 진단하다
12 rob 강탈하다
13 inject 주사하다

빈도순 형용사

1 local 지방의
2 social 사회의, 사교적인
3 national 국가의, 국립의
4 possible 가능한
5 political 정치적인
6 able 할 수 있는
7 general 일반적인
8 public 공공의, 대중의
9 available 활용 가능한
10 main 주된, 주요한
11 major 주된, 주요의
12 economic 경제의
13 likely …할 것 같은
14 particular 특별한, 특정한
15 international 국제적인
16 special 특별한
17 difficult 어려운
18 certain 어떤, 확실한
19 whole 전체의
20 similar 비슷한, 유사한
21 common 흔한, 공통의
22 necessary 필수적인, 필요한
23 single 하나의, 유일한
24 personal 개인적인
25 private 사적인
26 financial 재정상의
27 foreign 외국의
28 recent 최근의

1889

Check ____월 ____일 ____점

빈도순 형용사

1 concerned 관심이 있는, 걱정되는
2 various 다양한
3 close 가까운, 친한
4 present 현재의, 출석한
5 royal 왕의
6 natural 자연의, 당연한
7 individual 개별적인
8 following 다음의, 아래의
9 modern 현대의
10 normal 정상적인
11 serious 심각한, 진지한
12 previous 이전의
13 prime 최고의
14 significant 중요한, 의미심장한
15 industrial 산업의
16 dead 죽은
17 specific 구체적인
18 appropriate 적절한
19 military 군대의
20 original 독창적인, 시초의
21 successful 성공적인
22 popular 인기 있는
23 professional 전문적인, 프로의
24 direct 직접적인
25 effective 효과적인
26 traditional 전통적인
27 independent 독립적인
28 interesting 재미있는
29 physical 신체적인, 물리적인
30 responsible 책임 있는
31 complete 완전한
32 medical 의학의
33 extra 여분의
34 past 지난, 과거의
35 male 남성의
36 interested 관심이 있는
37 fair 공평한
38 essential 본질적인
39 civil 시민의
40 primary 중요한, 일차적인
41 obvious 분명한
42 environmental 환경의
43 positive 적극적인
44 senior 손위의
45 nuclear 핵무기의
46 annual 매년의, 해마다의
47 relevant 적절한
48 huge 거대한
49 commercial 상업적인
50 regional 지역적인

빈도순 형용사

1	practical	실용적인
2	official	공식적인
3	separate	분리된, 떨어진
4	chief	주요한
5	regular	규칙적인
6	active	적극적인
7	powerful	강력한
8	complex	복잡한
9	impossible	불가능한
10	light	가벼운
11	fresh	신선한
12	domestic	국내의
13	actual	실제의
14	united	통합된
15	technical	기술적인
16	ordinary	평범한
17	strange	이상한
18	internal	내부의
19	religious	종교적인
20	famous	유명한
21	cultural	문화적인
22	proper	적당한
23	broad	넓은
24	formal	형식적인
25	limited	제한된
26	usual	평소의
27	unable	할 수 없는
28	rural	시골의
29	bright	밝은, 총명한
30	average	평균의
31	leading	앞서가는
32	immediate	즉각적인, 즉시의
33	suitable	적절한, 적합한
34	equal	동등한
35	detailed	세부적인
36	overall	전반적인
37	female	여성의
38	afraid	두려운
39	democratic	민주적인
40	sufficient	충분한
41	scientific	과학적인
42	expensive	비싼
43	educational	교육적인
44	mental	정신적인
45	dangerous	위험한
46	critical	비판적인
47	familiar	친숙한
48	unlikely	할 것 같지 않은
49	tiny	작은
50	historical	역사적인

빈도순 형용사

1	thin	얇은, 마른
2	increasing	증가하는
3	alone	혼자의
4	urban	도시의
5	empty	빈, 텅 빈
6	married	결혼한
7	narrow	좁은
8	upper	상부의
9	bloody	피투성이의
10	prepared	준비된
11	moral	도덕적인
12	careful	주의 깊은
13	attractive	매력적인
14	thick	두꺼운
15	ancient	고대의
16	rare	드문, 희귀한
17	external	외적인, 외부의
18	brief	간단한
19	grand	대단한, 장엄한
20	typical	전형적인
21	entire	전체의
22	constant	끊임없는, 일정한
23	vast	방대한
24	surprised	놀란
25	ideal	이상적인
26	terrible	끔찍한, 형편없는
27	academic	학구적인
28	minor	소수의
29	pleased	기쁜
30	severe	심각한
31	negative	부정적인
32	odd	이상한
33	inner	내부의
34	used	중고의, 사용된
35	criminal	범죄의
36	sharp	날카로운
37	massive	대량의
38	unique	독특한, 유일한
39	unknown	알려지지 않은
40	alive	살아있는
41	guilty	죄가 있는
42	enormous	거대한
43	unusual	별난, 이상한
44	tough	거친, 강인한
45	remaining	남아있는
46	agricultural	농업의
47	healthy	건강한
48	principal	주요한
49	comfortable	편안한
50	friendly	친절한

빈도순 형용사

1 sudden 갑작스러운
2 voluntary 자발적인
3 slight 약간의
4 valuable 가치있는
5 dramatic 극적인

6 flat 평평한
7 worried 걱정스러운
8 pale 창백한
9 dependent 의존하는
10 competitive 경쟁적인

11 acceptable 허용 가능한
12 sensitive 민감한
13 false 거짓의, 틀린
14 pure 순수한
15 global 지구상의

16 emotional 정서적인, 감정적인
17 rapid 빠른
18 fixed 고정된
19 wooden 나무로 된
20 remarkable 현저한, 주목할 만한

21 surprising 놀라운
22 solid 고체의
23 rough 거친
24 brilliant 총명한
25 maximum 최대의

26 absolute 절대적인
27 electronic 전자의
28 visual 시각의
29 electric 전기의
30 literary 문학의

31 continuing 계속되는
32 supreme 최고의
33 chemical 화학의
34 written 씌어진, 문어의
35 stupid 어리석은

36 extreme 극도의
37 classical 고전적인
38 favorite 가장 좋아하는
39 confident 자신 있는
40 straight 똑바른

41 proud 자랑스러운
42 opposite 반대의
43 helpful 도움이 되는
44 given 주어진
45 anxious 걱정스러운

46 nervous 조바심 나는
47 awful 무서운, 끔찍한
48 satisfied 만족한
49 conscious 의식적인
50 developing 발전하는

빈도순 형용사

No.	Word	Meaning
1	smooth	매끄러운
2	remote	멀리 떨어진
3	outstanding	뛰어난
4	honest	정직한
5	impressive	인상적인
6	extraordinary	별난, 비범한
7	plain	평범한
8	visible	볼 수 있는
9	accurate	정확한
10	distant	먼
11	still	조용한
12	complicated	복잡한
13	live	살아있는
14	silly	어리석은
15	fat	뚱뚱한
16	tight	꽉 끼는
17	round	둥근
18	psychological	심리적인
19	violent	폭력적인
20	unemployed	실업의
21	junior	손아래의
22	sensible	분별력이 있는
23	grateful	감사하는
24	pleasant	유쾌한
25	so-called	소위, 이른바
26	deaf	귀가 먼
27	continuous	지속적인
28	blind	눈이 먼
29	overseas	해외의
30	mean	비열한, 야비한
31	delighted	기쁜
32	loose	느슨한, 헐렁한
33	evident	명백한
34	universal	우주의, 보편적인
35	steady	꾸준한
36	intellectual	지적인
37	creative	창의적인
38	lost	잃어버린
39	linguistic	언어의
40	raw	날 것의
41	asleep	잠이 든
42	illegal	불법의
43	bitter	맛이 쓴
44	native	타고난, 본토의
45	strict	엄격한
46	informal	비형식적인
47	flexible	융통성 있는
48	frequent	빈번한
49	generous	너그러운, 관대한
50	historic	역사상 중요한

빈도순 형용사

No.	Word	Meaning
1	modest	겸손한
2	electrical	전기의
3	reliable	믿을 만한
4	mutual	상호적인
5	multiple	다수의, 다양한
6	curious	호기심이 가는
7	pregnant	임신한
8	nearby	근처의
9	exact	정확한
10	identical	동일한
11	satisfactory	만족스러운
12	encouraging	격려하는
13	organic	유기체의
14	expected	예상되는
15	statistical	통계상의
16	desirable	바람직한
17	innocent	순진한
18	improved	개선된
19	experienced	경험이 많은
20	unexpected	예기치 못한
21	superb	최고의
22	disappointed	실망한
23	frightened	놀란
24	full-time	전일제의
25	reluctant	내키지 않는
26	magnificent	장엄한, 화려한
27	convenient	편리한
28	uncertain	불확실한
29	artificial	인공적인
30	diplomatic	외교적인
31	marine	해양의
32	me chanical	기계적인
33	mixed	혼합된, 섞인
34	biological	생물학적인
35	known	알려진
36	functional	기능상의
37	superior	월등한
38	part-time	시간제의
39	spectacular	장관의, 굉장한
40	confused	혼란스러운, 어리둥절한
41	unfair	불공평한
42	spare	여분의
43	painful	고통스러운
44	abstract	추상적인
45	intelligent	지적인
46	ridiculous	우스꽝스러운
47	amazing	놀라운
48	comparable	비교할만한
49	realistic	현실적인
50	unnecessary	불필요한

Check ___월 ___일 ___점

빈도순 형용사

1	dull	지루한, 우둔한
2	genetic	유전의
3	neat	깔끔한, 단정한
4	marvelous	놀라운, 신기한
5	crazy	미친
6	damp	축축한, 젖은
7	giant	거대한
8	secure	안전한
9	bottom	바닥의
10	skilled	숙련된
11	elegant	우아한
12	brave	용감한
13	steep	가파른
14	intensive	집중적인
15	tropical	열대의
16	lonely	외로운
17	upset	마음이 상한
18	delicate	섬세한
19	mild	온화한
20	fierce	사나운
21	characteristic	특징적인
22	chronic	만성적인
23	splendid	화려한
24	magic	마력의, 마법의
25	short-term	단기간의
26	horrible	끔찍한
27	fascinating	매력적인
28	peaceful	평화스러운
29	impressed	인상을 받은
30	endless	끝없는
31	isolated	고립된
32	dynamic	역동적인
33	boring	지루한
34	indirect	간접적인
35	stiff	뻣뻣한
36	wealthy	부유한
37	lively	활기찬
38	neutral	중립의
39	artistic	예술적인
40	ambitious	야망이 있는
41	evil	사악한
42	magnetic	자석의
43	well-known	잘 알려진
44	shallow	얕은
45	depressed	우울한, 침체된
46	shocked	충격을 받은
47	missing	실종된
48	blank	텅 빈
49	absent	결석한
50	developed	발전된

빈도순 형용사

1 cruel 잔인한
2 bold 대담한
3 uncomfortable 불편한
4 bored 지겨운, 지루한
5 charming 매력적인
6 passive 수동적인
7 calm 조용한
8 noble 고상한
9 mysterious 신비로운
10 diverse 다양한
11 useless 쓸모없는
12 embarrassed 당황한
13 awake 깨어있는
14 promising 전망이 있는
15 unpleasant 불쾌한
16 tender 부드러운
17 hidden 숨겨진
18 worthy 가치 있는
19 sound 건전한
20 fortunate 운이 좋은
21 slim 날씬한, 얇은
22 invisible 보이지 않는
23 solar 태양의
24 doubtful 의심이 가는
25 tragic 비극적인
26 optimistic 낙천적인
27 toxic 해로운, 유해한
28 old-fashioned 구식의, 낡은
29 miserable 비참한
30 polite 예의바른
31 instant 즉시의
32 unconscious 무의식의
33 fashionable 유행하는
34 causal 원인이 되는
35 cheerful 쾌활한
36 dying 죽어가는
37 atomic 원자의
38 frozen 얼린, 냉동의
39 injured 부상당한
40 ashamed 수치스러운, 창피한
41 glorious 영광스러운
42 wicked 사악한
43 shy 수줍은
44 delightful 기쁜
45 worrying 걱정하는
46 weird 이상한
47 rolling 구르는
48 noisy 시끄러운
49 homeless 집이 없는
50 outdoor 야외의

빈도순 형용사

1	embarrassing	당혹스러운, 황당한
2	mighty	힘이 센
3	worldwide	세계적인
4	rude	무례한
5	faithful	믿음이 깊은
6	meaningful	의미 있는, 유의미한

빈도순 부사

1	perhaps	아마도
2	probably	아마도
3	actually	실제로, 사실상
4	at least	적어도
5	for example	예를 들면
6	therefore	그러므로
7	particularly	특히
8	rather	오히려
9	thus	그리하여
10	indeed	정말, 참으로
11	certainly	분명히, 확실히
12	especially	특히
13	at all	전혀, 조금도
14	more than	…이상
15	further	더 이상, 더 먼
16	forward	앞쪽으로
17	recently	최근에
18	anyway	하여튼
19	suddenly	갑자기
20	generally	일반적으로
21	as well	마찬가지로
22	obviously	분명히
23	exactly	정확히
24	immediately	즉시, 곧 바로
25	through	통과하여, (끝)까지
26	highly	높이
27	eventually	결국
28	fully	충분히
29	slightly	약간
30	hardly	거의 …않는
31	no longer	더 이상 …아니다
32	otherwise	그렇지 않으면
33	directly	곧바로
34	completely	완전히
35	normally	정상적으로
36	for instance	예를 들어

Check ____월 ____일 ____점

빈도순 부사

1	possibly	아마, 가능하게
2	carefully	조심스럽게
3	mainly	주로
4	entirely	완전히
5	extremely	극도로
6	in particular	특히
7	increasingly	점점 더, 더욱더
8	equally	공평하게, 똑같이
9	surely	확실히
10	twice	두 번
11	straight	곧바로, 똑바로
12	sort of	일종의
13	absolutely	절대적으로
14	totally	총체적으로
15	frequently	자주, 빈번하게
16	partly	부분적으로
17	seriously	심각하게, 진지하게
18	necessarily	반드시
19	properly	적당하게
20	closely	가까이, 밀접하게
21	neither	둘 다 아닌
22	effectively	효과적으로
23	etc.(et cetera)	기타, 등등
24	and so on	기타, 등등
25	unfortunately	불행하게도
26	somewhat	다소, 약간
27	that is	즉, 다시 말하면
28	rapidly	빠르게
29	similarly	유사하게
30	in addition	게다가
31	perfectly	완벽하게
32	at last	마침내
33	naturally	당연히, 자연스럽게
34	rarely	드물게 …하는
35	in general	일반적으로
36	at first	처음에
37	occasionally	가끔, 종종
38	less than	보다 적게
39	mostly	대부분
40	abroad	해외로
41	regularly	규칙적으로
42	no doubt	의심할 바 없이
43	at once	즉시, 한번에
44	successfully	성공적으로
45	greatly	대단하게, 굉장히
46	briefly	간략하게
47	truly	진실로, 진정으로
48	definitely	분명히
49	personally	개인적으로
50	surprisingly	놀랍게도

2373

Check ____월 ____일 ____점

빈도순 부사

1	undoubtedly	의심할 바 없이
2	roughly	대략, 거칠게
3	wholly	전체적으로
4	namely	즉, 말하자면
5	typically	전형적으로
6	traditionally	전통적으로
7	specially	특히
8	correctly	정확하게, 똑바로
9	hopefully	바라건대
10	forever	영원히
11	besides	게다가
12	from time to time	때때로
13	steadily	꾸준히
14	scarcely	거의 …않는
15	fortunately	다행히도, 운이 좋게
16	nowadays	요즈음
17	dramatically	극적으로
18	actively	적극적으로
19	seldom	거의 …않는
20	repeatedly	반복해서
21	in short	요약해서, 한 마디로
22	overall	전반적으로
23	terribly	형편없이, 끔찍하게
24	as usual	평소처럼
25	privately	개인적으로
26	sincerely	성실하게

빈도순 전치사

1	between	… 사이에
2	through	…를 통하여
3	against	…에 반대하여
4	out of	… 밖에
5	without	… 없이
6	within	… 이내에
7	during	…하는 동안
8	such as	…와 같은
9	including	…을 포함한
10	among	… 사이에
11	across	…을 가로질러서
12	since	… 이래로
13	because of	… 때문에
14	as well as	… 뿐만 아니라
15	rather than	…라기 보다는
16	according to	…에 따르면

2407 Check ____월 ____일 ____점

빈도순 전치사

No.	Word	Meaning
1	despite	…에도 불구하고
2	away from	…로부터 떨어진
3	throughout	… 내내
4	due to	… 때문에
5	as to	…에 대하여
6	instead of	… 대신에
7	past	…을 지나서
8	in front of	… 앞에
9	apart from	…와 떨어져서
10	along with	…와 함께
11	beneath	… 바로 아래에
12	unlike	…와는 달리
13	in addition to	… 이외에, 덧붙여
14	concerning	…에 관하여
15	except	…을 제외하고
16	in spite of	…에도 불구하고
17	ahead of	… 앞에
18	regarding	…에 관하여
19	except for	…을 제외하고
20	toward	…을 향하여

빈도순 접속사

No.	Word	Meaning
1	while	…하는 동안
2	although	비록 …할지라도
3	whether	…인지
4	since	… 때문에, …이래로
5	though	비록 …일지라도
6	as if	마치 …처럼
7	for	…하기 때문에
8	unless	만일 …하지 않으면
9	even if	비록 …일지라도
10	even though	비록 …일지라도
11	as though	마치 …처럼
12	as soon as	…하자마자
13	as long as	…하는 한
14	whether or not	…인지 아닌지